野生动物保护

Wildlife Crime
Case Book

执法与司法典型案例

秦天宝　姜　南　主编

中国法制出版社
CHINA LEGAL PUBLISHING HOUSE

编 委 会

【主　编】

秦天宝　姜　南

【副主编】

华　宁　李立姝　鞠　璐

【编　委】（按姓氏拼音排序）

段帷帷　刘昌景　刘彤彤　孙　睿　田　鑫
王　娟　吴　琪　杨　雪　张晓曦　朱　丽

【顾　问】（按姓氏拼音排序）

姜　波　农业农村部渔业渔政管理局资源环保处
荣林云　国家林业和草原局对外项目合作中心
巫忠泽　国家林业和草原局野生动植物保护司履约与执法处
杨建军　最高人民检察院法律政策研究室
杨柳英　海关总署缉私局缉私二处
张崇波　南京森林警察学院治安学院/国家林业和草原局森林公安法制研究中心
张立保　南方航空护林总站
赵文胜　北京市西城区人民检察院
曾　岩　南京森林警察学院刑事科学技术学院/国家林业和草原局森林公安司法鉴定中心
周用武　中国科学院动物研究所

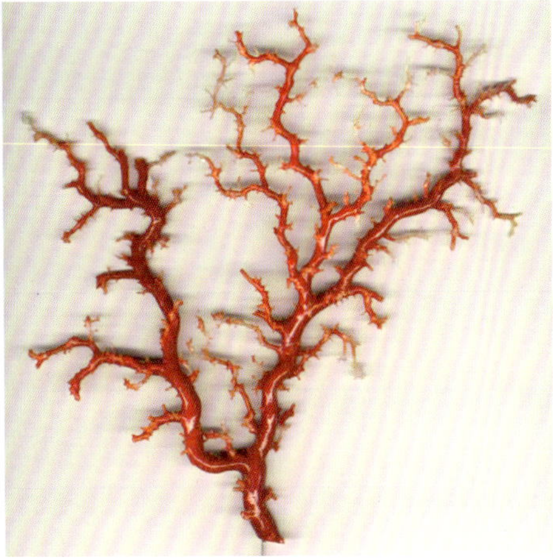

红珊瑚 1 – 孟智斌

红珊瑚 2 – 孟智斌

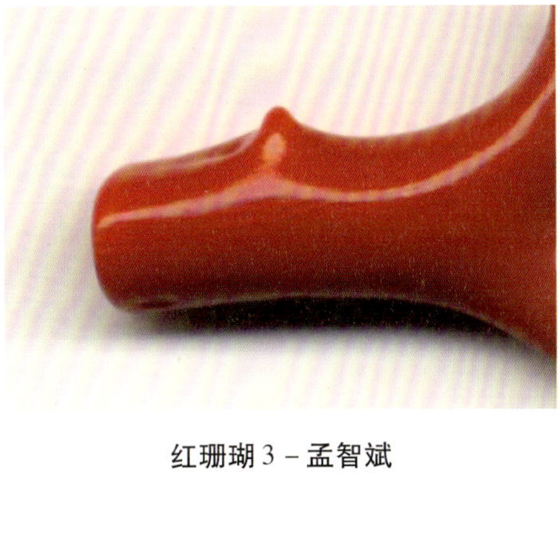

红珊瑚 3 – 孟智斌

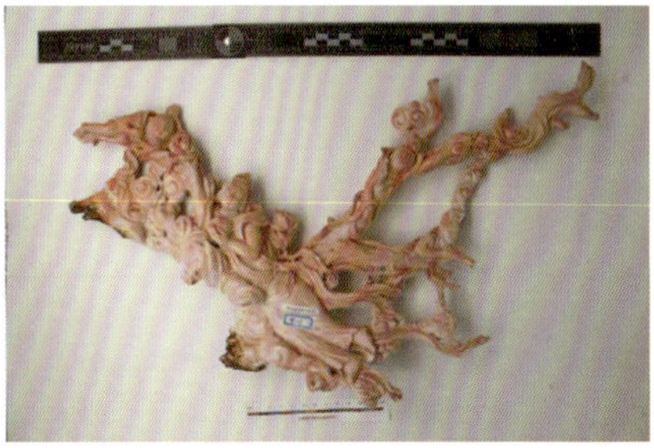

红珊瑚 1 – 海关总署缉私局

红珊瑚 2 – 海关总署缉私局

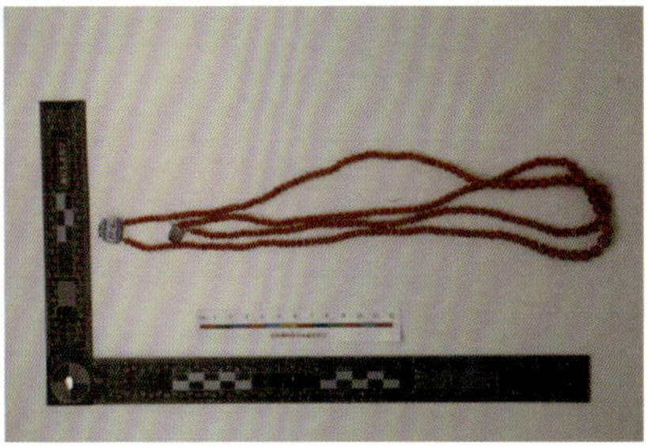

红珊瑚 3 – 海关总署缉私局

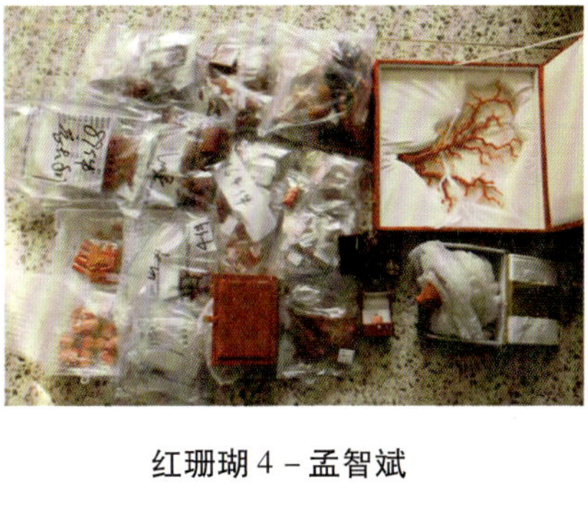

红珊瑚 4 – 孟智斌

珠颈斑鸠 - 黄秦

中华穿山甲 – 左凌仁

岩羊－刘通　野生生物保护学会(WSC)

雪豹－祁连山国家公园青海省管理局

马来闭壳龟－陈月龙

羚牛－宣俊达　鸟兽虫木自然保育中心

红尾蚺 – 陈月龙

黑池龟 - 陈月龙

海马干 – 厦门海关缉私局

非洲象 – Julie Larsen Maher 野生生物保护学会(WSC)

东北虎－吉林珲春东北虎国家级自然保护区管理局　野生生物保护学会(WSC)

打击非法捕捞水产品－台州渔政

藏野驴－赵怀东　野生生物保护学会(WSC)

藏羚羊－梁旭昶　野生生物保护学会(WSC)

斑头鸺鹠 - 黄秦

序言

最近，由武汉大学环境法研究所、自然资源保护协会（NRDC）、野生生物保护学会（WCS）和国家林草局濒危野生动植物犯罪研究所各位专家学者共同编撰的《野生动物保护执法与司法典型案例》一书已经正式成稿，即将面世。在此，我首先祝贺《野生动物保护执法与司法典型案例》一书的正式出版，感谢各位参与者对野生动物保护事业付出的努力、做出的贡献，同时也想借此机会谈谈我对野生动物保护执法与司法的一些感想。

野生动物是自然生态系统的重要组成部分。保护野生动物是维护生物多样性、保持生态平衡的重要举措，是生态文明建设的重要内容。非法捕杀、滥食野味不但破坏自然生态平衡，而且易引发一系列社会问题，威胁社会稳定、生态安全与生物安全。野生动物保护执法与司法，是打击野生动物犯罪、严惩非法捕杀和交易野生动物行为的重要手段，是野生动物保护的重要措施。随着全社会野生动物保护意识的不断提高，野生动物保护执法与司法案例日益受到关注。在野生动物保护执法与司法实践中，野生动物犯罪案件数量在司法审判整体中占比很小，但却对相关执法、司法人员有着较高的专业知识要求。在具体执法与司法实践中，由于野生动物种类繁多、涉及野生动物的案件五花八门，如何处理好情与法的关系、如何把握好度的问题尤为重要。深圳买卖鹦鹉、广西走私穿山甲、陕西猎杀野生动物等案件都曾引发热议，成为全社会关注的焦点。

野生动物保护执法与司法案例是野生动物保护执法司法实践的成果，具有指导和规范野生动物保护执法与司法实践、促进野生动物保护法律政策研究、弘扬生态文明理念的教育功能。《野生动物保护执法与司法典型案例》为野生动物保护执法与司法活动提供了指南性案例参考，为进一步完善野生动物保护相关法律法规与保护管理政策提供了支持，同时也可以作为培养野生动物司法领域的专业人才、提升媒体与公众有关野生动物保护法律意识的参考资料。总之，希望《野生动物保护执法与司法典型案例》能对参与野生动物保护尤其是执法与司法工作各行各业的从业者提供参考、有所帮助。

贾建生

国家林业和草原局野生动植物保护司

2021 年 1 月于北京

前言

野生动物保护执法与司法是保护野生动物资源和规范野生动物经营管理秩序的重要制度保障。野生动物不但是重要的经济资源，同时也是重要的环境资源。为了实现野生动物资源经营利用的可持续和人与自然和谐共生，制定和实施野生动物保护法律政策是关键举措。绵延五千年的中华文明，十分重视运用法制来治理涉及野生动物的相关行为。我国古代的《逸周书·大聚解》记载：“禹之禁，春三月，山林不登斧以成草木之长；夏三月，川泽不入网罟，以成鱼鳖之长。”党的十八大以来，习近平总书记多次强调“用最严格制度最严密法治保护生态环境”；今年新型冠状病毒肺炎疫情以来，习近平总书记指示“有关部门要加强法律实施，加强市场监管，坚决取缔和严厉打击非法野生动物市场和贸易”。这些论断，汲取了中国传统生态智慧，借鉴了人类文明有益成果，为完善野生动物保护执法与司法，理性解决全球生态危机提供了中国智慧与中国方案。

野生动物保护执法与司法实践形成了大量的经典案例。野生动物保护执法与司法，就是各级刑事执法部门与司法机构在刑事执法与司法审判实践中，运用野生动物保护相关的法律政策，处理破坏野生动物资源犯罪案件的专门活动。野生动物保护执法与司法是国家权力在野生动物保护领域的运行，同时也是野生动物保护在执法与司法领域的延伸。在司法实践中，野生动物犯罪案件数量在司法审判案件整体中只占较小比例，但对司法人员有着较高的专业知识要求。野生动物保护司法的价值目标，包括保护野生动物资源、维护野生动物资源保护利用和经营管理秩序，以及司法公平与正义。

野生动物保护执法与司法案例既是野生动物保护执法与司法的成果，同时还具有指导和规范野生动物保护执法与司法实践、促进野生动物保护法律政策研究、弘扬生态文明理念的教育公众功能。为了发挥野生动物保护司法案例的上述功能，武汉大学环境法研究所联合自然资源保护协会、野生生物保护学会、国家林草局濒危野生动植物犯罪研究所，在国家林业和草原局野生动植物保护司的指导下，联合启动了《野生动物保护执法与司法典型案例》项目；项目研究旨在为野生动物保护执法与司法活动提供指南性案例参考，支持野生动物保护相关法律法规与政策在全国及特定地区的进一步完善，培养野生动物司法领域的专业人才，支持提升媒体与公众关于野生动物保护的法律意识，促进野生动物保护执法与司法经验的国际交流。

《野生动物保护执法与司法典型案例》项目组通过裁判文书网、北大法宝和濒危野生动植物犯罪情报中心网站等数据库，检索了近5年来各地法院审理破坏野生动物资源犯罪案件的裁判文书，精心遴选出31个案例汇编成集。这些案例与评析主要有三个特点：一是案例种类全。不仅汇编了走私珍贵动物、珍贵动物制品罪，非法捕捞水产品罪，非法猎捕、杀害珍贵、濒危野生动物罪，非法收购、运输、出售珍贵、濒危野生动物、珍贵、濒危野生动物制品罪，非法狩猎罪相关案例，而且还整理了与破坏野生动物资源密切相关的非法经营罪，掩饰、隐瞒犯罪所得、犯罪所得收益罪，伪造、变造、买卖国家机关公文、证件、印章罪相关的案例。二是入选案例典型。项目组在遴选案例时坚持了三个基础标准和七个筛选标准，因而入选的案例不仅能够反映野生动物保护法的内容，而且反映了时代精神。三是案例分析透彻。案例分析首先整理了每个案件的裁判要点，评述了其意义。不仅分析了每一类案件在野生动物保护执法与司法实践中的犯罪构成要件具体表现，而且针对执法与司法实践中的疑难问题，如被告人主观明知问题、涉案野生动物司法鉴定与价格认定问题、不同罪名间的联系与区别，结合我国野生动物保护法律政策等进行了深入剖析。

《野生动物保护执法与司法典型案例》的编写分工。

张晓曦（野生生物保护学会）、田鑫（武汉大学环境法研究所）编写了第一章；

朱丽（江苏省高级人民法院研究室）、王娟（自然资源保护协会）编写了第二章；

刘昌景（南京森林警察学院）、孙睿（武汉大学环境法研究所）编写了第三章；

鞠璐（北京西城区检察院）、吴琪（自然资源保护协会）编写了第四章；

姜南（南京森林警察学院）、杨雪（武汉大学环境法研究所）编写了第五章；

段帷帷（郑州航空工业管理学院）、刘彤彤（武汉大学环境法研究所）编写了第六章。

武汉大学环境法研究所所长秦天宝教授和南京森林警察学院姜南副教授负责全书统稿和最后修改、定稿工作。

《野生动物保护执法与司法典型案例》在编写过程中还得到了最高人民法院政策研究室的喻海松、最高人民检察院法律政策研究室的杨建军、国家林业和草原局的张德辉、海关总署缉私局的杨柳英、国家濒科委的曾岩、自然资源保护协会的华宁、野生生物保护学会的李立姝等专家的大力支持。

本书主要是为各地公安机关、各级人民法院负责办理破坏野生动物资源犯罪案件的执法与司法人员而编写的，同时也适用于公安院校、政法院校的本科生与研究生学习。需要说明的是，本书研究、写作时所参考的案例和所依据的法律文件时间都截至2020年11月。

2020年12月，全国人大常委会通过了《刑法修正案（十一）》，最高人民法院、最高人民检察院、公安部、司法部也联合发布了《关于依法惩治非法野生动物交易犯罪的指导意见》；2021年2月26日，最高人民法院、最高人民检察院公布了《关于执行〈中华人民共和国刑法〉确定罪名的补充规定（七）》。

本书暂未涉及这些最新的立法动态，但研究进路和分析思路不受影响，依然具有重要的实践指导意义。

概要

随着我国野生动物保护法规逐步健全和野生动物保护的社会意识逐步提高，野生动物保护执法与司法能力建设的需求也不断增加。办理野生动物与自然资源案件，对执法和司法人员有着较高的专业知识要求。通过严格执法与公正司法使犯罪分子受到应有的惩罚，是对野生动物与自然资源最坚实有力的保护。在现实中，野生动物案件数量在刑事执法、刑事司法中只占了较小比重，却对刑事执法、司法人员的专业知识、工作规范程度以及配合衔接等提出了较高要求。为了给办理涉野生动物刑事案件的司法、执法人员提供指南性案例参考，推动有关法律政策的进一步完善，提升媒体和公众的法律意识，武汉大学环境法研究所联合自然资源保护协会、野生生物保护学会和国家林草局濒危野生动植物犯罪研究所，在国家林业和草原局野生动植物保护司的指导下，完成了野生动物保护执法与司法典型案例的汇编与研究工作。

一、案例收集方法与筛选标准

本汇编收集案例主要引自最高人民法院（以下简称最高法）裁判文书网的裁判文书数据库、北大法宝的司法案例数据库和濒危野生动植物犯罪情报中心网站的经典判例库的相关案例资源。

（一）精选案例的标准。

在选择案例过程中，项目组制定了七条严格的筛选标准。这七条标准如下：1. 新的案件类型或案件事实；2. 新的责任主体或责任承担方式；3. 规则适用存在模糊、冲突（如国内法与国际公约的协调，科学标准与法律标准的对接问题，亦即法律规则与保护现状不匹配）；4. 规则适用存在空白；5. 社会影响大，能提升媒体与公众关于野生动物保护的法律意识；6. 涉及跨部门或跨省或跨国协作；7. 复合案件（涉及多个罪名的）。对照七条标准，项目组从最高法的裁判文书网、北大法宝司法案例数据库和濒危野生动植物犯罪情报中心网站经典判例库的众多案例中，精选了31个案例。

（二）精选案例整体情况分析。

（1）涉及的罪名：《刑法》[①] 分则中，除5个与野生动物直接联系的罪名外，还有一些分布在其他罪名当中，如非法经营罪，掩饰、隐瞒犯罪所得、犯罪所得收益罪。因此，本项目除选择走私珍贵动物、珍贵动物制品罪案例6个，非法捕捞水产品罪案例5个，非法猎捕、杀害珍贵、濒危野生动物罪案例5个，非法收购、运输、出售珍贵、濒危野生动物、珍贵、濒危野生动物制品罪案例5个，非法狩猎罪案例5个外，还选择了其他涉及野生动物的犯罪案例，其中非法经营罪案例3个，掩饰、隐瞒犯罪所得、犯罪所得收益罪案例1个，伪造、变造、买卖国家机关公文、证件、印章罪案例1个。其他涉及野生动物的犯罪案例虽然数量不多，但反映出野生动物保护执法与司法工作所面临的新形势或趋势。

（2）发生地域：华北地区的北京市3个案例，内蒙古自治区、吉林省各1个案例；华东地区的江苏省6个案例，上海市1个案例，安徽省2个案例，福建省1个案例；华中地区的湖北省、河南省各2个案例；华南地区的广东省2个案例，海南省1个案例，广西壮族自治区1个案例；西南地区的云南省1个案例，重庆市1个案例，西藏自治区3个案例；西北地区的新疆维吾尔自治区1个案例，青海省、甘肃省各1个案例。从案件审理法院的层级看，

---

① 本书在行文中将引用的相关法律文件标题中的“中华人民共和国”均予以省略。——编者注

最高法审理的案例 1 个，高级人民法院审理的案例 6 个，中级人民法院审理的案例 13 个，基层人民法院审理的案例 11 个。野生动物犯罪并不是平均分布于各个地区；由于本项目所选择的案例数量有限，因此项目的相关分析并不代表相关地域野生动物犯罪的发案规律。

（3）涉案野生动物：国家一级重点保护动物或《濒危野生动植物种国际贸易公约》附录Ⅰ的有犀角（犀牛）、象牙（象）、虎皮虎肉（虎）、穿山甲甲片（穿山甲）[①]、红珊瑚制品（红珊瑚）、雪豹皮（雪豹）、藏羚羊皮（藏羚羊）、活体黑池龟、活体倭蜂猴等；国家二级重点保护野生动物或《濒危野生动植物种国际贸易公约》附录Ⅱ的有岩羊皮（岩羊）、斑头鸺鹠、红尾蚺、胭脂鱼等。分析涉案野生动物种类，对于野生动物保护执法与司法具有重要价值。但由于本项目所选择案例数量有限，因此本项目关于涉案物种的分析并不能反映当前野生动物犯罪的涉案野生动物全貌。

（4）查处时间：2005－2009 年间的案例 2 个，2010－2014 年间的案例 15 个，2015－2020 年间的案例 14 个。不同期间查处案例的数量，能在一定程度上反映出野生动物保护执法与司法的打击力度与成效。

二、案例汇编及相关研究

在汇编案例过程中，项目组围绕案例筛选过程中的七个标准，从基本案情、裁判结果、案件争点等方面进行了深入分析，并结合野生动物保护执法与司法实践中存在的共性问题，对案例进行了研究，并为每个案例提供了简短的评论。

（一）走私珍贵动物、珍贵动物制品罪。走私珍贵动物、珍贵动物制品

① 2016 年第 17 届《濒危野生动植物种国际贸易公约》缔约方大会将穿山甲属全部 8 个物种提升为《濒危野生动植物种国际贸易公约》附录Ⅰ物种并于 2017 年 1 月生效。2020 年 6 月，我国将穿山甲属由国家二级提升为国家一级，包括在我国自然分布的中华穿山甲（*Manis pentadactyla*）和据文献记载在我国曾有分布的马来穿山甲（*Manis javanica*）和印度穿山甲（*Manis crassicaudata*）。

罪，作为走私罪的一个分支，其犯罪行为既有逃避国家行政监管、破坏经济秩序等对社会的危害后果，也有破坏生态系统平衡，威胁生态安全的危害。

裁判文书网共收录了2009－2019年间451份走私珍贵动物、珍贵动物制品罪案件的判决书；云南、北京、上海是其中走私珍贵动物及其制品犯罪案件发生数量排名前三的省市。项目组依据筛选标准从中挑选了6个有代表性的案例。在这6个案例中，涉案动物及其制品包括虎骨虎皮、犀角、冻体穿山甲、红珊瑚制品与活体黑池龟；从犯罪手段看，有从边境非设关地绕关走私的，有从公海接驳、在非设关地非法入境的，有以“电子商务＋快递邮寄”走私的，还有组织他人利用民航飞机携带入境的；从涉案野生动物来源地看，主要来自非洲的尼日利亚、东南亚的印度尼西亚与马来西亚、东亚的朝鲜与日本、南亚的巴基斯坦等。

正确区分野生动物与野生动物制品，是办理走私珍贵动物、珍贵动物制品罪案件的执法与司法实践中的一个共性问题。我国《刑法》第一百五十一条第二款规定了走私珍贵动物、珍贵动物制品罪，《刑法》第三百四十一条第一款规定了非法收购、运输、出售珍贵、濒危野生动物、珍贵、濒危野生动物制品罪。这表明区分野生动物与野生动物制品，是野生动物保护立法与司法实践中一个无法回避的基本问题。正确区分野生动物与野生动物制品，不但关乎正确选择适用的罪名，也对正确评估涉案野生动物及其制品价值产生重要影响。《野生动物及其制品价值评估方法》和《水生野生动物及其制品价值评估办法》规定，野生动物制品的价值，由核算其价值的执法机关或者评估机构根据实际情况予以核算，但不能超过该种野生动物的整体价值。目前对野生动物与野生动物制品进行区分的法律依据，主要是《野生动物保护法》第二条的规定，但这只是简单地界定了野生动物与野生动物制品的范围，仍不足以为野生动物保护执法与司法提供明确的指引。如陈某甲等走私穿山甲、马来闭壳龟案［（2015）琼刑二终字第20号］中，一审法院将冻体穿山甲视为野生动物而以走私珍贵动物罪作出了判决，二审法院改判时将罪名修正为走私珍贵动物制品罪。

（二）非法捕捞水产品罪。非法捕捞水产品，就是违反《渔业法》等保护水产资源法规，在禁渔区、禁渔期或者使用禁用的工具、方法捕捞水产品，情节严重的行为。在非法捕捞过程中，如果捕杀、伤害国家重点保护的水生野生动物的，则可能触犯刑法非法捕猎杀害珍贵动物罪。

裁判文书网共收录了 2011 – 2020 年间的 9182 份判决书，浙江、江苏、重庆是其中非法捕捞水产品案件发生数量排名前三的省市。非法捕捞水产品罪的作案手法，既有在禁渔期或禁渔区，采用法律禁止的电捕方式捕捞水产品的，也有在禁渔期、禁渔区组织多人，非法捕捞水产品价值巨大或情节严重的。项目组选择了 4 个非法捕捞水产品罪的案例和 1 个非法捕猎杀害珍贵动物罪的案例，进行了深入分析。

缺乏非法捕捞水产品罪的立案追诉标准，是办理非法捕捞水产品罪案件的执法与司法实践中一个共性问题。从野生动物保护执法与司法视角考察，办理非法捕捞水产品案件与办理非法狩猎案件的一个最大区分点，就是非法狩猎案件的立案追诉标准非常明晰，《最高人民法院关于审理破坏野生动物资源刑事案件具体应用法律若干问题的解释》（法释〔2000〕37 号）第六条专门规定了非法狩猎案件的立案追诉标准。但在办理非法捕捞水产品案件中，缺乏明确的立案追诉标准。虽然《最高人民法院关于审理发生在我国管辖海域相关案件若干问题的规定（二）》（法释〔2016〕17 号）第四条规定了情节严重的七种情形：（一）非法捕捞水产品一万公斤以上或者价值十万元以上的；（二）非法捕捞有重要经济价值的水生动物苗种、怀卵亲体二千公斤以上或者价值二万元以上的；（三）在水产种质资源保护区内捕捞水产品二千公斤以上或者价值二万元以上的；（四）在禁渔区内使用禁用的工具或者方法捕捞的；（五）在禁渔期内使用禁用的工具或者方法捕捞的；（六）在公海使用禁用渔具从事捕捞作业，造成严重影响的；（七）其他情节严重的情形。但对于内水发生的非法捕捞案件的立案追诉标准，仍处于空白状态。

（三）非法猎捕、杀害珍贵、濒危野生动物罪。违反《野生动物保护法》规定，未取得特许猎捕证、未按照特许猎捕证规定猎捕、杀害国家重点保护野生动物，情节严重、触犯刑法的，就构成危害珍贵濒危野生动物罪。

裁判文书网共收录了2000－2020年间的2171份判决书，其中云南、四川、陕西是非法猎捕、杀害珍贵、濒危野生动物罪案件数量排名前三的省份。非法猎捕、杀害珍贵、濒危野生动物的作案手法，既有使用枪支弹药等法律禁止的捕猎方法的，也有使用猎夹的。

如何正确处理人兽冲突中利益受损农民报复性猎捕珍贵、濒危动物的案件，是办理非法猎捕、杀害珍贵、濒危野生动物罪案件的执法与司法实践中需要关注的一个共性问题。近年来，人兽冲突引发的报复性猎捕珍贵、濒危动物案件时有发生。如云南省的王某林非法猎捕、杀害大熊猫案［（2016）云06刑终152号］就是一个典型的人兽冲突所引发的报复性猎捕珍贵、濒危动物的案件。项目组挑选的嘎某达、平某加犯非法猎捕、杀害雪豹案［（2019）藏25刑终2号］也是一个因人兽冲突而引发的报复性猎捕珍贵、濒危动物的案件。案件中阿里地区中级人民法院考虑到该案特殊性，最后在法定刑以下量刑，取得了较好的社会效果。但这只是个案，缺乏明确的司法审判指引，这类案件如何处理仍然是一个需要关注的问题。

（四）非法收购、运输、出售珍贵、濒危野生动物、珍贵、濒危野生动物制品罪。我国《野生动物保护法》第二十七条规定，禁止出售、购买、利用国家重点保护野生动物及其制品。因科学研究、人工繁育、公众展示展演、文物保护或者其他特殊情况，需要出售、购买、利用国家重点保护野生动物及其制品的，应当经省、自治区、直辖市人民政府野生动物保护主管部门批准，并按照规定取得和使用专用标识，保证可追溯，但国务院对批准机关另有规定的除外。未经批准、未取得或者未按照规定使用专用标识，或者未持有、未附有人工繁育许可证、批准文件的副本或者专用标识出售、购买、利用、运输、携带、寄递国家重点保护野生动物及其制品，情节严重、触犯刑法的行为，就构成非法收购、运输、出售珍贵、濒危野生动物、珍贵、濒危野生动物制品罪。

裁判文书网共收录了 2006 - 2020 年间的 5107 份判决书，其中云南、广东、江苏是其中非法收购、运输、出售珍贵、濒危野生动物及其制品罪案件发生数量排名前三的省份。

如何证明被告人主观故意或明知，是办理非法收购、运输、出售珍贵、濒危野生动物及其制品罪案件的执法与司法实践中需要关注的一个共性问题。《全国人民代表大会常务委员会关于〈中华人民共和国刑法〉第三百四十一条、第三百一十二条的解释》指出，知道或者应当知道是国家重点保护的珍贵、濒危野生动物及其制品，为食用或者其他目的而非法购买的，属于《刑法》第三百四十一条第一款规定的非法收购国家重点保护的珍贵、濒危野生动物及其制品的行为。

（五）非法狩猎罪。为了维护生物多样性和生态平衡，同时也为了防范公共卫生风险，《野生动物保护法》确立了狩猎制度。《野生动物保护法》第二十二条规定，猎捕非国家重点保护野生动物的，应当依法取得县级以上地方人民政府野生动物保护主管部门核发的狩猎证，并且服从猎捕量限额管理。《野生动物保护法》第二十三条规定，猎捕者应当按照特许猎捕证、狩猎证规定的种类、数量、地点、工具、方法和期限进行猎捕；持枪猎捕的，应当依法取得公安机关核发的持枪证。任何狩猎行为都必须遵守野生动物保护法和狩猎制度，并主动接受相关部门的监管。非法狩猎罪是违反野生动物保护法关于狩猎的相关规定，在禁猎区、禁猎期或者使用禁用的工具、方法进行狩猎，破坏野生动物资源，情节严重的行为。

裁判文书网共收录了 2005 - 2020 年间的 8424 份判决书，其中江苏、河南、浙江是非法狩猎罪案件发生数量排名前三的省份。非法狩猎的手段，包括在禁猎区禁猎期，采用投毒、网捕、电网捕等手段非法狩猎非国家重点保护野生动物；非法狩猎的目的，包括食用猎物（如青蛙、野兔、鸟类等）、收藏观赏（如相思鸟等），以及出售牟利。

非法狩猎背后的商业性经营活动，不但是很多地区非法狩猎活动屡治不绝的经济型驱动因素，而且也是办理非法狩猎罪案件的执法与司法实践中需要关注的一个共性问题。

（六）其他涉及野生动物的犯罪。野生动物保护法规定了一整套野生动物经营管理制度，其中涉及对非国家重点保护动物的收购、运输、出售等，违反野生动物经营管理制度，明知非法来源的野生动物及其制品而非法收购、运输、出售，情节严重、需要追究刑事责任的行为（如非法经营，掩饰、隐瞒犯罪所得、犯罪所得收益，伪造、变造、买卖相关许可证件等），妨碍野生动物保护管理秩序。在野生动物保护执法与司法实践中，明知犯罪所得的野生动物及其制品而收购，经营性收购运输出售非国家重点保护野生动物及制品，伪造、变造、买卖涉及野生动物管理的相关许可证件等犯罪时有发生，但这类案件不属于前面五章的分类，因此归并到本章的其他类范畴。涉及野生动物的非法经营罪，不仅破坏了野生动物资源，还扰乱了市场秩序；涉及野生动物的掩饰、隐瞒犯罪所得、犯罪所得收益罪，不仅破坏了野生动物资源，还妨害了司法；涉及野生动物的伪造、变造、买卖国家机关公文、证件、印章罪，不但破坏了野生动物资源，而且妨碍了正常的社会管理秩序。

正确界定非法经营，掩饰、隐瞒犯罪所得、犯罪所得收益罪，是办理破坏野生动物经营管理相关案件的执法与司法实践中需要关注的一个共性问题。虽然两个罪名在客观方面，都可能表现为收购、运输、出售非法狩猎的非国家重点保护野生动物，但是非法经营罪属于扰乱市场秩序罪范畴，因而其本质特征应当是违反国家规定，扰乱市场经济秩序，而掩饰、隐瞒犯罪所得、犯罪所得收益罪属于妨碍司法罪范畴，其本质特征是妨碍执法人员对非法狩猎等犯罪的相关调查顺利进行；在野生动物保护执法与司法实践中，非法经营罪的主体主要是从事商业经营活动的人员。

三、相关政策建议

（一）加强对野生动物保护执法、司法人员的业务培训，进一步提高其专业技能；同时促进不同地区执法人员之间、司法人员之间、执法与司法人员之间的业务交流。

（二）加强野生动物保护执法与司法相关的政策法规研究，进一步完善野生动物保护执法与司法相关的政策法规体系，为野生动物保护执法与司法工作提供更加明确的指引。

（三）加强野生动物保护执法与司法相关的公众宣传，进一步提升公众和媒体关于野生动物保护、依法利用的意识，促进人与自然和谐共生。

目录
Contents

第一章
走私珍贵动物、珍贵动物制品罪

本章导言

走私珍贵动物、珍贵动物制品罪，作为走私罪的一个分支，其犯罪行为既有逃避国家行政监管、破坏经济秩序等对社会的危害后果，也有破坏生态系统平衡，威胁生态安全的危害。根据我国《野生动物保护法》、《海关法》以及《濒危野生动植物进出口管理条例》规定，进出口列入《濒危野生动植物种国际贸易公约》（CITES）附录的野生动物或者其制品的，出口国家重点保护野生动物或者其制品的，应当经国务院野生动物保护主管部门或者国务院批准，并取得国家濒危野生动植物进出口管理机构核发的允许进出口证明书。海关依法实施进出境检疫，凭允许进出口证明书、检疫证明按照规定办理通关手续。没有取得国家濒危野生动植物进出口管理机构核发的允许进出口证明书，非法进出口前款名录的野生动物或其制品的，海关将不予放行；非法进口、出口或者以其他方式走私濒危野生动植物及其产品的，由海关依照海关法的有关规定予以处罚；情节严重，构成犯罪的，依法追究刑事责任。在野生动物保护执法与司法实践中，走私珍贵动物及其制品犯罪案件中的涉案动物和动物制品来源广泛，因此，这类犯罪对社会和生态系统的威胁不只局限在一国或一地，而是遍及全球。

走私珍贵动物、珍贵动物制品罪的一般犯罪构成分析。根据相关法律法规和司法解释，走私罪是指个人或者单位故意违反海关法规，逃避海关监管，通过各种方式运送违禁品进出境或者偷逃关税，情节严重的行为。具体对走私珍贵动物、珍贵动物制品罪而言，犯罪行为人须具有走私的主观故意，如果行为人在主观上具有走私的故意而对于具体走私对象不明确、采取放任态度的情形下，可以认定为对走私物品具有概括的故意。走私珍贵动物、珍贵动物制品罪的主体是一般主体，自然人、单位都可能实施这类犯罪；大宗的走私珍贵动物、珍贵动物制品罪通常都是犯罪团伙所为。涉案的野生动物是列入国家重点保护野生动物名录的国家一、二级保护野生动物、列入《濒危野生动植物种国际贸易公约》附录Ⅰ、附录Ⅱ的野生动物以及驯养繁殖的上述物种；常见的涉案物种主要有穿山甲（穿山甲甲片、冻体穿山甲、活体穿山甲）、象（象牙、象皮）、犀牛（犀角、犀牛皮）、大壁虎（蛤蚧制品）、鹦鹉（活体）、海马（干制品）、玳瑁（背甲壳）等。走私行为方式，包括绕关走私（珍贵动物或制品不经口岸入境、不向海关申报）、隐藏通关（将珍贵动物或制品隐藏在行李中或其他货物中入境，不向海关申报）、邮寄走私（将珍贵动物或制品隐藏在包裹中，通过邮寄入境）等；云南、广东、北京、上海、广西等省市是走私珍贵动物及其制品犯罪案件的热点地区。

本章案例符合一项或多项选取标准，包含如何判断犯罪行为人的主观故意；如何厘清多种犯罪行为和多个物种混合的情况；如何应对野生动物保护法律法规的空缺和滞后；如何处理涉案的活体珍贵动物；等等。希望这些案例和审理法院对于案件所涉及焦点的判断与论述能够给读者以启发，也希望这些案例所表现出来的打击野生动物走私领域所面临的立法、司法困境能够尽快得以解决。

关联规定

<table>
<tr><th>法律名称</th><th>具体条款</th><th>内容摘要</th></tr>
<tr><td>野生动物保护法</td><td>第三十五条第一款、第二款</td><td>禁止或者限制贸易的野生动物或者其制品名录</td></tr>
<tr><td colspan="3">中华人民共和国缔结或者参加的国际公约禁止或者限制贸易的野生动物或者其制品名录，由国家濒危物种进出口管理机构制定、调整并公布。
进出口列入前款名录的野生动物或者其制品的，出口国家重点保护野生动物或者其制品的，应当经国务院野生动物保护主管部门或者国务院批准，并取得国家濒危物种进出口管理机构核发的允许进出口证明书。海关依法实施进出境检疫，凭允许进出口证明书、检疫证明按照规定办理通关手续。</td></tr>
<tr><td>野生动物保护法</td><td>第五十二条</td><td>非法进出口野生动物及其制品</td></tr>
<tr><td colspan="3">违反本法第三十五条规定，进出口野生动物或者其制品的，由海关、公安机关、海洋执法部门依照法律、行政法规和国家有关规定处罚；构成犯罪的，依法追究刑事责任。</td></tr>
<tr><td>野生动物保护法</td><td>第五十六条</td><td>罚没野生动植物及其制品管理</td></tr>
<tr><td colspan="3">依照本法规定没收的实物，由县级以上人民政府野生动物保护主管部门或者其授权的单位按照规定处理。</td></tr>
<tr><td>野生动物保护法</td><td>第五十七条</td><td>涉案野生动物及其制品价值评估</td></tr>
<tr><td colspan="3">本法规定的猎获物价值、野生动物及其制品价值的评估标准和方法，由国务院野生动物保护主管部门制定。</td></tr>
<tr><td>海关法</td><td>第十四条</td><td>进出境运输工具的监管与检查</td></tr>
<tr><td colspan="3">进出境运输工具到达或者驶离设立海关的地点时，运输工具负责人应当向海关如实申报，交验单证，并接受海关监管和检查。
停留在设立海关的地点的进出境运输工具，未经海关同意，不得擅自驶离。
进出境运输工具从一个设立海关的地点驶往另一个设立海关的地点的，应当符合海关监管要求，办理海关手续，未办结海关手续的，不得改驶境外。</td></tr>
<tr><td>刑法</td><td>第一百五十一条第二款</td><td>走私珍贵动物及其制品罪的刑事责任</td></tr>
<tr><td colspan="3">走私国家禁止出口的文物、黄金、白银和其他贵重金属或者国家禁止进出口的珍贵动物及其制品的，处五年以上十年以下有期徒刑，并处罚金；情节特别严重的，处十年以上有期徒刑或者无期徒刑，并处没收财产；情节较轻的，处五年以下有期徒刑，并处罚金。</td></tr>
</table>

续表

<table>
<tr><th>法律名称</th><th>具体条款</th><th>内容摘要</th></tr>
<tr><td>最高人民法院关于审理破坏野生动物资源刑事案件具体应用法律若干问题的解释</td><td>第一条</td><td>珍贵、濒危野生动物的范围</td></tr>
<tr><td colspan="3">刑法第三百四十一条第一款规定的“珍贵、濒危野生动物”，包括列入国家重点保护野生动物名录的国家一、二级保护野生动物、列入《濒危野生动植物种国际贸易公约》附录一、附录二的野生动物以及驯养繁殖的上述物种。</td></tr>
<tr><td>最高人民法院、最高人民检察院关于办理走私刑事案件适用法律若干问题的解释</td><td>第九条</td><td>走私珍贵动物及其制品罪的立案与量刑标准</td></tr>
<tr><td colspan="3">走私国家一、二级保护动物未达到本解释附表中（一）规定的数量标准，或者走私珍贵动物制品数额不满二十万元的，可以认定为刑法第一百五十一条第二款规定的“情节较轻”。
具有下列情形之一的，依照刑法第一百五十一条第二款的规定处五年以上十年以下有期徒刑，并处罚金：
（一）走私国家一、二级保护动物达到本解释附表中（一）规定的数量标准的；
（二）走私珍贵动物制品数额在二十万元以上不满一百万元的；
（三）走私国家一、二级保护动物未达到本解释附表中（一）规定的数量标准，但具有造成该珍贵动物死亡或者无法追回等情节的。
具有下列情形之一的，应当认定为刑法第一百五十一条第二款规定的“情节特别严重”：
（一）走私国家一、二级保护动物达到本解释附表中（二）规定的数量标准的；
（二）走私珍贵动物制品数额在一百万元以上的；
（三）走私国家一、二级保护动物达到本解释附表中（一）规定的数量标准，且属于犯罪集团的首要分子，使用特种车辆从事走私活动，或者造成该珍贵动物死亡、无法追回等情形的。
不以牟利为目的，为留作纪念而走私珍贵动物制品进境，数额不满十万元的，可以免予刑事处罚；情节显著轻微的，不作为犯罪处理。</td></tr>
<tr><td>最高人民法院、最高人民检察院关于办理走私刑事案件适用法律若干问题的解释</td><td>第十条</td><td>走私珍贵动物及其制品罪的涉案野生动物及其制品价值评估</td></tr>
<tr><td colspan="3">刑法第一百五十一条第二款规定的“珍贵动物”，包括列入《国家重点保护野生动物名录》中的国家一、二级保护野生动物，《濒危野生动植物种国际贸易公约》附录Ⅰ、附录Ⅱ中的野生动物，以及驯养繁殖的上述动物。
走私本解释附表中未规定的珍贵动物的，参照附表中规定的同属或者同科动物的数量标准执行。
走私本解释附表中未规定珍贵动物的制品的，按照《最高人民法院、最高人民检察院、国家林业局、公安部、海关总署关于破坏野生动物资源刑事案件中涉及的 CITES 附录Ⅰ和附录Ⅱ所列陆生野生动物制品价值核定问题的通知》（林濒发〔2012〕239 号）的有关规定核定价值。</td></tr>
</table>

典型案例

案例 1：罗某之、李某龙走私象牙海马燕窝制品案①

（一）基本案情

2014 年 2 月 28 日，被告人罗某之、李某龙作为“嘉智号”货船的船长、大副在泰国清盛码头装货后准备运往中国关累港。2014 年 3 月 12 日，西双版纳海关监管关员对入境的“嘉智号”货船进行查验，当场查获未向海关申报的象牙制品两根，净重 5181 克，海马制品净重 40500 克，共 11936 只，燕窝净重 16847 克。

云南濒科委司法鉴定中心（2014）濒司鉴动（兽）字第 034 号动物鉴定报告书鉴定意见为，两根疑似象牙来自亚洲象，亚洲象为国家一级重点保护野生动物，《濒危野生动植物种国际贸易公约》将其列为附录Ⅰ物种。两根象牙价值为 50 万元。云南云林司法鉴定中心（2015）动鉴字第 158 号野生动物鉴定意见书鉴定意见，送检疑似海马为鱼纲刺鱼目海龙科海马，海马是国家二级重点保护水生野生动物，价值为 14323200 元。另查明，涉案燕窝经广东出入境检验检疫局检验检疫技术中心食品实验室检测，不符合中华人民共和国关于“食用燕窝亚硝酸盐临时管理限量值”。经景洪市价格认证中心价格鉴定，燕窝价值为 198795 元，核实偷逃税款共计 55321.34 元。因未达到走私普通货物罪的起刑点，西双版纳海关缉私分局已单独作为行政案件进行处罚。涉案动物制品象牙被上缴国库。

① 云南省高级人民法院，（2016）云刑终 1539 号，http：//wenshu. court. gov. cn/list/list/？sorttype = 1&number = &guid = ba81148d - 0dc2 - 7a041137 - 053d26b799ca&conditions = searchWord + 1 + AJLX + + % E6% A1% 88% E4% BB% B6% E7% B1% BB% E5% 9E% 8B：% E5% 88% 91% E4% BA% 8B% E6% A1% 88% E4% BB% B6&conditions = searchWord + QWJS + + + % E5% 85% A8% E6% 96% 87% E6% A3% 80% E7% B4% A2：% E7% BD% 97% E5% BB% BA% E4% B9% 8B，2020 年 3 月 20 日访问。

（二）裁判结果

本案经过了一审、一审重审和二审，对被告人的刑罚从十年有期徒刑降到七年有期徒刑再到无罪。2016 年 1 月 19 日，一审西双版纳州中级人民法院（以下简称版纳中院）作出（2015）西刑初字第 230 号刑事判决书，以犯走私珍贵动物制品罪分别判处罗某之、李某龙有期徒刑十年，并处没收个人财产 10 万元。

一审法院宣判后，两被告不服提出上诉，云南省高级人民法院于 2016 年 4 月 7 日作出（2016）云刑终 249 号刑事裁定书，以原审法院认定两被告犯走私珍贵动物制品罪的事实不清、证据不足为由，裁定撤销原判，发回重审。版纳中院重审后，于 2016 年 10 月 19 日作出（2016）云 28 刑初 216 号刑事判决书，以犯走私珍贵动物制品罪分别判处罗某之、李某龙有期徒刑七年，并处罚金人民币 5 万元。

重审判决宣判后，二人不服再次提出上诉，云南省高级人民法院于 2017 年 6 月 13 日作出（2016）云刑终 1539 号刑事判决书，认为本案中：不排除上诉人有被蒙骗的情形，在存在多个反证的情况下，按照疑罪从无原则，从有利于上诉人出发，不能以二位上诉人应具有的职责、经验来推定具有走私的故意；在不能认定走私故意的前提下，二上诉人未严格履行制度、未如实向海关申报的行为不构成刑事犯罪。故判决撤销本院（2016）云 28 刑初 216 号刑事判决，宣告罗某之、李某龙无罪。

在被改判无罪后，两被告申请国家赔偿。法院判决赔偿李某龙被侵犯人身自由 716 天的国家赔偿金 185624. 13 元；综合考虑赔偿请求人罗某之被侵犯人身自由的情况、对家庭影响等因素，赔偿罗某之精神抚慰金人民币 30000 元，作出决定共赔偿 215624. 13 元。

（三）案件争点

1. 被告人是否具有走私的主观故意

走私珍贵动物、珍贵动物制品罪，是指故意违反海关法和国家野生动物及其制品管理规定，逃避海关监管，非法运输、携带、邮寄国家禁止进出口的走私珍贵动物或者珍贵动物制品进出国（边）境的行为。[①] 是否存在走私的主观故意是区分“罪与非罪”的关键，是犯罪构成要件之一，也是此类案件中的常见争议点。法院几次改判主要是因为对走私的主观故意的认定结果不同，由推定故意到无故意，从有罪到无罪。

一审结合案件事实和两被告的身份等要素来考察被告人的走私故意。法院认为被告人罗某之是“嘉智号”的船长，主要负责船舶的管理和驾驶，是船舶安全的第一责任人，贯彻执行法律法规，确保货运安全。被告人李某龙作为“嘉智号”货船的大副，有着多年的跑船经验，也明知入境货物要如实向海关申报，但其在“嘉智号”货船入境后对涉案物品未进行如实申报，可推定其主观上具有走私犯罪的故意。版纳中院在重审意见中将有期徒刑从十年改为七年，依据是“本案不排除他人参与的可能，量刑时酌情予以考虑”。二审法院改判无罪的主要理由为被告人走私的主观故意无法得到充分证明。根据《海关法》第十条、第十一条、第二十四条、第二十八条、第三十五条、第五十四条，《海关进出口货物申报管理规定》第五条、第二十九条、第三十条的规定，进出口货物的收、发货人是货物出入境申报的义务人，报关企业或报关员必须有相应的资质，所以，本案涉案货物的报关义务人、责任人是收、发货人，并由有资质的报关企业或报关员报关，而不是船长、大副。但是船长、大副有向海关如实申报所载运货物的责任。根据《海关法》第十四条，船长在船舶进港前，要向海关上报入境（港）监管记录单，如实记载船舶所运货物的总体情况及船舶运行资料，进港后大副要向海关上报船舶舱单，如实记载货物情况（要求与监管记录单记载的内容一致）。在本案中，运输工具负责人向海关上报两份单据均未记载被查获的9箱货物，二上诉人辩称只是帮熟人带货、未收运费，所以没有记录在单据上，不论二人如何辩解，违

① 王作富主编:《刑法分则实务研究（上）》，中国方正出版社2007年版，第326页。

反《海关法》规定是事实。根据《海关行政处罚实施条例》第十二条、第二十条、第二十一条的规定，在不能认定二上诉人有走私故意的情况下，船长、大副未履行向海关如实申报所载运货物的行为，不构成刑事责任。本案中两被告并无明显逃避监管的行为表现，没有藏匿等行为。简单来说，虽然本案两被告有义务遵守相关法律法规，但其并不是报关责任人，也不构成过失，没有报关可能是因货主方①的蒙骗、与货主沟通不畅等原因，追诉机关无法证明两被告故意走私的情形，故不构成走私珍贵动物制品罪。

2. 鉴定意见书的效力

辩护人提出本案关于海马、象牙的鉴定违反程序和涉案的物品没有价值的相关辩护意见。公诉机关提交的云南云林司法鉴定中心（2014）动鉴补字第74号野生动物鉴定意见书，存在鉴定物种与价值计算依据不一致的情况，一审法院未予采信。后重新鉴定，法院对该鉴定意见予以采信。鉴定结果显示送检疑似海马为鱼纲刺鱼目海龙科海马，而海马是国家二级重点保护水生野生动物。

被告之所以关注鉴定结果就是因为量刑主要依据犯罪情节来定，而犯罪情节确定的标准主要是数量或者价值。一般如果涉案动物为活体或死体，那么则按照数量计算；如果涉案为动物制品，则按照鉴定后的价值判断犯罪情节。走私珍贵动物制品情节的严重性主要是依据价值来判断的，本案中海马经合法有效鉴定程序鉴定的价值为14323200元。由于野生动物制品的特殊性，需要专业机构才能确认其种类和价值，而鉴定结果对判决有重大影响，所以才会经历多次鉴定和重新鉴定。

（1）鉴定程序

对于珍贵、濒危野生动物制品的司法鉴定，是一项专业性、技术性较强的活动，根据《全国人民代表大会常务委员会关于司法鉴定管理问题的决定》

---

① 根据裁判文书，货主为泰国人林某2，本案并未涉及泰国货主的定罪量刑。

和《司法鉴定人登记管理办法》的相关规定，只有具备鉴定资质的鉴定机构按照合法程序制作的鉴定意见书才能被作为证据采纳，并且实际进行鉴定的人员也必须具备相应的鉴定资质。实践中，对鉴定机构鉴定资质和程序存在的争议不在少数。本案重新鉴定的机构具备合法资质。

（2）鉴定价值标准

关于鉴定价值依据的标准，目前涉案珍贵动物及其制品的价值认定，参考依据是2001年《国家林业局关于发布破坏野生动物资源刑事案件中涉及走私的象牙及其制品价值标准的通知》以及《国家林业局、公安部关于森林和陆生野生动物刑事案件管辖及立案标准》等行业主管部门的规定。但在司法实践中，珍贵动物制品的市场交易价格往往远低于行业主管部门核准的价格。[①] 在实际案件中，很多携带的珍贵动物制品数量很少，但可能价值巨大，鉴定后的价值可能远远超乎被告人的想象。由于对案件结果影响巨大，这种情况下，不少案件的被告及其辩护人会以鉴定价值与鉴定种类不一致，鉴定人不具有鉴定的专业能力，鉴定机构不具有鉴定资质，鉴定程序不合法等为由，向法院提出重审鉴定申请。

在该案中，法院对鉴定结果的认定不存在问题。

（四）案件评论

该案较为典型，对以刑法来遏制走私珍贵动物制品的非法行为具有重要价值。首先是本案的审判流程较为完整，经历了一审、重审、二审，从十年有期徒刑到七年有期徒刑再到改判无罪，并且被宣告无罪后被告人申请了国家赔偿；其次是本案涉及的裁判要点对同类刑事案件的审判也具有重要借鉴意义。

1. 规范对走私故意的认定

本案中，两被告虽然不构成刑事犯罪，但是从本案判处十年有期徒刑到无罪改判的经过也可以看出，对主观态度的认定，可以成为扭转案件结果的

① 曹坚：《对走私犯罪中若干争议问题的思考》，载《犯罪研究》2015年第4期，第90页。

关键因素。“在80年代，非洲大陆上还有约130万头大象，而2016年这一数量急剧下降为约40万头，捕杀大象得到的象牙很多流向了中国大陆做成首饰、雕件出售。”[①] 我国作为象牙消费大国，政府一直在为扭转这一现象做出各种努力，颁布各项政策决定，比如“根据国办有关通知，我国于2017年12月31日前全面停止商业性象牙加工销售活动”。[②] 出于对动物资源的保护，有必要对禁止贸易方面进行严格的管理。但是在刑事政策上，某些法院可能会在判断是否构成走私珍贵动物制品罪上过于轻率，对主观要件推定过多。本案一审法院采用推定认为被告人具备故意，从而定罪。云南省高级人民法院纠正了这一错误，从其并未有躲避海关检查的行为，也不具备报关义务等方面认定被告人不具备走私的故意。但即使不构成刑事犯罪，本案两被告人也依据相关法律受到了行政处罚，案件得到了妥善处理。

在司法实践中，法院一般根据案件事实和两被告的身份等要素来考察被告人的走私故意。对走私故意的认定除了对定罪有决定性影响，也会因为个案利益考量而影响量刑。比如在李某走私珍贵动物制品案[③]中，虽然不具备《关于办理走私刑事案件适用法律若干问题的意见》第七条规定的法定减刑情节，但法院考虑到被告人在尼日利亚有正当职业，非专门从事走私的人员，收藏和馈赠亲友有一定可信之处等，最终在法定刑以下判处三年有期徒刑。对主观故意的认定，适当根据被告人的身份背景要素进行推定，是法院常见的推理方式。但是在适用的时候应当更加慎重，尤其是在涉及可能定罪的情形时，应结合疑罪从无原则，保持刑法的谦抑精神。

在对破坏动物资源罪进行追责时，对于主观故意的认定，侦查和检察机

---

① 《2018年后，中国将全面禁止国内象牙贸易》，转自《珠宝课》，http：//www. sohu. com/a/211317339_ 168517，2018年11月4日访问。

② 《我国全面停止商业性象牙加工销售》，载《人民日报》，http：//www. gov. cn/xinwen/2018 - 01/01/content_ 5252123. htm，2018年11月4日访问。

③ 北大法宝，http：//www. pkulaw. cn/case/pfnl_ a25051f3312b07f3a0bb-0328747bf61dfb1e1fc69fad8415bdfb. html？keywords = % E8% B5% B0% E7% A7% 81% E7% 8F% 8D% E8% B4% B5% E5% 8A% A8% E7% 89% A9% E5% 88% B6% E5% 93% 81&match = Exact，2019年3月27日访问。

关应当收集充足的证据；司法和行政机关可以通过发布通知或审理意见等来逐步完善对此类罪名中主观故意的认定规则，避免定罪量刑畸轻畸重，实现破坏动物资源类罪的立法目的。

2. 逐步完善鉴定程序和鉴定标准

（1）完善鉴定程序

两被告对鉴定结果不认同，其理由在判决书中并不详细。“实践中，部分走私珍贵动物制品案件并未委托有鉴定资质的鉴定机构对珍贵动物进行物种鉴定，而是委托没有鉴定资质的专业研究机构确定物种，对该种证据如何认定，认识不一致。”① 根据《最高人民法院关于适用〈中华人民共和国刑事诉讼法〉的解释》的规定，鉴定机构或鉴定人不具备法定资质的，鉴定意见不得作为定案的根据。目前，珍贵动物物种这一专业领域存在相应的法定鉴定机构，对这一关键证据，审理案件时应当严格依据合法有效的鉴定意见作出裁判。本案中二审在被告人提出鉴定意见存在异议后，委托了具有鉴定资质的机构重新鉴定，使鉴定意见获得了法律上的效力，说明鉴定意见这一现象获得了法院的重视，实践中的流程也逐渐规范起来。

但是该案对于鉴定程序和鉴定机构资格认定也提出了更高要求，特别是这类以鉴定结果得出的制品价值为犯罪情节判断依据的案件。为保障量刑公平，必须建立有序、合法的鉴定程序。首先，建立统一化的标准，保障审判的公平性；其次，建立更加专业的鉴定机构，提升鉴定机构的水平，减少重复鉴定带来的司法资源浪费。

（2）适当调整鉴定价值标准

本案被告之所以关注鉴定结果就是因为量刑主要依据犯罪情节来定，而犯罪情节确定的标准主要是数量或者价值。本案中海马的鉴定价值为

---

① 李荣兵：《走私珍贵动物、珍贵动物制品的要素分析》，载《人民司法运用》2016 年第 13 期，第 73 页。

14323200元，与一般社会认识可能相差较大。“强调以行业主管部门的规定为计价标准并非一概排斥对市场交易价格的参考，相对刚性的行业主管部门计价而言，灵活柔性的市场交易价格可以在实际定罪量刑中起到必要与合理的调节作用。将行业主管部门的核定价格作为类似鉴定人的意见予以考虑，而非一概以核定价格认定此类案件。”① 根据司法解释的规定，“不以牟利为目的，为留作纪念而走私珍贵动物制品进境，数额不满十万元的，可以免予刑事处罚；情节显著轻微的，不作为犯罪处理”，这一标准在实践中无法满足当前水涨船高的动物制品价格，为避免打击范围扩大，有学者主张适当提高该罪名的追诉标准。

有学者认为在鉴定价值跟实际交易价值差距巨大的情况下，可以参照以实际的交易价格就低的原则来认定。《野生动物及其制品价值评估方法》第六条、《水生野生动物及其制品价值评估办法》第九条规定与之相悖，现行政策都规定“就高不就低”，即“野生动物及其制品有实际交易价格，且实际交易价格高于按照本办法评估价值的，按照实际交易价格执行”，体现出对该类行为的惩罚性；因此这种就低不就高的观点值得商榷。

对于未达到入刑门槛的行为，交由其他部门法规制，符合当前保护珍贵野生动物资源的需求和现状，发挥法律手段的多元作用。有学者认为“未来可能鉴定与价格认证报告两条腿走路。有鉴定意见出鉴定意见，没有的话公安部、林草局、海关总署机构也可以出具这样一些报告解决这个问题”。我们认为这种方式具有实践可行性，可以在一定程度上使得鉴定价格符合动物制品的市场行情，但应当统一不同部门的认定标准，做好衔接，保证价格认定结果的统一性。价值核定中会出现不同标准，涉及科学问题，也涉及现有保护名录名称不准确或者需要更新的问题，笔者建议由不同部门联合制定或定期更新统一的基准价值目录。

---

① 曹坚：《对走私犯罪中若干争议问题的思考》，载《犯罪研究》2015年第4期，第90页。

案例2：朴某根走私虎骨熊骨制品案[①]

（一）基本案情

该案件属于数罪并罚的复合型案件，除触犯走私珍贵动物制品罪和非法出售珍贵、濒危野生动物制品罪外，还触犯走私、运输、贩卖毒品罪。2010年5月某日晚，张某权（另案处理，已判刑）越过吉林省集安市青石村云峰电厂东门附近的鸭绿江进入朝鲜境内，从朝鲜货主处取得七八千克的疑似虎骨及一张虎皮后返回中国境内。张某权与朴某文（另案处理，已判刑）通过被告人朴某根及江某有、张某勋（另案处理，均已判刑）相互介绍，将疑似虎骨、虎皮运至河北省安国市，并将疑似虎骨出售。

2010年7月的一天，被告人朴某根与朴某文在集安市青石村葫芦花废铁桥附近的中朝边境，从朝鲜货主处取得2千克左右的疑似虎骨，后通过张某勋准备出售给张某权。张某权以不是虎骨为由留下2根骨头未付款，朴某根、朴某文遂将剩下的疑似虎骨退还给朝鲜货主。

案发后，公安人员从张某权家查获疑似虎骨25根，重7.185千克。经鉴定，疑似虎骨分别为虎骨、狮骨、黑熊骨和棕熊骨，其中，虎骨重0.54千克（价值人民币12960元），狮骨重0.97千克，黑熊骨重2.66千克，棕熊骨重2.95千克；朴某根、朴某文走私入境的2根骨头为熊骨。

被告人朴某根因涉嫌毒品犯罪归案后，主动供述了公安机关尚未掌握的上述非法出售珍贵、濒危野生动物制品事实，并协助公安人员抓获同案犯江某有，有自首情节和一般立功表现。

---

① 吉林省高级人民法院，（2013）吉刑一终字第8－1号，北大法宝，http：//iras.lib.whu.edu.cn：8080/rwt/PKULAW/http/P75YPLURNN4XZZLYF3SXP/case/pfnl_ a25051f3312b07f3f648c8b4519dc3d0c3747e175b93aa50bdfb.html？ keywords = %E6%9C%B4%E5%BA%B7%E6%A0%B9&match = Exact，2020年8月30日访问。

（二）裁判结果

吉林省通化市中级人民法院审理通化市人民检察院指控原审被告人朴某根犯走私、贩卖、运输毒品罪，走私珍贵动物制品罪和非法出售珍贵、濒危野生动物制品罪，原审被告人孙某岩犯运输毒品罪一案，于2012年9月20日作出（2012）通中刑初字第15号刑事判决。一审法院以走私珍贵动物制品罪，判处被告有期徒刑一年，并处罚金人民币1万元；以非法出售珍贵、濒危野生动物制品罪，判处被告有期徒刑一年六个月，并处罚金人民币2万元，与走私、运输、贩卖毒品罪并罚，决定执行死刑，剥夺政治权利终身，并处没收个人全部财产。

一审宣判后，朴某根、孙某岩提出上诉。吉林省高级人民法院于2013年3月28日以（2013）吉刑一终字第8号刑事裁定，驳回二人的上诉，维持原判，对朴某根的死刑裁定依法报请最高人民法院核准。最高人民法院于2014年3月14日以（2013）刑四复03130558号刑事裁定，不核准并撤销本院（2013）吉刑一终字第8号维持一审对被告人朴某根以走私、贩卖、运输毒品罪判处死刑，剥夺政治权利终身的刑事裁定，发回吉林省高级人民法院重新审判。

重审法院维持了原审的定罪部分，但对量刑部分进行了改判，认定朴某根违反国家野生动物保护法规，结伙非法出售国家重点保护的珍贵、濒危野生动物制品，其行为已构成非法出售珍贵、濒危野生动物制品罪；逃避海关监管，结伙走私国家禁止进出口的珍贵动物制品，其行为已构成走私珍贵动物制品罪，应依法并罚。重审法院考虑到被告被抓获后，主动供述公安机关尚未掌握的其他五起毒品犯罪事实并协助公安机关抓捕同案犯，具有坦白、立功情节，认罪态度较好，对其判处死刑，可不立即执行。案件涉及的动物制品被收归国库。

（三）案件争点

1. 主观方面

该罪行的构成要件之一是主观故意，不存在没有过失的情形。所以检察机关必须证明被告人存在故意情形。虽然经过鉴定才能确定这些制品的性质，对于其价值才能有相对客观的判断，但是这些不影响对被告人的判罪定刑。因为根据《关于办理走私刑事案件适用法律若干问题的意见》第六条的规定，“走私犯罪嫌疑人主观上具有走私犯罪故意，但对其走私的具体对象不明确的，不影响走私犯罪构成，应当根据实际的走私对象定罪处罚”。这种主观故意是指概括的故意，只要求行为人概括地知道其行为的性质、内容即可，不需要对走私物的价值、种类有明确认识。该规定符合走私行为人的认知规律，避免行为人以不知走私物品具体性质为由逃避刑罚。在非法出售珍贵、濒危野生动物制品罪中亦是如此。

2. 对珍贵野生动物制品归类

值得关注的是，本案中涉及野生动物资源的两个罪行，一是走私珍贵动物制品罪，二是非法出售珍贵、濒危野生动物制品罪。实践中，破坏动物资源罪行一般会涉及多种动物制品。本案涉案行为有多次，动物制品有多种，所以复杂之处就在于对多次犯罪行为的区分和动物制品价值的计算。

（1）区分多次犯罪行为

根据一审法院重审判决书中梳理的案情，在第一次疑似虎皮、虎骨的出售中，被告人朴某根是以介绍人的身份介入此次犯罪行为中，属于非法出售珍贵、濒危野生动物制品罪的共同犯罪。根据《刑法》及《最高人民法院、最高人民检察院关于办理走私刑事案件适用法律若干问题的解释》的规定，直接向走私人非法收购走私进口的货物、物品，在内海、领海、界河、界湖运输、收购、贩卖国家禁止进出口的物品，或者没有合法证明，在内海、领海、界河、界湖运输、收购、贩卖国家限制进出口的货物、物品，构成犯罪的，应当按照走私货物、物品的种类，分别依照《刑法》第一百五十一条、第一百五十二条、第一百五十三条、第三百四十七条、第三百五十条的规定（即走私罪）定罪处罚。在第二次犯罪中，交易未成功，朴某根、朴某文遂将剩下的疑似虎骨退还给朝鲜货主。由此可知，被告人出售珍贵、濒危野生动物制品的行为显然不同于一般境外旅游者带回来象牙制品等的一次性行为。按照刑法法理，只要进行了交易，无论买方是否最终购买，被告人的售卖行为即告成立，行为既遂。因为其已经实施了破坏我国监管珍贵、濒危动物制品买卖秩序的行为。所以本案中对于已经出售给对方但又因为其他原因退回的商品也应当计算在出售珍贵动物制品的行为对象中，符合出售珍贵动物制品罪的规制目的。

在第二次犯罪中，被告人在中朝边境，从朝鲜货主处取得 2 千克左右的疑似虎骨的行为，由于规避海关监管，属于走私珍贵动物制品罪。同时，走私罪与出售珍贵、濒危野生动物制品的行为并未竞合。关于走私、走私后出售行为是否发生竞合，虽然有学者认为，走私犯罪人走私物品也可能留于自用，走私与走私后的出售属于两个独立的行为，即使涉及同一动物制品，但构成两类罪名，应当分别归罪，数罪并罚。我们认为这种观点值得商榷，刑法理论中通常认为同一犯罪主体的走私行为（主行为）吸收了出售行为（从行为），不采取数罪并罚，如同小偷盗窃后出售赃物的现象；实践中，也没有对走私犯罪人出售其走私物品进行数罪并罚的案例，如王某文特大走私象牙制品案等。

（2）动物制品价值计算

司法实践中，走私珍贵动物制品的案件数量占走私案件相当大的比重，而且某些走私案件所涉走私制品价值巨大，一件象牙制品鉴定价值达数万元甚至上百万元。刑法对这一类罪名犯罪情节的规定，主要是根据走私动物的数量或者走私动物制品的价值来判断。目前，司法机关对珍贵、濒危野生动物刑事案件的定罪量刑，主要依据《刑法》和 2014 年的《最高人民法院、最高人民检察院关于办理走私刑事案件适用法律若干问题的解释》（法释〔2014〕10 号）以及 2000 年的《最高人民法院关于审理破坏野生动物资源刑事案件具体应用法律若干问题的解释》（法释〔2000〕37 号）。确定珍贵动物及其制品价值的文件主要有五部：国家发改委的《野生动物及其产品（制品）价格认定规则》（发改价证办〔2014〕246 号），国家林草局的《野生动物及其制品价值评估方法》，《国家林业局关于发布破坏野生动物资源刑事案件中涉及走私的象牙及其制品价值标准的通知》（林濒发〔2001〕234 号），《国家林业局关于发布破坏野生动物资源刑事案件中涉及犀牛角价值标准的通知》（林护发〔2002〕130 号），农业农村部的《水生野生动物及其制品价值评估办法》。

本案虎骨价值人民币 12960 元，关于狮骨、黑熊骨和棕熊骨的价值，判决书中并未提到，我们无从得知。根据 2014 年《最高人民法院、最高人民检察院关于办理走私刑事案件适用法律若干问题的解释》附录①，《刑法》一百五十一条第二款②，以及上述 2014 年司法解释第九条之规定③，由于涉案的动物制品并非完整的动物制品，无法以数量计算，所以采用司法解释中的价值衡量法来确定犯罪情节严重性。二被告人犯走私珍贵动物制品罪和出售珍贵、濒危野生动物制品的罪行分别被判为一年和一年六个月有期徒刑。从判决结果来看，法院所认定的走私珍贵动物制品价值和出售珍贵、濒危野生动物制品的价值低于 20 万元。

3. 是否构成从轻处罚情节

本案中对于罪名的确定的争议不大，二审法院考虑到被告人的坦白和立功情节，故在量刑部分改判。被告人主张其构成重大立功。根据公安机关出具的证明，朴某根协助抓捕犯罪嫌疑人刘某雨的事实成立，但通化市中级人民法院（2012）通中刑初字第 60 号刑事判决证明，刘某雨被判处有期徒刑七年。由于重大立功中所称的“重大犯罪”、“重点案件”、“重大犯罪嫌疑人”的标准，一般是指犯罪嫌疑人、被告人可能被判处无期徒刑以上刑罚或者案

---

① 黑熊和棕熊属于我国二级保护野生动物，数量达到三只和五只分别构成情节严重和情节特别严重。

② 《刑法》一百五十一条第二款规定：走私国家禁止出口的文物、黄金、白银和其他贵重金属或者国家禁止进出口的珍贵动物及其制品的，处五年以上十年以下有期徒刑，并处罚金；情节特别严重的，处十年以上有期徒刑或者无期徒刑，并处没收财产；情节较轻的，处五年以下有期徒刑，并处罚金。

③ 该条规定：走私国家一、二级保护动物未达到本解释附表中（一）规定的数量标准，或者走私珍贵动物制品数额不满二十万元的，可以认定为刑法第一百五十一条第二款规定的“情节较轻”。

件在本省、自治区、直辖市或者全国范围内有较大影响的情形。而本案被告人揭发的行为人刘某雨被判处有期徒刑七年，故朴某根构成一般立功而非重大立功。

（四）案件评论

原审被告人涉及三个罪名，最终数罪并罚，属于涉及多个罪名的复杂案件，该案可以为此类案件的侦查和审判提供思路；该案经一审、二审、死刑复核、发回重审，诉讼程序比较完善，值得进一步研究。

1. 规范定罪

本案中的走私珍贵动物制品罪和非法出售珍贵、濒危野生动物制品与走私毒品犯罪交织在一起。实践中，此类罪还可能同非法持有弹药罪[①]等罪行结合，由此可见走私行为的一般特征，即为了获取利益。在具体案件的审理中，由于不同罪名保护的对象不同，体现了对不同层面社会秩序的关注，所以必须区分走私的一般物品、珍贵动物制品、毒品，分别定罪量刑再并罚。

2. 分级保护

判决书对动物制品价值计算的描述不是很详细，对同一罪名下不同保护层级的动物制品很有可能没有分开计算价值，而是统一计算价值。本案提醒我们关注对野生动物进行分级保护的意义。

2000年发布的《最高人民法院关于审理破坏野生动物资源刑事案件具体应用法律若干问题的解释》第一条对保护对象做出解释：刑法第三百四十一条第一款规定的“珍贵、濒危野生动物”，包括列入国家重点保护野生动物名录的国家一、二级保护野生动物、列入《濒危野生动植物种国际贸易公约》

① 阿旺某某走私珍贵动物制品罪、非法持有弹药罪刑罚变更案，北大法宝，http://www.pkulaw.cn/case/pfnl_a25051f3312b07f3c1eb74d9420c94c70a4186625570290ebdfb.html?keywords=%E8%B5%B0%E7%A7%81%E7%8F%8D%E8%B4%B5%E5%8A%A8%E7%89%A9%E5%88%B6%E5%93%81&match=Exact，2019年3月20日访问。

附录Ⅰ、附录Ⅱ的野生动物以及驯养繁殖的上述物种。由于不同种类动物的濒危程度、经济科研价值等不同，有必要对其进行分类保护。但是我国国家重点保护野生动物名录和国际公约可能存在级别规定不一致之处。如双角犀鸟（*Buceros bicornis*）在我国是国家二级重点保护野生动物，但同时是《濒危野生动植物种国际贸易公约》附录Ⅰ物种。根据《最高人民法院、最高人民检察院、国家林业局等关于破坏野生动物资源刑事案件中涉及的CITES附录Ⅰ和附录Ⅱ所列陆生野生动物制品价值核定问题的通知》，公约附录Ⅰ、附录Ⅱ中的动物及其制品，参照解释附表中规定的同属、同科、同目的等的野生动物定罪量刑标准执行。理论上不缺乏可参照的对象，但司法鉴定机构实际上面临着鉴定计算难题。

国家区分不同的动物保护名录是为了对不同动物的保护等级加以区分，以便更好地确定相应的罪名或处罚措施，所以在司法实践中，不宜混同着确定罪名。[①] 笔者同意这种观点。但司法实践中存在对动物制品的保护级别含混不清，统一定罪的情形，值得我们在未来的审判中加以重视。比如“怀来县人民法院审理的耿某、刘某非法收购、运输、出售珍贵、濒危野生动物、珍贵、濒危野生动物制品罪一案中，相关鉴定机构对被查处的205只动物进行了鉴定，司法鉴定意见书证实其中斑羚属于国家二级保护动物；狍子、雉鸡、野猪、绿头鸭、草兔属于‘三有’野生动物；豹猫属河北省重点保护野生动物，但最后法院并未加以区分，对二被告都以非法出售、运输珍贵、濒危野生动物罪定罪入刑。这种混合计算可能加重刑罚，造成不公”。[②] 而本案重审判决中同样存在模糊之处，即对这些涉案动物所属的保护级别并未提到。本案中涉及的动物制品有虎骨、黑熊骨、狮子骨、棕熊骨。狮子骨来源于狮子，

---

① 孙秩红：《非法收购、运输、出售珍贵、濒危野生动物及其制品罪认定分析》，吉林大学2018年硕士学位论文，第5页。

② 孙秩红：《非法收购、运输、出售珍贵、濒危野生动物及其制品罪认定分析》，吉林大学2018年硕士学位论文，第5页。

狮子包括亚洲狮和非洲狮，并非我国原产，在我国重点保护名录中也并未提及其级别，但是我国加入了上述公约，承担公约义务。亚洲狮（*Panthera leo persica*）在《濒危野生动植物种国际贸易公约》中属于附录Ⅰ保护动物，而非洲狮（*Panthera leo*）为附录Ⅱ保护动物。由此可见，即使为狮骨，也可能因为鉴定为属于不同种群的狮子而价值有所不同，保护级别不同。法院判决理应明确标示这些基本信息。就司法实践来说，因为涉案动物制品所属种类和价值不同，法律后果会不同，所以对于其种类和价值的鉴定至关重要。为公平判决，必然要求司法鉴定机关作出专业鉴定，司法审判机关也应当依据分级管理的相关规定，分别认定相关动物制品的价值，提高法律适用的准确性。公诉机关应当注意对动物制品价值和保护级别的鉴定与认定，审判机关则应当在法律文书中明确说明。

案例3：陈某甲等走私穿山甲、马来闭壳龟案①

（一）基本案情

2013年6、7月间，在张某龙（在逃，另案处理）的建议下，被告人陈某甲和魏某甲以出资参股的方式，被告人方某、毛某、阿强（姓名不详，另案处理）、余某、郑某以劳务参与的方式，共同组成走私团伙，驾驶改装后的“浙岱渔运01308”字号渔船开展走私活动。同年11月底，被告人陈某乙经郑某介绍上船打杂。

2013年8－12月，该走私团伙在张某龙指示下，使用改装后的“浙岱渔运01308”字号渔船先后三次在印度尼西亚海域接驳“冻货”运输到海南省三亚市、文昌市等地，再储存或伺机运输到广东。每次出海后，张某龙付给

① 海南省高级人民法院，（2015）琼刑二终字第20号，http：//wenshu.court.gov.cn/content/content？DocID＝bd7c279d－6903－4cd7－8e17－98772b7db89a&KeyWord＝%EF%BC%882015%EF%BC%89%E7%90%BC%E5%88%91%E4%BA%8C%E7%BB%88%E5%AD%97%E7%AC%AC20%E5%8F%B7，2019年3月15日访问。

陈某甲、方某、余某、毛某、郑某2000元至10000元不等的工资报酬。

2013年12月15日晚，海口海关缉私局在文昌市清澜港内查获“浙岱渔运01308”渔船，抓获被告人陈某甲、方某、余某，并查获船上的10只活体龟和该团伙存在宝龙公司冷冻库里的3袋共10只疑似穿山甲冻体。经鉴定，送检物证分别为穿山甲（*Manis*）属的动物和马来闭壳龟（*Cuora amboinensis*），穿山甲属的动物是国家二级重点保护动物，二者在案发时均为《濒危野生动植物种国际贸易公约》附录Ⅱ中的物种，参照国家二级重点保护动物执行。涉嫌珍贵动物穿山甲（冻体）的鉴定价格为1400元/公斤，10只总价值为72310元；涉嫌珍贵动物马来闭壳龟（活体）的鉴定价格为200元/公斤，10只总价值为1446元。

2013年12月27日侦查机关抓获被告人陈某乙，2014年1月15日抓获被告人魏某甲，同年1月27日抓获被告人毛某，同年6月8日抓获被告人郑某。

（二）裁判结果

一审法院认为，被告人陈某甲等人违反海关和野生动物保护法规，逃避海关监管，走私珍贵动物穿山甲（冻体）入境，其行为均已构成走私珍贵动物罪，七名被告人结伙走私，系共同犯罪，被告人陈某甲、魏某甲在共同犯罪中起主要作用，应当认定为主犯，其余五人系从犯。判处陈某甲等七人七年至一年不等的有期徒刑，五名从犯五年至两年不等的缓刑，判处全部被告8万元至1万元不等的罚金。走私动物由扣押机关海口海关缉私局销毁。没收的犯罪工具和个人财物由扣押机关海口海关缉私局上缴国库。被告人对一审判决不服，认为一审法院定性错误。二审法院经审理后认为原审法院对走私对象认定错误，导致全案适用法律错误，部分被告人量刑不当。二审法院维持对犯罪工具、走私动物及被告人财物的相关处理判决。改判七名被告人犯走私珍贵动物制品罪，判处有期徒刑五年至一年不等，五名从犯缓刑五年至二年不等，判处罚金8万元至1万元不等。

（二）案件争点

1. 一审判决认定各被告走私穿山甲冰冻死体的行为构成走私珍贵动物罪，定罪是否准确？

我国刑法规定了走私珍贵动物罪和走私珍贵动物制品罪两个罪名，但是现有法律和司法解释对动物制品的界定并不清楚。《野生动物保护法》第二条在定义中，用列举的方式提及了陆生野生动物与水生野生动物，以及用比较的方式，阐明了野生动物及其制品的范围，前者包括野生动物整体，后者包括野生动物部分及其衍生物。但这不能满足野生动物保护执法与司法实践的需求。野生动物死体，尤其是初级加工后的动物死体到底归属动物还是动物制品并无明确的执法规范或指引。区分野生动物与野生动物制品，不仅涉及罪名的选择，而且涉及涉案野生动物、涉案野生动物制品价值的评估认定。

本案涉及的穿山甲冰冻死体，剥离了鳞片和内脏。对于这样的死体，一审法院在判决书中并未对其属于动物还是动物制品进行论述，直接认定为动物个体。被告人陈某甲对此不服，提出上诉。其认为一审法院将“穿山甲冻体”认定为“珍贵动物物种”而非珍贵动物制品，导致定罪错误。二审法院认定穿山甲冰冻死体已经具备肉制品初步加工的特征，应当表述为冷冻的穿山甲肉制品。其认为：“珍贵动物”是指列入《国家重点保护野生动物名录》中的国家一、二级保护野生动物和列入《濒危野生动植物种国际贸易公约》附录Ⅰ、附录Ⅱ的野生动物以及驯养繁殖的上述物种。珍贵动物制品是指上述动物的皮、毛、骨等的制成品，肉制品亦应包含在内。根据各被告人供述，在海上交接“冻品”时穿山甲的状态就是以塑料膜密封包装好，并在包装膜上印有外文字样的冰冻死体。从现场勘查笔录和现场照片看，穿山甲的内脏及鳞片均已被剥离，各被告人参与走私的仅为穿山甲的肉体部分，具备肉制品初步加工的特征，除作为食材外，已不可能具有完整的野生动物观赏或其他价值。因此，扣押在案的穿山甲冷冻死体应当准确表述为冷冻的穿山甲肉制品，属于珍贵动物制品的范畴。

穿山甲冰冻死体是一种常见的穿山甲非法贸易形式，但冰冻死体，尤其是剥去鳞片和内脏后的冰冻死体到底属于动物个体还是动物制品，在已判决的案例中并没有达成共识。以下列举其中四个案例：（2014）江中法刑二初字第 13 号判决书中，5 名被告走私了 2041 只无鳞片无内脏的穿山甲冻体。法庭采纳的价值标准为 1336 元/只（穿山甲价值标准的 80%）。该案还涉及蟒蛇皮、穿山甲鳞片等动物制品的走私行为，5 名被告罪名为走私珍贵动物制品罪。（2009）绍越刑初字第 361 号判决书中，被告人非法收购、运输了 1 只活体穿山甲，6 只去鳞穿山甲冻体，法庭对穿山甲冻体采纳的价值标准为 1336 元/只（穿山甲价值标准的 80%）。被告人罪名为收购、运输、出售珍贵、濒危、野生动物、珍贵、濒危野生动物制品罪。（2013）新刑初字第 50 号判决书中，被告人非法收购 1 只无鳞片无内脏穿山甲冻体。判决书中并未体现其案值。被告人罪名为非法收购珍贵、濒危野生动物罪。（2010）荔法刑初字第 295 号判决书中，被告人非法收购、运输、出售 11 只去鳞穿山甲冻体和其他受法律保护野生动物。判决书中并未体现其案值。两被告人罪名分别为非法收购、运输、出售珍贵、濒危野生动物罪和非法收购、出售珍贵、濒危野生动物罪。

由此可以看出，对于穿山甲冻体应该是动物个体还是动物制品，各法院并没有达成统一的理解。

本案二审对这个问题做了较详细的论述和分析。二审法院认为，经过加工后，穿山甲冻体应当属于动物制品，遂对被告人的走私行为改判为走私珍贵动物制品罪。二审的判罚更加合理，也为其他类似案件提供了更为可靠的参考。

该案为我们提出一个在司法实践中经常遇到也经常讨论的问题：动物制品与动物个体应如何区分？如何统一判罚标准？

2. 一审和二审判决认定案件中各被告走私10只活体马来闭壳龟的行为不构成走私珍贵动物罪，不应受刑事处罚是否恰当？

一审和二审法院均认可涉案的马来闭壳龟属于《刑法》第一百五十一条第二款规定的“珍贵动物”范围。但因《最高人民法院、最高人民检察院关于办理走私刑事案件适用法律若干问题的解释》（法释〔2014〕10号，以下简称《解释》）的附录中并无可参照的定罪标准，10只活体龟的鉴定价格仅为1446元。两级法院均认为各被告人走私10只马来闭壳龟活体入境的行为不构成走私珍贵动物罪，不应受刑事处罚。

马来闭壳龟分布于孟加拉、柬埔寨、印度、印度尼西亚、马来西亚、缅甸、泰国、越南等国。被列为IUCN红色名录易危（VU）级别[①]。由于闭壳龟属所有种均受到非法贸易的威胁，因此闭壳龟属所有种均被列入《濒危野生动植物种国际贸易公约》附录Ⅱ或附录Ⅰ进行保护和管理[②]，其商业性国际贸易受公约规定管制。

我国是《濒危野生动植物种国际贸易公约》的缔约国，非原产我国的《濒危野生动植物种国际贸易公约》附录Ⅰ和附录Ⅱ物种也受我国法律法规保护。《解释》第十条规定：刑法第一百五十一条第二款规定的“珍贵动物”，包括列入《国家重点保护野生动物名录》中的国家一、二级保护野生动物，《濒危野生动植物种国际贸易公约》附录Ⅰ、附录Ⅱ中的野生动物，以及驯养繁殖的上述动物。依据该条款，马来闭壳龟属于刑法第一百五十一条第二款规定的“珍贵动物”范围，走私马来闭壳龟的行为应被认为是违法行为。至于其情节的严重程度，则依照走私动物个体数量或制品价值而定。因此涉案动物个体数量或制品价值的判断，对于案件的量刑十分重要。

---

① IUCN濒危物种红色名录网站，参见https：//www. iucnredlist. org/species/5958/97349919，2020年1月2日访问。

② 2019年召开的《濒危野生动植物种国际贸易公约》第十八次缔约方大会将布氏闭壳龟（*Cuora bourreti*）、图纹闭壳龟（*Cuora picturata*）升级到附录Ⅰ，2019年11月26日施行。

《解释》用其附表明确了走私野生动物情节轻重的标准，但附表并未收录受法律保护的水生野生动物。《解释》第十条规定，“走私本解释附表中未规定的珍贵动物的，参照附表中规定的同属或者同科动物的数量标准执行”。附录在龟鳖目同等级别保护动物中，仅收录了陆龟科凹甲陆龟属凹甲陆龟（*Manouria impressa*）一个物种。走私凹甲陆龟不足 6 只属于情节较轻，达到或超过 10 只属于情节特别严重。但马来闭壳龟与凹甲陆龟非同属或同科，按规定无法直接参照。案件到这里，似乎进入了无法可依的困境。

《濒危野生动植物种国际贸易公约》附录中有大量非原产我国的动植物种在国内没有同属或同科物种，无法参照《解释》和其他相关法规，这就为打击走私工作提出了极大的挑战。致使如本案中公诉方对被告走私马来闭壳龟违法行为的控诉，得不到法院支持。这些法律法规存在空白的情况，客观上增加了野生动物保护工作面临的困难，影响了我国履行国际公约义务的努力。面对这种情况，也有法院进行了积极的探索和实践。（2015）厦刑初字第 9 号案[①]中，被告人走私 185 只马来闭壳龟，对于被告辩护人提出走私马来闭壳龟犯罪情节较轻的辩护意见，该案审理法院认为“据世界自然保护联盟公开资料，马来闭壳龟与司法解释附表中同为龟鳖目的凹甲陆龟均被列为易危物种，珍贵程度类似。司法解释规定走私凹甲陆龟不足 6 只的方可认为情节较轻，而本案被告人丁某走私马来闭壳龟数量多达 185 只，数量远超该标准，其走私行为对于国际濒危物种保护秩序的危害较大，不能认定为情节较轻”。并最终以走私珍贵动物罪对被告人判处相应惩罚。

马来闭壳龟属于水生野生动物，在我国，水生野生动物的管理由农业农村部（原农业部）负责。《农业部关于确定野生动物案件中水生野生动物及其产品价值有关问题的通知》（农渔发〔2002〕22 号）第三条规定，“《濒危

---

① 参见 http：//wenshu. court. gov. cn/content/content？ DocID = 02e366c0 - 8624 - 4b2d - a793 - bcee058f1fbc&KeyWord = %EF%BC%882015%EF%BC%89%E5%8E%A6%E5%88%91%E5%88%9D%E5%AD%97%E7%AC%AC9%E5%8F%B7，2019 年 3 月 15 日访问。

野生动植物种国际贸易公约》附录所列水生野生动物及其产品的价值标准，国内已有规定的按国内规定执行；国内没有规定的，参照国内同等保护级别的同属或同科保护动物的价值标准从高执行”。第一条规定，“国家一级保护水生野生动物的价值标准，按照该种动物资源保护费的8倍执行。国家二级保护水生野生动物的价值标准，按照该种动物资源保护费的6倍执行”。马来闭壳龟为地龟科闭壳龟属，在我国同等保护级别的水生野生动物中，可参照同属的三线闭壳龟（*Cuora trifasciata*）和云南闭壳龟（*Cuora yunnanensis*）。按照《国家计委、财政部关于水生野生动物资源保护费收费标准及其有关事项的通知》（计价格〔2000〕393号，该文件已失效）规定，三线闭壳龟和云南闭壳龟亲体资源保护费均为2000元/只。因此，涉案10只活体马来闭壳龟的价值，应为2000元/只×6×10只=120000元。超过10万元，不应属于情节较轻的范围。

无论是从数量还是价值来看，走私10只马来闭壳龟的行为都已构成走私珍贵动物罪，应处以相应的刑事处罚。本案两级法院对该行为“非罪”的认定难以令人信服。

（四）案件评论

1. 应该认识到野生动物走私是严重的跨国有组织犯罪

《联合国打击跨国有组织犯罪公约》中，对于有组织犯罪集团、严重犯罪和跨国犯罪做出了如下定义：

“有组织犯罪集团”系指由三人或多人所组成的、在一定时期内存在的、为了实施一项或多项严重犯罪或根据本公约确立的犯罪以直接或间接获得金钱或其他物质利益而一致行动的有组织结构的集团；

“严重犯罪”系指构成可受到最高刑至少四年的剥夺自由或更严厉处罚的犯罪的行为；

“跨国犯罪”，有下列情形之一的犯罪属跨国犯罪：

（a）在一个以上国家实施的犯罪；

（b）虽在一国实施，但其准备、筹划、指挥或控制的实质性部分发生在另一国的犯罪；

（c）犯罪在一国实施，但涉及在一个以上国家从事犯罪活动的有组织犯罪集团；或

（d）犯罪在一国实施，但对于另一国有重大影响。

本案中，多名犯罪分子组成了分工明确的走私团伙，该团伙在印度尼西亚海域从外国船只上接驳穿山甲冻体和活体马来闭壳龟走私入境，并销往广东等省的行为已明确构成走私珍贵动物罪。依我国刑法，走私珍贵动物情节特别严重的，最高可被判处十年以上有期徒刑或无期徒刑。该犯罪行为符合跨越国界、团伙作案和最高刑超过四年几项特征，因此，该案符合《联合国打击跨国有组织犯罪公约》中的标准，属于严重的跨国有组织犯罪。

野生动植物走私也不仅仅危害生态系统的安全，对于贸易链条上各个国家来说都是社会治安的重大隐患。例如家喻户晓的杰桑索南达杰烈士，为保护藏羚羊，打击藏羚羊制品走私而被走私团伙残忍枪杀。正是由于野生动植物走私日渐凸显的有组织化、团伙作案等特点，国际社会对野生动植物走私的认识已经逐渐统一，即野生动植物走私是一项严重的跨国有组织犯罪，各国需要提高对其的重视程度，并在立法、司法层面采取相应的行动[①]。

2. 部分野生动物保护领域还存在着法律空白与滞后的窘境

首先，《解释》与《国家重点保护野生动物名录》和《濒危野生动植物种国际贸易公约》附录的衔接不完善。

《解释》未将受法律保护的水生野生动物列入附表，《解释》第十条只规定了涉案陆生野生动物制品价值核定标准，对于水生野生动物制品则没有具

① 伦敦野生动物非法贸易大会（2018 年 10 月）宣言，https：//www. gov. uk/government/publications/declaration – london – conference – on – the – illegal – wildlife – trade – 2018/2018 – 10，2019 年 3 月 31 日访问。

体规定。《解释》在水生野生动物及其制品方面的空白，会使涉水生野生动物的走私案件在评估犯罪情节时缺乏恰当的衡量标准。

《濒危野生动植物种国际贸易公约》附录中有大量非我国原产的物种，其中很多在我国没有同属或同科的国家保护物种，无论走私案件涉及的是动物个体还是动物制品，都不能在《解释》中找到可遵循的条款。执法机关和评估机构很难核算涉案个体和制品价值。例如北京首都机场查获的一起野生动物制品走私案中，被告人李某走私动物制品涉及美洲豹牙齿、美洲豹爪子和食蚁兽爪子[①]。食蚁兽虽被列入《濒危野生动植物种国际贸易公约》附录Ⅱ，但因其在我国没有同属同科的物种可供比照，评估机构无法计算其制品价值。于是该案中，核算的动物制品价值就比其应有价值低。

其次，相关法律法规和名录长期未能更新和修订，严重滞后于实际的保护需要。

我国野生动物保护法虽已经在 2016 年修订，但野生动物保护名录却未能同步及时更新。该名录出台后的三十年，是中国经济和社会高速发展的三十年，许多野生动植物的命运也在这三十年间发生了剧烈的变化。曾经在华南地区常见的黄胸鹀（俗称禾花雀），因为野味贸易，1980 – 2013 年间种群下降至 84.3% – 94.7% 之间[②]。2004 年之前，黄胸鹀在 IUCN 红色名录中还是“无危”级别，十三年内连调四级，至 2017 年已经是“极危”级别，离野外灭绝仅有一步之遥，但黄胸鹀并没有被列入国家保护动物名录中。而那些新发现物种，因法律法规更新慢，更是难以被法律保护，如 2014 年新发现的我国特有种高山棘螈。高山棘螈分布地域狭小，种群数量稀少，由于是新物种，没有被列入任何地方和国家的保护名录中。类似黄胸鹀和高山棘螈这样野外种群数量稀少，受威胁程度大但又没有得到法律相应保护的物种还有很多。

---

① 北京市第四中级人民法院，（2015）四中刑初字第 26 号。

② Johannes Kamp, Steffen Oppel, et al. 2015. Global population collapse in a superabundant migratory bird and illegal trapping in China. Conservation Biology. 1684 – 1694.

要解决这样的法律滞后问题，需要从立法层面做更好的设计，以应对目前野生动植物受威胁程度日益严峻的局面。

案例4：余某、王某文、廖某强走私红珊瑚制品案[①]

（一）基本案情

被告人王某文、廖某强将国内淘宝网上销售的红珊瑚雕刻的观音一件和红珊瑚雕刻的仕女一件，分别发布到各自在日本雅虎网站开设的网店上进行销售，并由懂日文的被告人余某负责其二人的网店维护和与日本客户进行交易商谈。2013年初，余某与客户分别以300万日元和55万日元的价格达成交易约定后，王某文、廖某强即从淘宝网上分别以人民币13万元和1.8万元将该两件红珊瑚制品购得，再交给余某，由其负责邮寄给日本客户。三人事前约定，所获利润由余某分别与王某文、廖某强均等分配。同年3月4日成都海关驻邮局办事处关员对进出境邮件监管时，发现上述被告人寄往日本的编号EE625281541CN、EE625281538CN的邮件内装有红珊瑚制品各一件。经鉴定，廖某强、王某文所购红珊瑚制品分别净重67克、376克，共计净重443克，总价值人民币17.72万元。3月26日，余某、王某文、廖某强在成都市金牛区蜀明东路6号×栋×单元×号的工作场所被抓获。成都海关缉私局将上述红珊瑚制品及被告人使用的笔记本电脑、电脑主机等予以扣押。

（二）裁判结果

一审法院以走私珍贵动物制品罪，分别判处被告人余某有期徒刑三年，并处罚金人民币5万元；判处被告人王某文有期徒刑二年，缓刑二年，并处罚金人民币3万元；判处被告人廖某强有期徒刑一年，缓刑一年，并处罚金人民币2万元；对扣押在案的红珊瑚制品、笔记本电脑、电脑主机等予以没

① 四川省高级人民法院，（2015）川刑终字第100号，https：//wenshu. court. gov. cn/website/wenshu/181107ANFZ0BXSK4/index. html？ docId＝8635f67415184b01bdefb6147d779396，2019年4月13日访问。

收。二审法院判决维持了一审判决的第二、三、四项，撤销了一审判决的第一项，对被告人余某的定罪不变，量刑变为有期徒刑三年，缓刑四年，并处罚金人民币5万元。二审法院增加了对余某缓刑的适用。

（三）案件争点

1. 缓刑的适用问题

本案在一审中仅判决被告人王某文、廖某强适用缓刑，并未判决被告人余某适用缓刑，但在二审中，法院改判，被告人余某也同样适用缓刑，因此，在本案中，关于被告人是否适用缓刑以及缓刑的具体适用条件存在争议，值得我们思考。根据《刑法》第七十二条的规定：对于被判处拘役、三年以下有期徒刑的犯罪分子，同时符合下列条件的，可以宣告缓刑，对其中不满十八周岁的人、怀孕的妇女和已满七十五周岁的人，应当宣告缓刑：1. 犯罪情节较轻；2. 有悔罪表现；3. 没有再犯罪的危险；4. 宣告缓刑对所居住社区没有重大不良影响。在本案中，三被告人走私的红珊瑚制品两小件，价值共计17.72万元，属犯罪情节较轻。其中余某、王某文共同走私的红珊瑚价值人民币15.04万元，余某、廖某强共同走私的红珊瑚价值人民币2.68万元。根据《最高人民法院、最高人民检察院关于办理走私刑事案件适用法律若干问题的解释》第九条的规定，走私国家一、二级保护动物未达到本解释附表中（一）规定的数量标准，或者走私珍贵动物制品数额不满20万元的，可以认定为刑法第一百五十一条第二款规定的“情节较轻”。在本案中，三被告的走私数额都不及20万元，应该认定为犯罪情节较轻，满足适用缓刑的第一个条件；同时，三被告人到案后均能如实供述自己的罪行，坦白认罪态度好，满足适用缓刑的第二、三个条件；此外，宣布被告人缓刑对所居住社区也没有重大不良影响，因此，三个被告人皆可以适用缓刑。

在本案中，被告人余某、王某文、廖某强属于共同犯罪，三人分工合作，作用、地位相当，可不区分主从关系。被告人余某在本案中的地位、作用及量刑情节与被告人王某文、廖某强相当，在一审中，被告人王某文、廖某强已被判处缓刑，因此，被告人余某也可以适用缓刑。

2. “法律认识错误”不影响定罪量刑

被告人余某的供述中申称：被告人在犯罪时并不知道红珊瑚为禁止进出口的商品，在知道其被移交海关后，查询才发现红珊瑚为禁止进出口商品。此种情形构成“法律认识错误”，但“法律认识错误”并不影响定罪量刑。法律认识错误在刑法学上是指行为人对自己行为的刑法性质、后果和有关的事实情况不正确的认识。行为人“假想的不犯罪”原则上不能因为行为人对自己行为的法律性质的误解而不追究其应负的刑事责任。除非某些特殊情况下，行为人确实不了解国家法律的某种禁令，也不知道行为具有社会危害性。但在本案中，首先，被告人余某从 2010 年就开始做日本代购生意，从国内淘宝网、华夏网、中华古玩网等网站上收集商品的图片和价格，加价后挂到日本雅虎网站向日本销售，具有大量的代购经验。其次，被告人余某精通日语，经常与日本客户进行沟通交流，自然应该清楚红珊瑚的特殊性质，及其具有的广阔市场，也正是因为此原因，被告人才试图脱离国家监管，非法邮寄我国禁止进出口的红珊瑚制品出境，以获得利润。最后，被告人正是因为明知红珊瑚的重要性，国家不允许其随意进出口，才会在邮寄的快递上填写“美术品”的名字，心存侥幸，试图蒙混过关，因此，被告人主观上是明知其走私的红珊瑚是国家禁止出口的。

假想的不犯罪，是指行为在法律上规定为犯罪，但行为人却误认为不构成犯罪。一般情况下，行为人对自己行为法律性质的误解不能阻却其刑事责任，但在特殊情况下，如果行为人确实不知道国家法律，从而不知道行为具有社会危害性，则行为人没有犯罪的故意。比如在我国，珍贵动物的范围依据《濒危野生动植物种国际贸易公约》附录Ⅰ、Ⅱ认定，如果《公约》附录Ⅰ、Ⅱ发生修改，将原来不在《公约》附录Ⅰ、Ⅱ中的动物纳入《公约》附录Ⅰ、Ⅱ，此时行为人很有可能不知道法律修改，认定其犯罪故意应当格外慎重。[①] 但在本案中，被告人并不存在“法律认识错误”的可能性。

（四）案件评论

1. 走私不仅包括走私入境，还包括走私出境

所谓“走私”是指违反海关法和国家其他有关法律、法规，逃避海关监管，非法运输、携带、邮寄国家禁止进出境的物品、国家限制进出境或者依法应当缴纳关税和其他进口环节代征税的货物、物品进出境，数额较大、情节严重的行为。因此，走私不仅包括从境外走私入境，也包括携带境内物品走私出境。本案的涉案对象为红珊瑚，天然红珊瑚是由珊瑚虫堆积而成，生长极其缓慢，不可再生。红珊瑚只生长在台湾海峡、日本海峡、波罗地海峡，受到海域的限制，所以红珊瑚尤其珍贵。非法捕捞红珊瑚通常会采用拖网等方式，不仅会破坏红珊瑚种群，也会严重地破坏海洋底栖生态系统。国内市场对珍贵动物、珍贵动物制品的巨大需求是导致进境走私珍贵动物、珍贵动物制品行为多发的主要原因。目前，国内对具有药用价值、可做珍贵食材原料、具有观赏价值、用于工艺收藏品制作和可用于制作奢侈品的珍贵动物及其制品的市场需要旺盛，从而形成了一个庞大的消费市场。进境走私的珍贵动物及其制品主要有：犀牛角、虎骨、熊掌、穿山甲、珍稀蝴蝶、狼尸、象牙、麝香、砗磲、玳瑁和蟒蛇皮，等等。与走私珍贵动物制品进境行为呈现多发形势不同的是，因国家保护力度逐年加大和对相关违法犯罪行为惩处力度的加大，走私珍贵动物、珍贵动物制品出境行为发生相对较少。同时，还会包括一些走私兼具珍贵动物制品和文物双重属性货物、物品的违法犯罪行为。

野生动植物走私是严重的跨国有组织犯罪，其走私线路错综复杂。我国不仅是野生动物走私的目的地，同时也是野生动植物走私的来源国。以猎隼等猛禽为例，20 世纪 90 年代，因中东富豪对驯鹰活动的追捧，我国西北地区

① 李荣冰：《走私珍贵动物、珍贵动物制品罪的要素分析》，载《人民司法》2016 年第 13 期。

的猎隼等猛禽被不法分子大量盗猎走私出境。宁夏警方仅在2007年就抓获45名盗猎鹰隼的外国人。宁波海关2008年破获一起特大猎隼走私案，涉案82只猎隼来自宁夏、甘肃等西北地区，犯罪分子将其在浙江中转，通过上海浦东国际机场走私销往中东地区。[①] 近年来，很多我国特有的两栖爬行类动物，也受国际宠物贸易的影响而被大量走私出境。

虽然从案件总量来看，走私入境案件较多，但也不应忽视野生动物走私出境的问题。尤其是对于我国特有的和深受国际非法贸易侵害的动植物，更应从立法、执法和司法审判三个方面提高认识程度，打击相关犯罪。

2. 涉网走私成为野生动物走私犯罪的新特点

在野生动物保护执法实践中，有些犯罪人利用互联网寻找非法的濒危物种及其制品来源、寻找贸易对象，以及利用网络通信工具和网络金融工具来通信与支付货款。本案中，被告人王某文、廖某强将国内淘宝网上销售的红珊瑚雕刻的观音一件和红珊瑚雕刻的仕女一件，分别发布到各自在日本雅虎网站开设的网店上进行销售，由懂日文的被告人余某负责其二人的网店维护和与日本客户进行交易商谈。这折射出了涉网走私的特点或趋势。

3. 充分利用法律推定确定被告人的主观故意

在被告人不供认的情况下，其主观心理状态也可以靠客观化的行为来判断。在本案中，被告人在邮寄的快递上并未填写“红珊瑚”，反而填写的是“美术品”，正是因为其明知红珊瑚的重要性，国家不允许其随意进出口，才故意隐瞒真相，试图蒙混过关，通过此行为可印证其主观心理状态。除此之外，对于走私珍贵动物、珍贵动物制品罪的认定主观明知的推定还包括：在非设关地点进行交易；被告人曾因同一种走私行为受过刑事或行政处罚；逃避海关监管等。其中，逃避海关监管，可以从以下三点进行判断：第一，未履行如

---

① 蔡岩红：《猎隼走私“一条龙”走私一只净赚10万元》，载《法制日报》，http：//society. people. com. cn/GB/8426862. html，2019年2月13日访问。

实申报义务；第二，存在明显藏匿行为；第三，具有不正常的高额报酬。以上这些客观化的行为可以作为法律推定，被告人如果具有这些行为，在没有相反证据的情况下，可以认定其知道或者应当知道所从事的行为是走私行为。

走私珍贵动物、珍贵动物制品犯罪因需求市场和巨额利润的存在，在未来的一段时间内可能仍会处于案件的多发期和活跃期。缉私部门应在对走私形势和走私特点进行深入分析总结的基础上，充分发挥情报主导作用，全面掌控货物流、信息流、资金流和单证流等多种信息和证据，适时采取强制性措施，灵活运用综合性侦查措施，有效打击走私珍贵动物及其制品犯罪行为。在注重缉私执法能力建设和提升执法成效的同时，进一步加强与国内执法部门的互动配合，继续深化国际执法合作，实现打击走私珍贵动物及其制品犯罪的综合治理和源头治理。①

案例5：范某帮助他人走私黑池龟案②

（一）基本案情

2014年6月13日，热某玩（巴基斯坦籍，另案处理）通过电话联系尼某丁（巴基斯坦国籍，另案处理），从巴基斯坦苏斯特口岸走私黑池龟。当日，尼某丁通过电话联系红其拉甫口岸边检工作人员范某，让其帮助在国门处实施倒装黑池龟并放行。当日17时许，在范某的带领下，尼某丁雇用司机艾某驾车从红其拉甫前哨班行驶至中巴边境线界碑处，从五名巴基斯坦籍人

---

① 徐海鹏：《走私珍贵动物及其制品犯罪案件侦查》，中国人民公安大学2017年硕士学位论文。

② 新疆维吾尔自治区高级人民法院，（2015）喀中刑初字第338号，http：//wenshu. court. gov. cn/content/content？DocID = 38dd494f - ad15 - 4fd3 - 8e59 - 5f8687b07038&KeyWord = 2015% 7C% E5% 96% 80% E4% B8% AD% E5% 88% 91% 7C338% E5% 8F% B7，2019年3月31日访问。范某走私珍贵动物一案，先后经历了新疆维吾尔自治区喀什地区中级人民法院（2015）喀中刑初字第338号刑事判决，新疆维吾尔自治区高级人民法院（2016）新刑终22号刑事裁定而生效。虽然范某持续申诉，但新疆维吾尔自治区高级人民法院以（2016）新刑申94号驳回申诉；2018年1月，最高法以（2018）最高法刑申75号决定不对该案提起再审。中国政府打击濒危物种走私犯罪的决心，也在此案复杂而漫长的诉讼中得到了体现。

所开的卡车倒装十个装有黑池龟的黑色行李包至艾某车上。23 时许，艾某在塔什库尔干县城接上尼某丁一同前往喀什，当车行至塔什库尔干县砖厂附近时被红其拉甫海关截获，当场抓获尼某丁，并截获疑似黑池龟 229 只，经鉴定，为《濒危野生动植物种国际贸易公约》附录Ⅰ物种黑池龟（*Geoclemys hamiltonii*），涉案价值为 82.44 万元。

2014 年 8 月 18 日，中国海关总署缉私局联合国家濒危物种进出口管理办公室相关领导，在红其拉甫口岸共同代表中国政府，向巴基斯坦信德省野生动物保护局移交查获的黑池龟①。此批黑池龟将放生到巴基斯坦卡拉奇附近的国家公园②。

（二）裁判结果

本案一审法院认为，被告人违反海关及野生动物保护法规，逃避海关监管，帮助他人走私濒危野生动物黑池龟的行为已经构成走私珍贵动物罪。被告人走私黑池龟的数量属于情节特别严重，本应从严惩处，鉴于被告人系从犯，综合考虑犯罪事实、性质、情节及对社会危害程度，判处被告人范某犯走私珍贵动物罪，判处有期徒刑六年，并处罚金人民币 10 万元。被告人对一审不服，提出上诉。新疆维吾尔自治区高级人民法院于 2016 年 2 月 26 日作出（2016）新刑终 22 号③二审判决，驳回上诉，维持原判。

（三）案件争点

走私珍贵动物罪的认定和量刑需要考虑几个方面：

---

① 参见《中国－巴基斯坦移交走私黑池龟仪式网上直播》，http：//urumqi. customs. gov. cn/urumqi_ customs/556714/556716/557219/index. html，2019 年 2 月 14 日访问。

② 参见《中国向巴基斯坦移交走私黑池龟》，http：//cnews. chinadaily. com. cn/2014 －08/18/content_ 18440821. htm，2019 年 2 月 14 日访问。

③ 参见 http：//wenshu. court. gov. cn/content/content? DocID = 7da3d109 － 1341 － 4cb7 － 9973 －a34495a66d90&KeyWord =2015%7C% E5% 96% 80% E4% B8% AD% E5% 88% 91% 7C338% E5% 8F% B7，2019 年 3 月 31 日访问。

1. 走私的主观故意

走私犯罪是一种故意逃避海关监管，破坏国家对外贸易管制的行为。主观故意是走私犯罪的构成要件之一。2002 年颁布的《最高人民法院、最高人民检察院、海关总署关于办理走私刑事案件适用法律若干问题的意见》（以下简称《意见》）中，对于主观故意的认定给出如下意见：

“行为人明知自己的行为违反国家法律法规，逃避海关监管，偷逃进出境货物、物品的应纳税额，或者逃避国家有关进出境的禁止性管理，并且希望或者放任危害结果发生的，应认定为具有走私的主观故意。”

对走私犯罪的主观故意在理论上不难理解，但从司法实践的角度看，走私犯罪行为人的主观故意的认定，往往是走私刑事案件中关乎行为人罪与非罪争议的焦点。本案中，被告人是边防检查站执勤业务科检查员，作为边检工作人员，其应当熟知边境地区管理规定以及进出口相关法律法规，根据被告和其他涉案人员的供述，被告受走私分子尼某丁委托，在明知司机艾某没有相关许可的情况下，利用职务便利，带领艾某进入边境限定区域，并协助艾某从境外人员车上倒装涉案黑池龟，绕过海关走私入境。被告的行为和涉案人员的供述，证明了被告具有走私犯罪的主观故意。

2. 对走私对象的认知

《意见》第六条规定，“走私犯罪嫌疑人主观上具有走私犯罪故意，但对其走私的具体对象不明确的，不影响走私犯罪构成，应当根据实际的走私对象定罪处罚。但是，确有证据证明行为人因受蒙骗而对走私对象发生认识错误的，可以从轻处罚”。本案中，被告人供述其在边境协助接货时，看到货物为一种乌龟，且与 2013 年入境的乌龟一致。公诉方提供的证据显示，2013 年 10 月，红其拉甫口岸入境的一批活龟为黑池龟，边检和海关人员对这批活龟都做了查验，因入境时缺乏巴基斯坦官方的《动物检疫证书》以及进境动物审批许可，于 2013 年 10 月 13 日已做退运处理。被告人作为边检工作人员，应该知道其协助走私的龟在没有相关证明和许可的情况下，是禁止入境的野生动物。因此，就算其不明确知道该龟为“黑池龟”，也不影响法院对于被告犯走私珍贵动物罪的认定。

3. 涉案珍贵动物价值标准

依据《最高人民法院、最高人民检察院关于办理走私刑事案件适用法律若干问题的解释》（法释〔2014〕10号，以下简称《解释》）第九条和第十条的规定，走私黑池龟属于刑法规定的走私珍贵动物行为，按涉案数量或价值，应处以相应的刑事处罚。黑池龟是龟鳖目地龟科池龟属物种，列入《濒危野生动植物种国际贸易公约》附录I中，非我国原产。在《解释》附表中，并无同属或同科物种可供参照。

《农业部关于确定野生动物案件中水生野生动物及其产品价值有关问题的通知》（农渔发〔2002〕22号）规定：“《濒危野生动植物种国际贸易公约》附录所列水生野生动物及其产品的价值标准，国内已有规定的按国内规定执行；国内没有规定的，参照国内同等保护级别的同属或同科保护动物的价值标准从高执行。”

依据《国家计委、财政部关于水生野生动物资源保护费收费标准及其有关事项的通知》[①]（计价格〔2000〕393号）规定，与黑池龟同属地龟科的三个物种，其资源保护费收费标准分别为地龟亲体600元/只，三线闭壳龟亲体2000元/只，云南闭壳龟亲体2000元/只。

这两份通知是确定涉案水生野生动物价值的重要依据。本案中查获的229只黑池龟价值为82.44万元，判决文书对于该价值的计算并未给出详细的解释。依据两份通知，推算每只黑池龟价值为3600元，鉴定机构应是以资源保护费最低标准，即地龟亲体600元/只的6倍来计算涉案黑池龟价值，并未遵循农渔发〔2002〕22号文件的规定。

---

① 该文件目前已于2017年12月27日被《国家发展改革委关于废止有关规章和规范性文件的决定》废止。

国家渔业渔政管理局2006年给乌鲁木齐海关缉私局的《关于黑池龟价值核算有关意见的函》（国渔水〔2006〕2号）中，对黑池龟的价值给出了回复，“黑池龟是《公约》附录I级保护动物，国内没有同等保护级别的同属或同科保护动物，而我国《国家重点保护野生动物名录》中龟科均属二级保护动物，可以按照国家二级保护动物中龟科动物价值标准换算黑池龟价值……捕捉龟科动物亲体最高缴纳资源保护费为每只2000元，国家二级保护水生野生动物的价值标准，按照该种动物资源保护费的6倍执行，由此核算出每只黑池龟的价值标准为：2000元/只×6＝12000元/只”。

同样的物种，同样的价值计算标准，不同的机构却算出了不同的价值，而且两个价值相差甚大，这体现出拥有物种价值评估权限的机构对相关文件理解的偏差。

（四）案件评论

在打击野生动物走私案件中应加强犯罪所得返还等形式的国际刑事合作。

野生动物走私作为一项严重的跨国有组织犯罪，如同其他跨国犯罪一样，需要加强国际刑事合作以有效打击和震慑犯罪。除引渡、联合侦查、移交犯罪嫌疑人等合作形式外，犯罪资产的追回、没收与返还这一合作形式也需要应用在野生动物走私犯罪的国际合作中。

近年来，关于犯罪资产的追回、没收与返还这一合作形式，国际社会达成了高度共识①。《联合国打击跨国有组织犯罪公约》中对于犯罪所得或财产的处置做出了具体的规定，支持返还犯罪所得“以便其对犯罪被害人进行赔偿，或者将这类犯罪所得或财产归还合法所有人”②。将走私案件中查获的野生动物，尤其是活体野生动物，返还其来源国，符合相关国际法精神，也符合越来越强调国际刑事合作的时代潮流。

---

① 邓崇专：《中越刑事合作现状与展望》，中国法制出版社2017年版，第218页。

② 《联合国打击跨国有组织犯罪公约》第十四条。

在千万年的演化过程中，不同的野生动物选择和适应了不同的栖息地，非法地将野生动物剥离其原生环境，带到另一个环境中，不仅会损害原生环境生态系统微妙的平衡，也会使野生动物个体在猎捕、运输、贩卖等过程和对新环境不适应的情况中遭受极大痛苦甚至死亡。有些野生动物则会因缺少天敌和原生环境的制约机制，而在新环境中成为入侵物种，破坏当地的生态平衡，例如已经在我国形成入侵之势的巴西龟和鳄龟。珍贵的野生动物对于其来源地人民来说，是独特历史、文化和民族精神的象征。承载了这样深厚文化价值的动物被猎捕与走私也是对来源地人民感情的巨大伤害。例如 2017 年，中国渔船在厄瓜多尔加拉帕戈斯附近的海洋保护区被查获非法持有 300 吨冷冻渔获物，其中大部分是鲨鱼，包括受法律保护的双髻鲨。加拉帕戈斯群岛 1978 年被评为人类自然遗产，群岛附近海域是多种鲨鱼的重要栖息地。该案件引发厄瓜多尔人民的强烈反感，当地居民甚至连续三天上街游行，抗议这一破坏当地海洋生态环境和鲨鱼种群的非法行为。

因此，不仅要考虑普通跨国刑事案件中的犯罪所得或收益归还的问题，从动物福利、保护区域生态系统平衡和尊重来源地人民感情的角度来说，被走私的活体野生动物更应该返还其来源国。遗憾的是，在实际案例中，极少活体动物可以被返还。主动开展国际刑事合作意愿不足、经验不够是阻碍我国相关部门开展活体动物返还的一个重要原因。

客观上，我国在立法层面长期缺乏对国际刑事合作的专门立法。我国虽然已经加入了一系列涉及刑事合作的国际条约，例如《联合国反腐败公约》和《联合国打击跨国有组织犯罪公约》，并且与一些国家签订含有刑事司法协助内容的条约。但在国内法中，直至 2018 年才有专门的刑事司法协助法规出台①，立法的长期缺失，必然使有关部门在面对国际刑事合作问题时犹豫再三。

主观上，野生动物案件并未得到足够的重视。执法部门对于涉及毒品、

① 《国际刑事司法协助法》于 2018 年 10 月 26 日通过。

腐败、电信诈骗、人口买卖等跨国犯罪案件进行了较多主动的国际刑事合作，包括劝返、境外追逃、境外调查、境外资金冻结和追回等方式，但是在野生动物走私方面，却鲜有国际刑事合作的探索，遑论活体动物的追回和返还了。

我国参与刑事合作的部门众多，各部门职责划分不清晰，部门间协调机制不完善[①]，也影响到有关部门开展国际刑事合作的主观意愿。正因意愿不足，才导致案例数量不够；成功经验的缺乏更无法激发有关部门开展国际合作的积极性，使得主动开展国际刑事合作越发困难。

野生动物返还在国际上也较难实现，返还走私野生动物的案例相比于规模庞大的全球野生动物走私来说可谓凤毛麟角，但仍有一些成功先例。如2018年，香港特别行政区渔农自然护理署在多个野生动物保护组织的协助下，将查获的595只走私猪鼻龟（*Carettochelys insculpta*）返还给印度尼西亚[②]。2015年，泰国相关部门向缅甸政府返还一批被查获的缅甸星龟（*Geochelone platynota*）[③]。总体上，野生动物返还面临缺乏国际刑事合作、来源地难以认定、资金缺乏和技术不足等诸多困难。

本案中，相关部门克服这些困难，成功实现了我国首次返还走私的活体野生动物，彰显了中国政府履行《濒危野生动植物种国际贸易公约》规定、打击濒危物种非法贸易活动的一贯立场，也成为中国打击走私濒危物种国际合作的有益尝试，为今后的活体野生动物返还积累了宝贵经验。

---

① 参见傅莹：《关于〈中华人民共和国国际刑事司法协助法（草案）〉的说明》，http：//www.npc.gov.cn/npc/xinwen/2018－10/26/content_2064126.htm，2019年2月14日访问。

② 参见《走私猪鼻龟的圆满结局，放归印尼原生地》，https：//www.kfbg.org/chi/news/pig－nosed－turtles－updates.aspx，2019年2月15日访问。

③ 参见《Burmes Star Tortoise Suspects Arrested After Facebook Investigation》，https：//thailand.wcs.org/News/articleType/ArticleView/articleId/8452.aspx，2019年2月15日访问。

案例6：刘某强组织他人走私象牙制品案①

（一）基本案情

2013年8月，被告人刘某强（冈比亚籍华人）和同案人于某若（另案处理）以贸易考察的名义邀请组织黄某甲、陶某甲等人（均另案处理）前往尼日利亚，刘某强提供住宿和行程安排。刘某强在明知象牙制品属于国际公约严禁携带入境的物品且于某若等人需返回国内的情况下，仍安排当地象牙商贩到住处向于某若等人兜售象牙制品，并将其个人收藏的象牙和犀牛角制品销售给陶某甲和黄某甲。2013年8月23日，刘某强协助于某若等人抵达尼日利亚拉各斯市机场办理登机手续，并直接安排行李托运。8月24日，于某若等人抵达广州白云国际机场，选择无申报通道。机场海关缉私局从几人的行李中共查获象牙制品63.95千克，犀牛角净重0.42千克，穿山甲鳞片3.6千克，共价值人民币2773164.24元。

（二）裁判结果

法院认为，被告人刘某强曾在2011年因非法携带象牙制品进境被我国海关处罚过，其明知中国法律禁止象牙无证进出口，也知道于某若等人在尼日利亚购买象牙等珍贵动物制品准备带回中国。其主观上具有协助同案人走私珍贵动物制品的故意。客观上，被告人实施了协助走私珍贵动物制品的行为。被告人刘某强违反中华人民共和国对野生动物保护的法规，逃避海关监管，协助他人携带我国禁止进出口的珍贵动物制品入境，其行为已构成走私珍贵动物制品罪，且犯罪情节特别严重。刘某强在共同犯罪中起协助和帮助作用，系从犯，依法应当减轻处罚。判处被告人刘某强犯走私珍贵动物制品罪，判处有期徒刑六年，并处罚金人民币5万元。

---

① 广州市中级人民法院，（2014）穗中法刑二初字第194号，http：//wenshu. court. gov. cn/content/content？DocID =6a9bc55f - 6581 - 4f12 - bf87 - a95a012a72a2&KeyWord =% E5% 88% 98% E5% 88% 9A% E5% BC% BA% 7C% E8% B1% A1% E7% 89% 99，2019年4月5日访问。

（三）案件争点

1. 我国对外国国籍人士在第三国实施的走私行为是否有刑事管辖权？

司法实践中，一般认为刑事司法管辖权是基于国家主权上的刑法的时空效力。但在全球化的今天，当越来越多的跨国犯罪打破了国与国之间的地理界线后，一国的刑事司法管辖权也就不能仅仅局限于地理的国界内。目前，各国法律中对于刑事司法管辖权的规定一般遵循四个原则：属地原则、属人原则、保护原则和普遍适用原则。这些原则在我国《刑法》中也有不同程度的体现。

我国《刑法》第六条规定，“犯罪的行为或结果有一项发生在中华人民共和国领域内的，就认为是在中华人民共和国领域内犯罪”。

第八条规定，“外国人在中华人民共和国领域外对中华人民共和国国家或公民犯罪，而按照本法规定的最低刑为三年以上有期徒刑的，可以适用本法，但是按照犯罪地的法律不受处罚的除外”。

本案中，被告人刘某强为冈比亚国籍，其协助走私珍贵动物制品的行为发生在尼日利亚，但其走私行为的结果发生在中国境内，因此依据《刑法》第六条的规定，可以认为是在中华人民共和国领域内犯罪。

同时，尼日利亚联邦共和国《国家环境法》规定：“所有在公约（注：《濒危野生动植物种国际贸易公约》）附录Ⅰ、附录Ⅱ、附录Ⅲ以及此目录和条例中的野生物种样品，没有取得有效许可或者证书而出口、进口、再出口和海外引进的，包括其预备行为，都违反本法。”“违反本法附录（1）的，判处三年以下有期徒刑，并处五万尼日利亚元以下罚款。”由此可知，被告人协助走私的行为在尼日利亚也属于要受到法律惩罚的违法犯罪行为。被告人刘某强在尼日利亚协助走私象牙、犀牛角、穿山甲鳞片等珍贵动物制品均为《濒危野生动植物种国际贸易公约》附录Ⅰ和附录Ⅱ的动物制品，其涉案制品总价值为人民币 2773164. 24 元，按照犯罪情节，应当处三年以上有期徒刑，因此符合我国《刑法》第八条的适用要求。法院认为对该案拥有刑事司法管辖权的判断是准确无误的。

近年来，刑事司法管辖权在跨国犯罪方面的实践更多体现在恶性犯罪、毒品走私和电信诈骗方面，比如我国对于“湄公河惨案”几名主犯的审判，就充分体现了积极行使刑事司法管辖权对跨国犯罪的打击效果①。

濒危野生动植物走私已经成为一项严重的跨国有组织犯罪，虽然犯罪的结果发生在我国境内，但犯罪行为的预备和实施通常不在我国境内。我国执法和司法部门，应当充分利用我国《刑法》和国际公约的相关条款，积极行使刑事司法管辖权，打击野生动植物走私犯罪。

2. 涉案全部珍贵动物制品所有人是谁?

根据本案其他涉案人员的供述，有四个托运行李箱共计 55.42 千克象牙制品和 3.6 千克穿山甲鳞片没有明确的所有人，虽然同案人员均称这些珍贵动物制品应该是被告人刘某强利用他们走私到国内的，但并没有人声称其亲眼见到刘某强打包装箱这些动物制品，也没有其他有力证据证明刘某强为这些动物制品的所有人。因此对于公诉机关指控全部珍贵动物制品均属于被告人刘某强所有的意见，法院没有采纳。

走私案件中涉案物品的所有人认定是一个关键问题。大量案件表明，非法携带或运输野生动物制品进出境的人员，很多并不是野生动物制品真正的所有人，而仅仅是个“带货仔”或“水客”。真正组织、策划或购买野生动物制品的走私贩子或所有人，通常与货物分离。尤其在通信发达的时代，犯罪分子会选择人货分离、遥控指挥的方式实施走私。这为执法机关办理相关案件提出了很高的要求。检察机关也必须组织和展示更为完整清晰的证据链，才能获得法院的支持。

① 赵远:《糯康案件所涉刑事管辖权暨国际刑事司法合作问题研究》，载《法学杂志》2014 年第 6 期。

（四）案件评论

1. 完整清晰的证据链对于打击野生动物走私犯罪非常重要

随着国际社会对野生动植物走私犯罪的重视程度和研究投入的加强，我们已经越来越明确认识到，野生动植物走私是一项严重的跨国有组织犯罪。其高额的利润和低廉的违法成本吸引了很多犯罪分子涉足其中。有些已经形成了长期的、严密的跨国犯罪网络。这种网络的核心组织者，通常会控制复杂的资金往来，但是不会直接接触或持有野生动物制品。这就对警方和检察院提出了更高的要求，必须要建立完整清晰的证据链，才能将这些走私集团的核心成员绳之以法。

2017 年底，泰国警方逮捕了一个野生动物走私团伙的核心成员 Boonchai Bach，他所属的 Bach 家族被媒体称为“顶级野生动物犯罪家族”。该家族常年活跃在泰国、老挝、越南等地，构建了一个从非洲盗猎，东南亚转运，到走私至中国的庞大犯罪网络。Bach 的落网本应成为执法部门摧毁这个犯罪网络的一次重大胜利，但由于检方未能对该案件给予足够的重视，也未能构建强有力的证据链，庭审时关键目击证人当庭翻供，最终法院没有支持检方的指控而判处 Bach 无罪释放①。打击野生动物走私犯罪的艰难由此可见一斑。

2. 打击野生动植物走私犯罪需要积极开展国际刑事司法合作

国际刑事司法合作是打击跨国犯罪领域的热门话题，我国警方通过国际刑事司法合作，与多个国家就贪官追逃、毒品走私、人口贩卖等议题开展行动，不仅使具体案件得以完整侦破，也有力地打击和震慑了跨国犯罪分子。

在打击野生动植物走私犯罪方面，我国警方也通过多种形式与其他国家开展国际合作。如我国海关总署通过劝返和配合当地执法部门缉捕等方式，从坦桑尼亚和尼日利亚抓获三名“红通”犯罪嫌疑人，成功打掉了以这几名

---

① Rachel Nuwer, How the case against an alleged poaching kingpin fell apart, https://www.national-geographic.com/animals/2019/02/thai-court-dismisses-case-against-suspected-poaching-kingpin/, 2019 年 4 月 9 日访问。

犯罪嫌疑人为核心的特大跨国走私象牙团伙①。

中国是国际刑警组织的成员国，也是《联合国打击跨国有组织犯罪公约》的缔约国，我国也同多个国家签署了双边的警务或司法合作协议。这些为我国相关部门开展国际刑事司法合作奠定了外部基础。经过多年的努力，《国际刑事司法协助法》于2018年10月26日第十三届全国人民代表大会常务委员会第六次会议上通过，也终于结束了我国开展国际刑事司法合作某种程度上“无法可依”的困境。

《国际刑事司法协助法》对于我国与外国在刑事案件的调查、侦查、起诉、审判和执行等活动中涉及的种种合作形式的流程、对接单位、应符合的要求等作出了具体的规定。这将极大地推进我国的国际警务合作工作，也必然会让执法部门在打击野生动植物走私犯罪中如虎添翼。

执法指南

我国刑法遵从以犯罪客体为分类标准的立法方法，认为走私珍贵动物、珍贵动物制品罪侵犯的客体是国家对外贸易管制。刑法在体例安排上将走私珍贵动物、珍贵动物制品罪置于“破坏社会主义市场经济秩序罪”一章中，而其他野生动物犯罪罪名均置于“妨害社会管理秩序罪”一章中，在立法上即显示出走私珍贵动物、珍贵动物制品罪与其他野生动物犯罪的不同。在对于案例的检视过程中，我们发现该罪名绝大多数的案件犯罪主体是个人而非单位，显示该罪名案件与走私普通货物有显著不同。对于该罪名的适用，被告的主观故意是重要的构成要件。另外，涉案珍贵动物及珍贵动物制品的物种和价值的鉴定也是该罪名定罪量刑的主要依据。随着全球化的不断深入，珍贵动植物走私案件中涉案物种和制品类型越来越丰富，犯罪手段和案情也越来越复杂，我国

---

① 蔡岩红：《海关抓获两名特大象牙走私案红通逃犯》，http：//www.legaldaily.com.cn/index_article/content/2019-01/06/content_7737192.htm，2019年4月8日访问。

会面临更多诸如物种价值核定、涉案活体动物返还、国际司法协助等问题。

涉案珍贵动物及珍贵动物制品的物种和价值的鉴定是野生动物犯罪案件中重要的争点，反映了国际法和国内法衔接不畅；立法在受保护物种名录上的严重滞后和空白；物种和制品价值核定标准不清晰，执行不统一等规则适用存在模糊、冲突和规则适用存在空白的情况。返还被走私的活体野生动物的宝贵经验也反映了，在打击野生动物走私犯罪领域中开展国际司法协助的必要性。我们建议有关部门广泛征求专家和公众意见，科学地解决野生动物保护和执法领域存在的规则适用模糊、冲突和空白的情况；执法部门应依据《国际刑事司法协助法》积极探索和应用国际司法合作的各种方法与形式，更好地打击野生动物走私犯罪。

第二章
非法捕捞水产品罪

本章导言

水产品中含有丰富的蛋白质，捕捞水产品是人类获得粮食的重要来源。我国通过《渔业法》建立了捕捞管理制度，《渔业法》对捕捞水产品作了具体的规定：在内水、近海从事捕捞业的单位和个人，必须按照捕捞许可证关于作业类型、场所、时限和渔具数量的规定进行作业。不得在禁渔区和禁渔期进行捕捞，不得使用禁用的渔具、捕捞方法和小于规定的最小网目尺寸的网具进行捕捞。非法捕捞水产品，就是违反《渔业法》等保护水产资源法规，在禁渔区、禁渔期或者使用禁用的工具、方法捕捞水产品。非法捕捞水产品，不仅造成渔业资源的破坏，也造成生态环境的失衡和破坏。部分水产品更是珍贵、濒危野生动物，发生捕捞到珍贵、濒危水产品的情形时，会造成珍贵、濒危野生动物的死亡。鉴于非法捕捞水产品行为的危害性，《环境保护法》、《渔业法》、《野生动物保护法》、《刑法》等多部法律对非法捕捞水产品行为进行规范。另外，非法捕捞水产品的行为通常与非法售卖捕捞渔获物的行为交织在一起。

非法捕捞水产品罪的主观方面是故意，至于是否为了营利或者其他目的，均不影响本罪的成立。非法捕捞水产品罪的主体是一般主体，即凡是达到刑事责任年龄、具有刑事责任能力的人，均可构成本罪；单位也可成为本罪的主体。非法捕捞水产品罪的客观方面主要表现为在禁渔区、禁渔期，或者使用禁用的工具、方法捕捞水产品的行为；其中电捕鱼是渔业执法中较为头疼的问题。非法捕捞水产品罪的客体是国家保护水产资源的管理制度。根据裁判文书网的相关资料，浙江、江苏、重庆、湖北、湖南等省份是非法捕捞水产品犯罪的热点地区。

根据现行法律，针对非法捕捞行为，既有行政处罚手段，也有刑事处罚手段。非法捕捞水产品罪和非法猎捕和杀害珍贵、濒危野生动物罪等罪名是保护渔业资源和水生态环境的重要刑事处罚手段。在实践中，非法捕捞水产品行为在什么情形下构成犯罪？发生非法捕捞水产品过程中捕捞到珍贵野生动物情形时，应该以何种罪名定罪量刑？作为非法捕捞水产行为的下游犯罪行为——非法售卖非法捕捞渔获物的行为应当如何定罪量刑？非法捕捞行为造成的生态环境损害能否通过刑事附带民事公益诉讼的方式在刑事判决中得以赔偿？在非法捕捞水产品案件中，非法捕捞行为人积极主动修复环境的态度和行为能不能作为从宽量刑的情节？在本章五个案例中，将对上述问题逐一解答。

关联规定

法律名称	具体条款	内容摘要
渔业法	第二十五条	捕捞许可制度
从事捕捞作业的单位和个人，必须按照捕捞许可证关于作业类型、场所、时限、渔具数量和捕捞限额的规定进行作业，并遵守国家有关保护渔业资源的规定，大中型渔船应当填写渔捞日志。		
渔业法	第三十条	法律禁止捕捞中使用的方法与工具
禁止使用炸鱼、毒鱼、电鱼等破坏渔业资源的方法进行捕捞。禁止制造、销售、使用禁用的渔具。禁止在禁渔区、禁渔期进行捕捞。禁止使用小于最小网目尺寸的网具进行捕捞。捕捞的渔获物中幼鱼不得超过规定的比例。在禁渔区或者禁渔期内禁止销售非法捕捞的渔获物。 重点保护的渔业资源品种及其可捕捞标准，禁渔区和禁渔期，禁止使用或者限制使用的渔具和捕捞方法，最小网目尺寸以及其他保护渔业资源的措施，由国务院渔业行政主管部门或者省、自治区、直辖市人民政府渔业行政主管部门规定。		

续表

<table>
<tr><th>法律名称</th><th>具体条款</th><th>内容摘要</th></tr>
<tr><td>渔业法</td><td>第三十七条</td><td>禁止捕杀、伤害国家重点保护的水生野生动物</td></tr>
<tr><td colspan="3">国家对白鳍豚等珍贵、濒危水生野生动物实行重点保护，防止其灭绝。禁止捕杀、伤害国家重点保护的水生野生动物。因科学研究、驯养繁殖、展览或者其他特殊情况，需要捕捞国家重点保护的水生野生动物的，依照《中华人民共和国野生动物保护法》的规定执行。</td></tr>
<tr><td>渔业法</td><td>第三十八条第一款</td><td>非法捕捞水产品的法律责任</td></tr>
<tr><td colspan="3">使用炸鱼、毒鱼、电鱼等破坏渔业资源方法进行捕捞的，违反关于禁渔区、禁渔期的规定进行捕捞的，或者使用禁用的渔具、捕捞方法和小于最小网目尺寸的网具进行捕捞或者渔获物中幼鱼超过规定比例的，没收渔获物和违法所得，处五万元以下的罚款；情节严重的，没收渔具，吊销捕捞许可证；情节特别严重的，可以没收渔船；构成犯罪的，依法追究刑事责任。</td></tr>
<tr><td>刑法</td><td>第三百四十条</td><td>非法捕捞水产品罪的刑事责任</td></tr>
<tr><td colspan="3">违反保护水产资源法规，在禁渔区、禁渔期或者使用禁用的工具、方法捕捞水产品，情节严重的，处三年以下有期徒刑、拘役、管制或者罚金。</td></tr>
<tr><td>刑法</td><td>第三百四十一条第一款</td><td>非法猎捕、杀害珍贵、濒危野生动物罪的刑事责任</td></tr>
<tr><td colspan="3">非法猎捕、杀害国家重点保护的珍贵、濒危野生动物的，或者非法收购、运输、出售国家重点保护的珍贵、濒危野生动物及其制品的，处五年以下有期徒刑或者拘役，并处罚金；情节严重的，处五年以上十年以下有期徒刑，并处罚金；情节特别严重的，处十年以上有期徒刑，并处罚金或者没收财产。</td></tr>
<tr><td>最高人民法院关于审理发生在我国管辖海域相关案件若干问题的规定（二）</td><td>第四条</td><td>海洋水域非法捕捞水产品罪的立案标准</td></tr>
<tr><td colspan="3">违反保护水产资源法规，在海洋水域，在禁渔区、禁渔期或者使用禁用的工具、方法捕捞水产品，具有下列情形之一的，应当认定为刑法第三百四十条规定的“情节严重”：
（一）非法捕捞水产品一万公斤以上或者价值十万元以上的；
（二）非法捕捞有重要经济价值的水生动物苗种、怀卵亲体二千公斤以上或者价值二万元以上的；
（三）在水产种质资源保护区内捕捞水产品二千公斤以上或者价值二万元以上的；
（四）在禁渔区内使用禁用的工具或者方法捕捞的；
（五）在禁渔期内使用禁用的工具或者方法捕捞的；
（六）在公海使用禁用渔具从事捕捞作业，造成严重影响的；
（七）其他情节严重的情形。</td></tr>
</table>

典型案例

案例1：尹某山等人非法捕捞水产品刑事附带民事诉讼案①

（一）基本案情

2012年6月初至7月30日，被告人尹某山与李某友、秦某甲、秦某涛、李某明、秦某波等人合谋非法捕捞水产品。捕捞的水产品全部由尹某山收购。至2012年7月30日，尹某山收购上述五人捕捞的水产品价值828784元人民币。六人分别向公安部门退缴部分违法所得。

连云港市连云区人民检察院以上述六人犯非法捕捞水产品罪向连云港市连云区人民法院提起公诉，同时根据相关职能部门出具的修复方案，提起刑事附带民事诉讼，要求六人采取一定方式修复被其犯罪行为破坏的海洋生态环境。

连云港市赣榆区海洋渔业技术指导站根据案件情况，出具了《对赣榆区秦某波等5人伏休期间非法捕捞水产品行为所造成的生态损失修复意见》，认为伏休期间进行非法捕捞，影响海洋生物休养繁殖，破坏了海洋生态环境。海洋渔业技术指导站建议通过增殖放流的方式进行修复，具体方案为：1. 放流品种：本案推荐放流中国对虾苗；2. 放流数量：1365万尾，按照省渔业指挥部2015年中国对虾增殖放流中标价约60元/万尾，约合人民币81900元；3. 放流方式：渔船运输至指定海域后人工放流；4. 放流时间：4-6月。

在案件审理过程中，人民法院将上述修复方案在《连云港日报》、本院及连云港市中级人民法院的官方微博、微信公众号进行了公示，广泛征求社会公众的意见。

六被告人分别向法院交纳了4900-26000元不等的修复保证金。

① 连云港市连云区人民法院，（2015）港环刑初字第00005号，https：//www.chinacourt.org/article/detail/2017/06/id/2901503.shtml，2020年3月20日访问。

（二）裁判结果

法院认为，六被告人违反保护水产资源法规，在禁渔区、禁渔期非法捕捞水产品，情节严重，均已构成非法捕捞水产品罪。六人主动退缴部分违法所得，确有悔罪表现，并主动向法院交纳了海洋生态环境修复保证金，同意以实际行动修复被其犯罪行为损害的海洋生态环境，量刑时可酌情从轻处罚。

六被告人在禁渔期、禁渔区非法捕捞海产品的犯罪行为，影响海洋生物休养繁殖，给海洋渔业资源造成严重破坏。六被告人应当根据《侵权责任法》的规定，采取科学、合理的方式予以修复。法院对连云港市连云区人民检察院要求被告修复生态环境的诉讼请求依法予以支持。根据专业机构出具的修复意见，采取增殖放流的方式，放流中国对虾苗可以有效地进行修复。放流的具体数量，法院根据各被告人的犯罪情节、悔罪表现，结合各被告人非法捕捞水产品价值综合予以认定。被告人尹某山应与另五名被告人共同承担修复义务。各被告人应放流中国对虾苗数量为：被告人尹某山应放流 433 万尾、被告人李某友应放流 334 万尾、被告人秦某甲应放流 184 万尾、被告人秦某涛和李某明应分别放流 166 万尾、被告人秦某波应放流 82 万尾。放流方式为渔船运输至海州湾海域人工放流，放流时间为 2016 年 4 月。

一审判决作出后，尹某山以一审量刑过重为由，上诉至江苏省连云港市中级人民法院，该院经审理后裁定驳回上诉，维持原判。

（三）案件争点

我国法律规定，行为人违反水产资源保护法律法规，在禁渔期、禁渔区，采用法律禁止的工具、方法捕捞水产品，情节严重的，应当判处非法捕捞水产品罪，犯罪工具应予没收，违法所得应予没收或追缴。

污染或者破坏生态环境的，应当承担相应的侵权责任。对于污染或者破坏环境损害公共利益的行为，法律规定的机关和组织可以向人民法院提起诉讼。在环境资源犯罪中，犯罪行为人的行为污染或破坏生态环境，损害环境公共利益的，人民检察院可以附带提起环境民事公益诉讼。由于环境犯罪行为造成环境污染或生态破坏，造成环境公共利益损失的，对犯罪分子除判处刑罚外，还应根据情况判处赔偿损失或者修复生态环境。

根据当事人的诉讼请求和具体案情，人民法院应当合理判定污染或破坏生态环境的行为人承担赔偿损失、恢复原状等责任。当事人请求恢复被污染破坏的生态环境的，人民法院可以依法裁判污染或者破坏生态环境的行为人承担环境修复责任，并同时确定被告不承担环境修复义务时应承担的环境修复费用。犯罪行为人积极修复生态环境的意愿和行为可成为从轻处罚的情节。

本案中，六被告人多次在禁渔期、禁渔期捕捞水产品，情节严重，检察机关以非法捕捞罪提起诉讼，同时针对受损害的生态环境提起环境民事公益诉讼，法院根据行为人犯罪事实判处六被告非法捕捞水产品罪，并处以相应刑事处罚。六被告非法捕捞导致的生态环境损失，人民法院根据海洋渔业技术指导站出具的《对赣榆区秦某波等 5 人伏休期间非法捕捞水产品行为所造成的生态损失修复意见》判决本案六被告以增殖流放中国对虾苗的方式来修复受损害的生态环境。

本案的修复方案可操作性强，六被告的生态修复责任基本得到了落实。其一，确定了修复目标。于2016 年4 月以增殖放流中国对虾苗1365 万尾的方式修复被其破坏的海洋生态环境。其二，明确了修复主体。在判决书主文中写明每一名环境修复主体应当承担的具体义务。被告人尹某山应放流 433 万尾、被告人李某友应放流 334 万尾、被告人秦某甲应放流 184 万尾、被告人秦某涛和李某明应分别放流 166 万尾、被告人秦某波应放流 82 万尾。

鉴于六被告承担生态修复责任态度积极主动，主动向法院交纳了海洋生态环境修复保证金，同意以实际行动修复被其犯罪行为损害的海洋生态环境，法院在量刑时酌情从轻处罚。

（四）案件评论

本案是一起由检察机关提起的刑事附带环境民事公益诉讼的典型案件，本案在环境资源犯罪案件中审判执行方式上的创新对环境资源案件的审理有一定的指导和借鉴意义。环境资源犯罪不同于普通犯罪的地方在于，环境资源犯罪造成对生态环境本身的损害。因此，在环境资源犯罪案件审判中，法院不仅应该关注对犯罪行为人的刑事处罚，更应当关注受损害生态环境的修复问题。

生态环境本身的属性决定了生态修复判决方式在环境资源犯罪中的重要性。众所周知，生态环境及其环境要素具有一定的容量和自净能力。但是，过度的损害却会导致环境容量下降，并使生态环境丧失自净和自我修复的能力。而且，生态环境的破坏后果常常具有潜伏性、不可预测性、扩散性等特点。因此，不采取任何人为措施，仅依靠生态环境的自净能力必然是不可取的，在环境资源犯罪中生态环境的修复必不可少。生态环境的基本特性要求人民法院在处理环境资源犯罪时，尽可能通过裁判让行为人承担相应的生态环境修复责任，恢复其所损害的生态环境功能。

在通过生态环境犯罪裁判打击犯罪的同时，让当事人承担如本案中增殖放流的生态修复责任，符合环境法“谁污染，谁治理”的基本原则。而将行为人承担生态修复责任的情况作为量刑情节，对于判处了生态修复责任的犯罪行为人酌情减轻处罚，这表明人民法院在贯彻罪刑责相适应的刑法基本原则时，不仅考虑了犯罪行为的危害性、国家法律的权威性，还考虑了生态环境犯罪的特殊性，斟酌了生态环境权益的修复情况，体现了宽严相济的刑事司法政策，缓和了人与自然的关系。

本案还开拓了环境资源案件中公众参与的新方式。生态环境纠纷中，涉及生态环境损害的，常常需要借助专业的机构进行生态环境损害评估、鉴定，制定生态修复方案，而这些工作往往涉及公众的生态环境权益。因此，环境资源案件中公众参与有其必要性。人民法院在审判执行过程中，将公众参与机制引入裁判涉及的事关公众生态环境利益的重大事项，向公众公开、征求公众意见，有利于制定出科学、合理的生态环境修复方案，也有利于增强相关裁判的公众可接受性。本案中，人民法院将上述修复方案在《连云港日报》、本院及连云港市中级人民法院的官方微博、微信公众号进行了公示，广泛征求社会公众的意见。这种做法具有积极的借鉴意义。

案例 2：孙某前等人非法捕捞水产品案[①]

（一）基本案情

2016 年 3 月底至 4 月 14 日，被告人孙某前组织被告人韩某喜等人，在明知江苏省洪泽湖水域系禁渔期且常年禁止捕捞螺蛳的情况下，驾驶机动船多次到江苏省泗洪县陈圩乡辖区洪泽湖水域内，利用机动船的重量及速度采用拖网方式非法捕捞螺蛳共计 62083 公斤，后被告人孙某前将所捕捞的螺蛳出售给孙某永等人，获利 9000 余元。2016 年 4 月 14 日 5 时许，被告人孙某前组织被告人韩某喜等人非法捕捞螺蛳后在称重现场被公安机关抓获。公安机关现场扣押所捕捞螺蛳计 6400 余公斤，从被告人夏某林等人处扣押渔网各一张。在法院审理阶段，被告人孙某前等人向法院分别缴纳了 3000 元到 10 万元不等的生态修复资金。案件审理过程中，被告人孙某前等人已退清违法所得。

（二）裁判结果

法院认为，被告人孙某前等人违反《渔业法》等保护水产资源的法律、法规，在洪泽湖禁渔期内多次采取拖网方式非法捕捞水产品，所捕捞水产品共计 62083 公斤，情节严重，其行为均已构成非法捕捞水产品罪。

被告人孙某前等 22 人分别与他人共同故意实施犯罪，系共同犯罪，应当

---

① 江苏省宿迁市宿城区人民法院，（2016）苏 1302 刑初 828 号，https：//wenshu. court. gov. cn/website/wenshu/181107ANFZ0BXSK4/index. html？ docId =36161585e7a6434f9d67a85800fd07bf，2020 年 3 月 20 日访问。

依法根据其所实际参与的犯罪数额及在共同犯罪中所起的作用进行处罚。

鉴于被告人孙某前等人均已退清涉案违法所得，现场被查获的 6400 余公斤螺蛳已被放流，各被告人在诉讼期间均积极缴纳生态修复资金用于修复渔业资源及生态环境，具有悔罪表现，故本院决定对孙某前等 22 人酌情从轻处罚。根据被告人杨某兰等人的犯罪情节及悔罪表现，宣告缓刑对其所居住社区无重大不良影响，决定对其适用缓刑。

但综合被告人孙某前在全案中的作用，其组织非法捕捞参与的人数、累计的次数及螺蛳重量，涉案洪泽湖水域所面临的水产资源及生物多样性保护形势等因素，法院认为不宜对其适用缓刑。

法院判决，被告孙某前等人犯非法捕捞水产品罪，分别判处六个月到一年十个月不等的有期徒刑，三个月到三个月十五天不等的拘役，部分适用缓刑，没收被告人违法所得上缴国库，没收相关被告人的犯罪工具。

（三）案件争点

环境资源犯罪案件中，犯罪行为人具有悔罪表现，积极缴纳生态环境修复费用或者采取措施修复生态环境的，人民法院可以根据具体情节酌定从轻处罚。本案中，被告人多次违法大量捕捞螺蛳，破坏湖区生态链平衡，降低湖水水体自净能力，严重破坏湖区生态环境。在案件审理过程中，犯罪行为人认识到自己的错误，积极缴纳生态环境修复费用，因此，人民法院综合全案情节，酌定对犯罪行为人从轻处罚。

（四）案件评论

本案中，人民法院将犯罪行为人积极修复环境的态度和行为作为从宽处罚的情节，体现了目前的环境刑事司法将生态利益作为环境资源犯罪的法益目标的趋向。一般来讲，对基本法益的选择，会直接影响犯罪构成的设计和对罪状本身的表述，从而影响定罪量刑的判断。如果刑法将生态法益作为环境犯罪的基本法益，那么，生态法益及生态环境的损害程度就会成为环境犯罪的定罪量刑标准。

目前，我国刑法对生态环境的保护，设置了环境污染和资源破坏两类犯罪，这两类犯罪设置在刑法分则第六章妨害社会管理秩序罪中。从这两类犯罪侵害的法益来看，环境污染犯罪侵害的法益较为复杂，除侵害人身、财产权益外，还侵害生态利益；资源破坏罪一般不侵害人身权益，主要是侵害作为公共资源的财产利益和生态利益。非法捕捞水产品罪分属于破坏资源类犯罪，犯罪行为除违反国家资源管理秩序外，还造成作为环境要素的自然资源的破坏和生态环境本身的损害，既侵害作为公共资源的财产权益，也侵害生态权益。从法律规定本身来看，非法捕捞水产品罪主要保护作为环境要素的渔业资源，所以以往的司法实践中，量刑往往会参考渔获物的多少、非法捕捞的次数等程度。从对生态环境本身受损害或者行为人积极修复生态环境的情节考虑定罪量刑并未成为主流。在本案中，人民法院对于犯罪行为人积极主动履行环境修复责任的行为表示接受，并将其作为从宽处理的情节在量刑中予以考虑，符合环境诉讼以保护生态环境为基本目的的特征，也能真正起到通过法律手段保护生态环境的目的。

案例3：孔某勤、孔某雨非法捕捞水产品案①

（一）基本案情

2017年3月1日12时至6月30日24时，十堰市张湾区全面禁止辖区内陆水域一切渔业捕捞作业。从2015年开始，农业部和湖北省水产局先后规定，汉江湖北省境内的干流江段属于禁渔区，堵河在张湾区辖区内水域属于禁渔范围。2017年5月7日16时许，孔某勤与孔某雨到十堰市张湾区堵河东湾村段，使用电捕鱼方式进行非法捕捞。在二人捕完鱼准备离开时被巡逻民

① 湖北省十堰市中级人民法院，（2018）鄂03刑终58号，http：//wenshu. court. gov. cn/content/content? DocID = dc83293e - 627b - 4b53 - 83b4 - a8f80134437b&KeyWord = % E9% 9D% 9E% E6% B3% 95% E6% 8D% 95% E6% 8D% 9E，2020年3月20日访问。

警抓获，当场查获二人非法捕捞的水产品102条（只）重2.37千克，及电捕鱼工具一套。二审期间，上诉人孔某勤取得了当地派出所、村委会、社区矫正机构等基层组织的谅解，并在当地适宜水域投放了不小于3厘米的鱼苗10000尾，进行生态修复补偿。

（二）裁判结果

一审法院认为，被告孔某勤、孔某雨违反水产资源法律法规，在禁渔期采用法律禁止的捕捞方法捕捞水产品，情节严重，已经构成非法捕捞水产品罪。根据两被告人犯罪事实和证据，依照我国刑法相关规定判决被告人孔某勤犯非法捕捞水产品罪，判处拘役一个月；被告人孔某雨犯非法捕捞水产品罪，判处拘役一个月，缓刑两个月；作案工具电瓶、增压器、缠有电线的竹制网杆、雨裤等工具，予以没收，上缴国库。

二审法院认为，两被告人违反保护水产资源法规，在禁渔区、禁渔期并同时使用禁用的电鱼工具、方法捕捞水产品，属于情节严重的情形，其行为已构成非法捕捞水产品罪。一审判决认定事实清楚，证据确实、充分，定罪准确，量刑适当，审判程序合法。二审期间，鉴于孔某勤认罪认罚，取得当地基层组织谅解，已采取投放鱼苗等补救措施履行生态补偿义务，具有悔罪表现，积极消除不良社会影响，不具有人身危害性，可依法对其适用缓刑。综上，依照《刑法》第三百四十条，第六十四条，第七十二条第一款，第七十三条第一款、第三款和《刑事诉讼法》第二百二十五条第一款第二项之规定，判决维持湖北省十堰市张湾区人民法院（2018）鄂0303刑初24号刑事判决第二项、第三项，即被告人孔某雨犯非法捕捞水产品罪，判处拘役一个月，缓刑两个月；作案工具电瓶、增压器、缠有电线的竹制网杆、雨裤等，予以没收，上缴国库。撤销湖北省十堰市张湾区人民法院（2018）鄂0303刑初24号刑事判决第一项，改判上诉人孔某勤犯非法捕捞水产品罪，判处拘役一个月，缓刑三个月。

（三）案件争点

非法捕捞水产品罪犯罪行为人在案件审理过程中，取得犯罪行为发生地基层组织谅解，并采取生态修复措施恢复被损害的生态环境，具有悔罪表现，其获得谅解和恢复生态的行为可作为从宽量刑的情节。环境资源犯罪不同于一般刑事犯罪的地方在于，环境刑事犯罪除可能带来传统的人身、财产损害之外，更为普遍的是带来生态环境本身的损害。环境刑事审判不仅应当发挥其保护人身、财产利益的功能，更应当发挥其保护环境利益的独特功能。因此，在环境资源刑事案件的审判过程中，将生态环境的损害程度和犯罪行为人恢复环境的行为和态度作为定罪量刑的情节，更有利于发挥环境刑事审判保护生态环境利益的功能。

本案中，被告人孔某勤违反渔业资源法律法规的规定，在禁渔期和禁渔区捕捞水产品，被公安机关抓获，由于情节严重，触犯刑法，人民法院判处其犯非法捕捞水产品罪，并给予相应刑事处罚。二审上诉期间，孔某勤取得了当地派出所、村委会、社区矫正机构等基层组织的谅解，并在当地适宜水域投放了不小于 3 厘米的鱼苗 10000 尾，进行生态修复补偿。二审法院考虑到孔某勤的悔罪表现，社会危害性较低，将一审拘役改为非监禁刑，缓刑三个月，既有利于促进环境刑事案件中受损害生态环境的恢复，也符合罪责刑相适应的原则。

（四）案件评论

此案体现了恢复性司法理念在环境司法审判中的贯彻与运用。最高人民法院与最高人民检察院都曾提出，在环境司法保护中，要贯彻运用恢复性司法理念，在惩治环境犯罪的同时，也要解决生态修复问题。①

目前，刑事法律中并没有关于环境犯罪恢复性司法的相关规定，与本案

① 最高人民法院出台《关于全面加强环境资源审判工作为推进生态文明建设提供有力司法保障的意见》，明确提出探索建立环境修复制度。

一样，恢复性司法主要存在于各地的环境司法实践探索中，主要存在以下两种方式：一是如本案以及案例2，将犯罪行为人的修复生态环境的行为作为从宽处罚的情节；二是如案例1，直接判决犯罪行为人承担生态环境修复责任，这主要存在于刑事附带环境民事公益诉讼案件中。在这一类案件中，生态修复责任方式主要基于《侵权责任法》[①] 的规定，而非基于刑事法律的规定。

直接将犯罪行为人修复生态环境的行为作为从宽处罚的情节的做法，虽然体现了目前环境刑事司法对环境利益的重视，符合绿色发展理念，能够实现环境刑事司法在打击刑事犯罪的同时有效解决生态环境修复的问题，但是，这种做法也仍然存在一些问题：首先，在非法捕捞水产品犯罪中将犯罪行为人修复生态环境的行为作为从宽处罚的情节缺乏直接法律依据。《刑法》、《环境保护法》、《刑事诉讼法》中相关规定只能作为恢复性司法措施适用的间接依据。[②] 目前，关于生态修复措施能作为从宽处罚情节的明文规定主要存在于关于办理环境污染刑事犯罪的司法解释中[③]，对于非法捕捞水产品之类的其他环境犯罪目前尚无明文规定。其次，各地司法机关在环境刑事犯罪中运用恢复性司法理念时，在司法裁量上缺乏统一的尺度。裁量标准和尺度的不一，不仅不利于恢复性司法效果的发挥，而且还危害司法权威。

---

① 追究野生动物犯罪人的法律责任方式，不但包括制裁，而且包括生态修复。虽然《侵权责任法》已经被《民法典》废止，但是其确立的生态修复责任在《民法典》中得以延续。《民法典》第一千二百三十四条规定："违反国家规定造成生态环境损害，生态环境能够修复的，国家规定的机关或者法律规定的组织有权请求侵权人在合理期限内承担修复责任。侵权人在期限内未修复的，国家规定的机关或者法律规定的组织可以自行或者委托他人进行修复，所需费用由侵权人负担。"

② 如《刑法》第三十六条（赔偿经济损失与民事优先原则）、第三十七条（非刑罚性处罚措施），《刑事诉讼法》第一百零一条（附带民事诉讼的提起）以及特别程序第二章（当事人和解的公诉案件诉讼程序），《环境保护法》第六条（依法对环境污染和生态破坏承担责任）、第五十八条（提起环境公益诉讼组织的规定）等法律规定都只能作为恢复性司法在环境犯罪领域中适用的间接法律依据或参照依据。

③ 2017年1月1日起施行的《最高人民法院、最高人民检察院关于办理环境污染刑事案件适用法律若干问题的解释》规定，实施刑法第三百三十八条、第三百三十九条规定的行为，刚达到应当追究刑事责任的标准，但行为人及时采取措施，防止损失扩大、消除污染，全部赔偿损失，积极修复生态环境，且系初犯，确有悔罪表现的，可以认定为情节轻微，不起诉或者免予刑事处罚；确有必要判处刑罚的，应当从宽处罚。

案例4：杜某甲等非法捕捞水产品案[①]

（一）基本案情

被告人杜某甲先后与被告人张某、李某、盛某合谋，在T湖G湖水域采用电捕的方式捕捞T湖青虾，杜某甲以20－30元/斤不等的价格收购，约定如被渔政等执法部门查获由被告人杜某甲缴纳罚款。2014年6月至11月2日，原审被告人杜某甲先后组织上述人员在未依法取得捕捞证的情形下，驾船至T湖G湖水域非法电捕捞60余次，共捕得T湖青虾1500余千克。其中在T湖禁渔期（自2014年2月1日起至8月31日止，禁渔范围为全T湖水域），原审被告人张某、李某、盛某先后参与电捕捞10余次，各自捕得T湖青虾50余千克。原审被告人杜某甲购得上述T湖青虾后，驾车至W市B区S市场16－17号“老朱水产兄弟批发行”，该批发行实际经营者原审被告人刘某先后60余次代为销售上述T湖青虾1500余千克，共销售得款90000余元，刘某从中赚取手续费3000余元。

原审被告人杜某甲先后与原审被告人陆某、马某合谋，在T湖G湖水域采用电捕的方式捕捞T湖青虾，杜某乙以20－30元/斤不等的价格收购，约定如被渔政等执法部门查获由原审被告人杜某乙缴纳罚款。2014年6月至11月2日，原审被告人杜某乙先后组织上述人员在未依法取得捕捞证的情形下，驾船至T湖G湖水域非法电捕捞40余次，共捕得T湖青虾550余千克。其中在T湖禁渔期，原审被告人陆某参与电捕捞4次，捕得T湖青虾15.5千克，原审被告人马某参与电捕捞3次，捕得T湖青虾13.5千克。原审被告人杜某乙购得上述T湖青虾后，驾车至W市B区S市场14号原审被告人严某经营的虾类批发摊位，严某先后20余次代为销售上述T湖青虾450余千克，共销

---

① 无锡市中级人民法院，（2015）锡环刑终字第1号，https://wenshu.court.gov.cn/website/wenshu/181107ANFZ0BXSK4/index.html?docId=1ee81c17736443-f7b94c1187a15853df，2019年5月1日访问。

售得款40000余元，原审被告人严某从中赚取手续费800余元。

在一审审理过程中，原审被告人杜某甲、杜某乙各主动退赔10000元，原审被告人陆某、马某各主动退赔5000元，原审被告人严某主动退赔3000元，用于弥补T湖水域的生态损害。

（二）裁判结果

一审法院认为：被告人杜某甲、杜某乙、陆某、马某、张某、李某、盛某违反保护水产资源法规，多次结伙在禁渔期使用禁用的工具捕捞水产品，情节严重，其行为均已构成非法捕捞水产品罪。W市B区人民检察院指控被告人杜某甲、杜某乙、陆某、马某、张某、李某、盛某犯非法捕捞水产品罪的事实清楚，证据充分，指控的罪名正确。被告人刘某、严某明知被告人杜某甲、杜某乙要求代为销售的T湖青虾为非法捕捞所得，仍然多次代为销售，情节严重，其行为均已构成掩饰、隐瞒犯罪所得罪。W市B区人民检察院指控被告人刘某、严某犯掩饰、隐瞒犯罪所得罪事实清楚，证据充分，指控的罪名正确。对于九被告人及被告人杜某甲、杜某乙、刘某的辩护人提出的辩解及辩护意见，经查属实，该院予以采纳。九被告人庭审中均自愿认罪，悔罪表现较好，可酌情从轻处罚。被告人张某、李某犯罪后有自首情节，可以从轻处罚。被告人杜某乙、陆某、马某归案后如实供述罪行，可以从轻处罚。被告人张某2011年3月8日被A省W县人民法院判处有期徒刑一年，2011年10月27日刑满释放，其于2014年又犯非法捕捞水产品罪，构成累犯，应当从重处罚。被告人陆某2006年1月26日被J省Y市人民法院判处有期徒刑六年，2010年4月19日刑满释放，其于2014年又犯非法捕捞水产品罪，构成累犯，应当从重处罚。根据被告人严某、陆某、马某的犯罪情节、认罪态度，符合缓刑的适用条件，该院认为可对其宣告缓刑。据此，依照《刑法》第三百一十二条、第三百四十条、第二十五条第一款、第六十四条、第六十五条第一款、第六十七条第一款和第三款、第七十二条第一款、第七十三条之规定，以非法捕捞水产品罪判处被告人杜某甲有期徒刑一年，杜某乙有期徒刑十个月，张某有期徒刑九个月，李某有期徒刑八个月，盛某有期徒刑八个月，陆某拘役五个月、缓刑六个月，马某拘役五个月、缓刑六个月；以掩饰、隐瞒犯罪所得罪判处刘某有期徒刑九个月，并处罚金2000元，严某有期徒刑六个月、缓刑一年，并处罚金2000元；扣押在案的用于捕捞的犯罪工具予以没收。

二审法院认为：原审被告人杜某甲、杜某乙、张某、李某、盛某、陆某、马某违反保护水产资源法规，多次结伙在禁渔期使用禁用的方法捕捞水产品，情节严重，其行为均已构成非法捕捞水产品罪。原审被告人刘某、严某明知原审被告人杜某甲、杜某乙要求销售的T湖青虾为非法捕捞所得，仍多次收购并销售，其行为均已构成掩饰、隐瞒犯罪所得罪。

关于抗诉机关提出的抗诉理由，法院认为：非法捕捞水产品罪与掩饰、隐瞒犯罪所得罪之间系上下游犯罪，基于罪责刑相适应的刑法基本原则，对于下游犯罪的量刑一般不应高于上游犯罪的法定刑。本案中，虽然被告人刘某、严某掩饰、隐瞒犯罪所得达10次以上，但根据《刑法》规定，非法捕捞水产品罪在三年有期徒刑以下量刑，因此对本案中作为下游犯罪的被告刘某、严某，应遵循罪责刑相适应的原则进行量刑，据此，一审判决结果并无不当。

综上，抗诉机关的抗诉理由成立。但原判决的审判程序合法，认定的事实清楚，证据确实、充分，对于原审被告人杜某甲、杜某乙、张某、李某、盛某、陆某、马某、刘某、严某的犯罪事实和情节所处的刑罚得当，虽然存在上述不当认定的情形，但尚不足以引发改判。故请求二审改判的抗诉意见，不予支持。据此，依照《刑事诉讼法》第二百二十五条第一款第一项的规定，裁定驳回抗诉，维持原判。

（三）案件争点

我国《刑法》规定，行为人违反水产资源保护法律法规，在法律禁止的期间、禁止的区域，或者采取法律禁止的方式，使用法律禁止的工具捕捞水产品，情节严重的，处三年以下有期徒刑、拘役、管制或者罚金。

我国《刑法》同时规定，明知是犯罪所得而予以窝藏、转移、收购、代为销售或者以其他方法掩饰、隐瞒的，构成掩饰、隐瞒犯罪所得罪。行为人在明知他人交付的水产品系在禁渔期、采取禁用的方式非法捕捞所得，仍代为销售，构成掩饰、隐瞒犯罪所得罪。

根据罪责刑相适应原则，下游犯罪的量刑一般不应高于上游犯罪的法定刑。根据我国《刑法》，非法捕捞罪的法定刑为三年以下有期徒刑，据此，作为下游犯罪的掩饰、隐瞒非法捕捞水产品犯罪的量刑一般不应高于其上游犯罪非法捕捞罪的法定刑，即不应高于三年有期徒刑。

本案中，杜某甲、杜某乙、张某、李某、盛某、陆某、马某违反水产资源保护法律法规，在没有取得捕捞证的情况下，在法律法规禁止捕捞的期间，多次采取法律禁止的方法——电捕捕捞水产品，情节严重，符合非法捕捞水产品罪的犯罪构成，法院根据各犯罪嫌疑人的犯罪事实和犯罪情节以非法捕捞罪处以刑事处罚，事实认定清楚，适用法律得当。

刘某、严某明知杜某甲、杜某乙要求销售的T湖青虾为非法捕捞所得，仍多次收购并销售，其行为符合掩饰、隐瞒犯罪所得、犯罪所得收益罪的犯罪构成，法院以掩饰、隐瞒犯罪所得、犯罪所得收益罪对二者予以定罪适用法律适当。刘某、严某所犯掩饰、隐瞒非法捕捞水产品犯罪属于非法捕捞水产品罪的下游犯罪，其刑罚应当低于非法捕捞水产品罪法定刑，在本案中，二者所受刑事处罚在非法捕捞水产品罪法定刑三年以下，并无足以引发二审改判的不当认定情形。

（四）案件评论

为了合理开发、利用、保护水产资源，保护生态环境，《渔业法》、《野生动物保护法》、《刑法》等法律法规对捕捞水产品的行为进行规范，《刑法》

明确规定了四种予以刑事处罚的情形：1. 在法律法规禁止的区域也即禁渔区捕捞水产品。2. 在法律法规禁止的期间也即禁渔期捕捞水产品。3. 使用法律禁止的方法捕捞水产品，如采用本案中电鱼的方式捕捞水产品的行为，非法电鱼中电捕鱼工具可以形成大范围、高压性的电磁波，对渔业资源及流域生态环境造成不可逆转的损害。4. 使用法律禁止的工具捕捞水产品。上述禁渔区、禁渔期、法律禁止的捕捞工具、捕捞方法由国务院渔业行政主管部门或者省、自治区、直辖市人民政府渔业行政主管部门规定。

实践中，任何符合上述四种情形之一的非法捕捞行为皆有可能构成非法捕捞水产品罪。当然，符合上述四种情形的非法捕捞行为必须达到情节严重才能构成本罪。而是否达到情节严重，是对上述四种非法捕捞行为科以行政处罚还是刑事处罚的重要标准。司法实践中，应逐步统一非法捕捞水产品罪的定罪和量刑标准，在对非法捕捞水产品罪进行定罪量刑时，不仅要综合考虑渔获数量、捕捞次数、方式方法的恶劣程度等因素，还要考虑非法捕捞行为对于生态环境的损害程度。

本案除处罚了非法捕捞水产品的行为外，更大的意义在于对于故意售卖非法捕捞水产品的行为进行了刑事处罚，对于非法捕捞水产品和售卖水产品的行为在一个案件中予以整体的刑事处罚，有利于对非法捕捞水产品的犯罪行为予以有效警示。

案例 5：李某才、唐某翔非法猎捕、杀害珍贵、濒危野生动物案[①]

（一）基本案情

2017 年 3 月 1 日至 6 月 30 日，四川省境内天然水域禁止捕捞水产品。

---

① 四川省泸州市龙马潭区人民法院，（2017）川 0504 刑初 271 号，http：//wenshu. court. gov. cn/content/content? DocID = 2ad3fd4e - 9282 - 45e4 - ad2c - a84101889ff7&KeyWord = % E9% 9D% 9E% E6% B3% 95% E6% 8D% 95% E6% 8D% 9E | % E6% BF% 92% E5% 8D% B1% E9% 87% 8E% E7% 94% 9F% E5% 8A% A8% E7% 89% A9% E7% BD% AA，2019 年 5 月 1 日访问。

2017年6月7日2时许，被告人李某才、唐某翔在泸州市江阳区滨江路三段长江水域，由被告人李某才用蓄电池、升压器等工具电击捕鱼，当日4时许二被告人被巡逻民警当场抓获。现场扣押蓄电池、升压器、背兜各一个，舀子两个及渔获物6.94千克（已放生），内有胭脂鱼（已死亡）一条，重0.055千克。胭脂鱼为国家二级重点保护野生动物，且胭脂鱼科被《濒危野生动植物种国际贸易公约》（2013年）列入附录Ⅰ。另外，被告人李某才因犯窝藏罪被泸州市中级人民法院于2014年6月3日以（2014）泸刑初字第15号刑事判决书判处有期徒刑三年，缓刑三年。该判决书于2014年6月23日向被告人李某才宣判送达，该案在法定期限内均未上诉、抗诉。

（二）裁判结果

法院认为，被告人李某才、唐某翔在禁渔期、禁渔区使用禁用的工具、方法捕捞水产品，其对在长江天然水域可能猎捕到珍贵、濒危野生动物持放任态度，被捕获胭脂鱼经鉴定为国家二级保护野生动物，二被告人的行为已构成非法猎捕、杀害珍贵、濒危野生动物罪，公诉机关指控的事实及罪名成立，法院依法予以支持。被告人李某才在缓刑考验期限内犯新罪，依法应当撤销缓刑数罪并罚。依照《刑法》第三百四十一条第一款、第二十五条、第五十二条、第五十三条、第六十四条、第六十七条第三款、第七十七条、第六十九条及《最高人民法院关于审理破坏野生动物资源刑事案件具体应用法律若干问题的解释》第一条之规定，判决被告人李某才犯非法猎捕、杀害珍贵、濒危野生动物罪，判处有期徒刑十个月，并处罚金2000元；撤销泸州市中级人民法院（2014）泸刑初字第15号刑事判决书第二项被告人李某才犯窝藏罪判处有期徒刑三年，缓刑三年的缓刑部分，数罪并罚，决定执行有期徒刑三年两个月，并处罚金2000元；被告人唐某翔犯非法猎捕、杀害珍贵、濒危野生动物罪，判处有期徒刑七个月，并处罚金2000元；在案扣押作案工具蓄电池、升压器、背兜、舀子等予以没收，由扣押机关依法处置。

（三）案件争点

根据我国法律规定，行为人违反野生动物保护法律法规，非法猎捕[①]、杀害国家保护的珍贵、濒危野生动物[②]的，犯非法猎捕杀害珍贵、濒危野生动物罪，处五年以下有期徒刑或者拘役，并处罚金；情节严重的，处五年以上十年以下有期徒刑，并处罚金；情节特别严重的，处十年以上有期徒刑，并处罚金或者没收财产。[③]

从犯罪的主观方面看，本案两被告人对于胭脂鱼可能死亡的结果持放任态度。本案中，被告人李某才、唐某翔在非法捕捞水产品的过程中，导致被列入《濒危野生动植物种国际贸易公约》的国家二级保护动物胭脂鱼死亡。被告人明知泸州市江阳区滨江路三段长江水域是禁渔区，而且处于禁渔期，仍然进行非法捕捞，可见其二人对于可能导致珍贵、濒危水生物死亡的结果持放任态度。另外，从法律的规定来看，猎捕、杀害珍贵野生动物罪属于行为犯。也即行为人有猎捕、杀害珍贵、濒危野生动物的行为之一的，即构成该罪。本案中，两被告人非法捕捞的行为导致珍贵、濒危野生动物的死亡，已经触犯猎捕、杀害珍贵、濒危野生动物罪。虽然两被告实施了非法捕捞水产品的行为，但从本案的案情来看，其行为尚不构成情节严重，因此，法院以猎捕、杀害珍贵、濒危野生动物罪给两被告人定罪量刑符合法律规定。

（四）案件评论

本案两被告在非法捕捞水产品的过程中致珍贵、濒危野生动物胭脂鱼死

---

① 《野生动物保护法》规定，禁止猎捕、杀害国家重点保护的珍贵、濒危野生动物。公民、法人或者其他组织如果因科学研究、驯养繁殖、展览等特殊原因需要捕捉、捕捞国家一级保护野生动物的，必须向国务院野生动物行政主管部门申请特许猎捕证；猎捕国家二级保护野生动物的，必须向省、自治区、直辖市人民政府野生动物行政主管部门申请特许猎捕证，依法领取特许猎捕证者还应当严格按照特许猎捕证核定的种类、数量、地点、期限，并使用合法的猎捕工具和方法进行猎捕。

② 《野生动物保护法》规定，珍贵、濒危野生动物是指列入《国家重点保护野生动物名录》的珍贵、濒危的陆生、水生野生动物和有益的或者有重要经济、科学研究价值的陆生野生动物。国家重点保护的野生动物分为一级保护野生动物和二级保护野生动物。

③ 参见《刑法》第三百四十一条。

亡，出现一个行为触犯两个刑法罪名的可能，也即有可能形成刑法上的想象竞合犯。非法捕捞水产品的行为对象主要是普通水生物，而由于本案两被告非法捕捞水产品行为尚未构成情节严重，因此在本案中两被告的行为只触犯了猎捕、杀害珍贵、濒危野生动物罪。但倘若在其他情况中，如行为人在非法捕捞水产品的过程中不仅猎捕、杀害了珍贵、濒危野生动物，非法捕捞水产品行为也构成情节严重，同时触犯猎捕、杀害野生动物罪和非法捕捞水产品罪，这时应该按照刑法上的想象竞合犯规则处理，择一重罪对行为人进行处罚。

本案对非法捕捞水产品过程中导致珍贵、濒危野生动物死亡的情形，以猎捕、杀害珍贵、濒危野生动物罪对行为人进行刑事处罚，能有效提升公众对珍贵、濒危野生动物的保护意识。非法捕捞水产品的行为对象主要是普通水生物，而猎捕、杀害珍贵、濒危野生动物罪的行为对象主要是珍贵、濒危野生动物。但是同一水域中，往往既有普通水生物，也有濒危野生动物，比如生活在长江流域的国家一级保护动物白鳍豚，就与其他普通水生物共同生活在长江中。而非法捕捞水产品行为，比如电鱼、炸鱼的非法捕捞行为能对整片水域造成破坏，影响国家保护的珍贵、濒危野生动物的生存。人民法院依法对非法捕捞水产品过程中导致珍贵、濒危野生动物死亡的行为进行有效打击，对于保护珍贵、濒危野生动物意义巨大。

执法指南

非法捕捞在现实中发生率极高。非法捕捞水产品罪整体上刑罚较轻。非法捕捞水产品罪在定罪量刑的实践中多以罚金、拘役为主，最高判有期徒刑三年，不足以对非法捕捞，特别是广泛存在的非法电鱼的现象造成震慑，禁渔期捕捞获利可能大于所获刑责。

关于非法捕猎犯罪的追诉标准。《最高人民法院关于审理发生在我国管辖海域相关案件若干问题的规定（二）》（法释〔2016〕17 号）明确了在海洋区域非法捕捞水产品罪的量刑标准。根据法释〔2016〕17 号第四条规定，违反保护水产资源法规，在海洋水域，在禁渔区、禁渔期或者使用禁用的工具、方法捕捞水产品，非法捕捞水产品一万公斤以上或者价值十万元以上的，或非法捕捞有重要经济价值的水生动物苗种、怀卵亲体二千公斤以上或者价值二万元以上的，在水产种质资源保护区内捕捞水产品二千公斤以上或者价值二万元以上的，都符合刑法第三百四十条规定的“情节严重”标准。但是，对于在非海洋水域的非法捕捞犯罪，仍然缺乏类似的明晰量刑标准。

对于与非法捕捞相关联的行为的处罚不足，也对非法捕捞的禁止产生不利影响。本章案例 4 杜某甲、刘某等人非法捕捞水产品案中，对于故意售卖非法捕捞水产品的行为也进行了刑事处罚，对于非法捕捞水产品和售卖水产品的行为在一个案件中予以整体的刑事处罚，在这方面做出了突破。但是，非法捕捞的禁用渔具在淘宝等网上平台可以轻易获得，因此需要进一步加强执法与监管，遏制与防范非法捕捞水产品案件的发生。

行政执法方面，渔政部门由于没有采取强制措施的权限，常导致现场抓捕不利，不能及时保存证据。浙江台州 2016 年出台《关于办理非法捕捞水产品刑事案件若干问题的会议纪要》，在行刑衔接领域提出了明确的规则，值得其他地区借鉴参考。

近年来，在非法捕捞水产品罪的案件中，检察院往往同时提起刑事附带民事公益诉讼，体现了恢复性司法理念在环境刑事司法领域的运用。但各地司法机关在裁量上缺乏统一的尺度。裁量标准和尺度的不一，不仅不利于恢复性司法效果的发挥，还可能危害司法权威。建议逐步出台恢复性司法适用的具体标准，统一司法实践。

第三章

非法猎捕、杀害珍贵、濒危野生动物罪

本章导言

我国《野生动物保护法》规定禁止猎捕、杀害国家重点保护野生动物；同时明确了因科学研究、种群调控、疫源疫病监测或者其他特殊情况特许捕猎国家重点保护野生动物的严格程序。违反《野生动物保护法》规定，未取得特许猎捕证、未按照特许猎捕证规定猎捕、杀害国家重点保护野生动物，情节严重、触犯刑法的，就构成非法猎捕、杀害国家重点保护野生动物罪。

非法猎捕、杀害珍贵、濒危野生动物罪，是指违反野生动物保护法规，猎捕、杀害国家重点保护的珍贵、濒危野生动物的行为。野生动物与人类休戚相关，生物多样性则是人类赖以生存的条件，是经济社会可持续发展的基础，是生态安全和粮食安全的保障。非法猎捕、杀害珍贵、濒危野生动物罪的主观方面是故意，过失（如紧急避险）不构成本罪；行为人可能是为了出卖牟利、自食自用、馈赠亲友或者出于取乐的目的，都可以构成本罪。非法猎捕、杀害珍贵、濒危野生动物罪的主体为一般主体，凡是达到刑事责任年龄具有刑事责任能力的人，均可构成本罪；单位也可成为本罪主体。非法猎捕、杀害珍贵、濒危野生动物罪的客体是国家对重点保护野生动物的保护与管理制度。从法益受损的角度看，非法猎捕、杀害珍贵、濒危野生动物侵害的法益首先是国家对野生动物资源的管理秩序；其次是环境法益，具体而言是保护生态环境本身所要求的生物多样性法益。非法猎捕、杀害珍贵、濒危野生动物罪的客观方面首先体现在行为对象上，本罪的行为对象是国家重点保护的珍贵、濒危野生动物；其次本罪的行为内容为非法猎捕、杀害受国家保护的珍贵、濒危野生动物，猎捕不限于以狩猎的方法捕获，而是包括任何捕捉、获得珍贵、濒危野生动物的行为。根据最高法裁判文书网资料，云南、四川、西藏、陕西、内蒙古等省份及自治区是我国非法猎捕、杀害珍贵、濒危野生动物罪的热点地区。

司法实务中，非法猎捕、杀害珍贵、濒危野生动物的行为被定罪量刑的案件并不少见，但其在定罪量刑中遇到的保护法益不明确、共同犯罪认定困难、同一物种在不同名录保护等级不同、部分情形量刑畸重等问题，仍然值得引起重视。本章针对上述问题，特选取具有代表性的案例进行分析研判，希望对野生动物保护的执法、司法形成有益参考与借鉴。

关联规定

<table>
<tr><th>法律名称</th><th>具体条款</th><th>内容摘要</th></tr>
<tr><td>野生动物保护法</td><td>第二十一条</td><td>国家重点保护野生动物特许猎捕制度</td></tr>
<tr><td colspan="3">禁止猎捕、杀害国家重点保护野生动物。
因科学研究、种群调控、疫源疫病监测或者其他特殊情况，需要猎捕国家一级保护野生动物的，应当向国务院野生动物保护主管部门申请特许猎捕证；需要猎捕国家二级保护野生动物的，应当向省、自治区、直辖市人民政府野生动物保护主管部门申请特许猎捕证。</td></tr>
<tr><td>野生动物保护法</td><td>第四十五条</td><td>非法猎捕国家重点保护野生动物的法律责任</td></tr>
<tr><td colspan="3">违反本法第二十条、第二十一条、第二十三条第一款、第二十四条第一款规定，在相关自然保护区域、禁猎（渔）区、禁猎（渔）期猎捕国家重点保护野生动物，未取得特许猎捕证、未按照特许猎捕证规定猎捕、杀害国家重点保护野生动物，或者使用禁用的工具、方法猎捕国家重点保护野生动物的，由县级以上人民政府野生动物保护主管部门、海洋执法部门或者有关保护区域管理机构按照职责分工没收猎获物、猎捕工具和违法所得，吊销特许猎捕证，并处猎获物价值二倍以上十倍以下的罚款；没有猎获物的，并处一万元以上五万元以下的罚款；构成犯罪的，依法追究刑事责任。</td></tr>
</table>

续表

<table>
<tr><th>法律名称</th><th>具体条款</th><th>内容摘要</th></tr>
<tr><td>刑法</td><td>第三百四十一条第一款</td><td>非法猎捕、杀害珍贵、濒危野生动物罪的刑事责任</td></tr>
<tr><td colspan="3">非法猎捕、杀害国家重点保护的珍贵、濒危野生动物的，或者非法收购、运输、出售国家重点保护的珍贵、濒危野生动物及其制品的，处五年以下有期徒刑或者拘役，并处罚金；情节严重的，处五年以上十年以下有期徒刑，并处罚金；情节特别严重的，处十年以上有期徒刑，并处罚金或者没收财产。</td></tr>
<tr><td>最高人民法院关于审理破坏野生动物资源刑事案件具体应用法律若干问题的解释</td><td>第一条</td><td>珍贵、濒危野生动物的范围</td></tr>
<tr><td colspan="3">刑法第三百四十一条第一款规定的“珍贵、濒危野生动物”，包括列入国家重点保护野生动物名录的国家一、二级保护野生动物、列入《濒危野生动植物种国际贸易公约》附录一、附录二的野生动物以及驯养繁殖的上述物种。</td></tr>
<tr><td>最高人民法院关于审理破坏野生动物资源刑事案件具体应用法律若干问题的解释</td><td>第三条第一款</td><td>非法猎捕、杀害珍贵、濒危野生动物罪情节严重的标准</td></tr>
<tr><td colspan="3">非法猎捕、杀害、收购、运输、出售珍贵、濒危野生动物具有下列情形之一的，属于“情节严重”：
（一）达到本解释附表所列相应数量标准的；
（二）非法猎捕、杀害、收购、运输、出售不同种类的珍贵、濒危野生动物，其中两种以上分别达到附表所列“情节严重”数量标准一半以上的。</td></tr>
<tr><td>最高人民法院关于审理破坏野生动物资源刑事案件具体应用法律若干问题的解释</td><td>第三条第二款</td><td>非法猎捕、杀害珍贵、濒危野生动物罪情节特别严重的标准（一）</td></tr>
<tr><td colspan="3">非法猎捕、杀害、收购、运输、出售珍贵、濒危野生动物具有下列情形之一的，属于“情节特别严重”：
（一）达到本解释附表所列相应数量标准的；
（二）非法猎捕、杀害、收购、运输、出售不同种类的珍贵、濒危野生动物，其中两种以上分别达到附表所列“情节特别严重”数量标准一半以上的。</td></tr>
</table>

续表

<table>
<tr><th>法律名称</th><th>具体条款</th><th>内容摘要</th></tr>
<tr><td>最高人民法院关于审理破坏野生动物资源刑事案件具体应用法律若干问题的解释</td><td>第四条</td><td>非法猎捕、杀害珍贵、濒危野生动物罪情节特别严重的标准（二）</td></tr>
<tr><td colspan="3">……非法猎捕、杀害、收购、运输、出售珍贵、濒危野生动物符合本解释第三条第一款的规定，并具有下列情形之一的，可以认定为“情节特别严重”：
（一）犯罪集团的首要分子；
（二）严重影响对野生动物的科研、养殖等工作顺利进行的；
（三）以武装掩护方法实施犯罪的；
（四）使用特种车、军用车等交通工具实施犯罪的；
（五）造成其他重大损失的。</td></tr>
<tr><td>最高人民法院关于审理发生在我国管辖海域相关案件若干问题的规定（二）</td><td>第五条</td><td>非法采捕珍贵、濒危水生野生动物罪情节严重的标准</td></tr>
<tr><td colspan="3">非法采捕珊瑚、砗磲或者其他珍贵、濒危水生野生动物，具有下列情形之一的，应当认定为刑法第三百四十一条第一款规定的“情节严重”：
（一）价值在五十万元以上的；
（二）非法获利二十万元以上的；
（三）造成海域生态环境严重破坏的；
（四）造成严重国际影响的；
（五）其他情节严重的情形。
实施前款规定的行为，具有下列情形之一的，应当认定为刑法第三百四十一条第一款规定的“情节特别严重”：
（一）价值或者非法获利达到本条第一款规定标准五倍以上的；
（二）价值或者非法获利达到本条第一款规定的标准，造成海域生态环境严重破坏的；
（三）造成海域生态环境特别严重破坏的；
（四）造成特别严重国际影响的；
（五）其他情节特别严重的情形。</td></tr>
</table>

典型案例

案例 1：嘎某达、平某加非法猎捕、杀害雪豹案①

（一）基本案情

2015 年 11 月中旬，嘎某达、平某加为本村部分村民共有的羊群在噶尔县门士乡门士村“阿东”一带放牧并居住于放牧地的临时住处。其间，由于多次发生羊只失踪、被咬事件，嘎某达于同月下旬一天向平某加提议放置猎捕动物用的铁夹防止野生动物侵害羊群，二人即分别在上述临时住处附近的不同位置各放置了一个铁夹。次日上午，嘎某达去察看其放置的铁夹发现已不见，即叫平某加一起寻找，在距临时住处数百米处，二人发现被铁夹夹住的一只类似猫的动物，其很凶猛无法靠近，嘎某达为取回借用他人的铁夹，提议用石块击打该动物，二人即用现场的石块连续投掷击打将该动物杀死，将动物尸体抬至临时住处，嘎某达将该动物剥皮、清理，于同月底放牧结束后将动物皮和骨架带回其家。后公安机关根据举报将二人先后抓获。经鉴定，被捕杀动物系国家一级保护动物雪豹，每只价值人民币 12.5 万元。

（二）裁判结果

一审判决：1. 被告人嘎某达犯非法猎捕、杀害珍贵、濒危野生动物罪，判处有期徒刑五年，并处罚金 1 万元；2. 被告人平某加犯非法猎捕、杀害珍贵、濒危野生动物罪，判处有期徒刑四年，并处罚金 1 万元；3. 公安机关扣押的被告人犯罪所得雪豹皮、骨架依法予以没收；4. 被告人嘎某达向附带民事诉讼原告人噶尔县人民检察院赔偿经济损失 7.5 万元，被告人平某加向附带民事诉讼原告人噶尔县人民检察院赔偿经济损失 5 万元，二被告人承担连

① 阿里地区中级人民法院，（2019）藏 25 刑终 2 号，http：//wenshu. court. gov. cn/content/content?DocID = b951efd4 - 914c - 4337 - 9d29 - a7d000b0bb4b&KeyWord = % EF% BC% 882017% EF% BC% 89% E8%97%8F25% E5%88%91% E7% BB%884% E5%8F% B7，2020 年 3 月 20 日访问。

带责任。

二审判决：1. 驳回上诉人（原审被告人）嘎某达上诉，维持噶尔县人民法院（2016）藏2523刑初字5号刑事附带民事判决的第1项、第3项，即被告人嘎某达犯非法猎捕、杀害珍贵、濒危野生动物罪，判处有期徒刑五年，并处罚金一万元；公安机关扣押的被告人犯罪所得雪豹皮、骨架依法予以没收。2. 撤销噶尔县人民法院（2016）藏2523刑初字5号刑事附带民事判决的第2项，即被告人平某加犯非法猎捕、杀害珍贵、濒危野生动物罪，判处有期徒刑四年，并处罚金1万元。3. 上诉人（原审被告人）平某加犯非法猎捕、杀害珍贵、濒危野生动物罪，判处有期徒刑三年，并处罚金人民币1万元。

（三）案件争点

在本案审理过程中，对于被告人的责任形式问题存在较大争议：二被告人提出，由于其为了保护村民的羊群而放置铁夹，不知道猎捕的动物是雪豹，因此主观上并没有杀死雪豹的直接故意；而法院则认为，虽然二人放置铁夹系为防止野生动物侵害羊群而并非专门从事猎捕活动，案发时对捕获动物的种类、名称等并无明确认知，但二人作为生活在包括雪豹在内的国家保护野生动物的自然分布区域并经常从事野外放牧活动的具有完全责任能力的成年人，应当明知放置铁夹可能捕获包括雪豹在内的国家保护野生动物，且在捕获被害雪豹后主观上明知该动物并非猫等驯养动物，亦即可能是国家保护的珍贵、濒危野生动物，仍使用足以致动物死亡的物品和方式侵害该动物，致该动物死亡，其行为均具有杀死被捕获动物的直接故意。

故意是一种基本的责任形式，意味着对符合构成要件的客观事实的认识、容忍①，即行为人明知自己的行为会发生危害社会的结果，并且希望或者放任这种结果发生。由于猎捕、杀害珍贵、濒危野生动物罪所保护的是国家野生

---

① 张明楷：《刑法学》（第五版），法律出版社2017年版，第254页。

动物资源与生态环境法益，因此本罪的行为对象是珍贵、濒危的野生动物，在本案中具体表现为雪豹个体。事实上，被告人只要对猎捕、杀害的对象为珍贵、濒危野生动物这一客观事实存在认识，就意味着其对行为违法性的实质存在认识，能够认识到其行为是危害社会的，即存在对符合构成要件的客观事实的容忍，不需要对珍贵、濒危野生动物的种属有清晰明确的知识。本案二审法院在对二被告人的生活区域、从事劳动的种类等因素进行综合判断的基础上，得出行为人对被捕获的动物是罕见的珍贵、濒危野生动物存在明确认识的结论，行为人对其行为的危害社会结果具有明确认识，因此认定被告人的责任形式为直接故意。需要说明的是，在此类非专门从事猎捕活动的案件中，即使对象不是雪豹这种关键性特征明显、易于识别的珍贵、濒危野生动物，如果行为人并未产生对法益侵害的反对动机，对法益侵害结果存在放任心态的情况下，至少可以将行为人的责任形式确定为间接故意。

本案中，同样引人注意的是，两审法院均认为被告人嘎某达、平某加猎杀国家一级保护动物雪豹，属于情节特别严重，法定刑均为十年以上有期徒刑，但却都考虑本案的特殊性，认为按法定刑量刑畸重，故应当在法定刑以下量刑。其中二审法院进一步认为，二人系在为村民放牧期间羊只被野生动物侵害且使用一定方法防治无效的情况下放置铁夹，放置铁夹并非针对某种特定的珍贵、濒危野生动物，捕获到野生动物后二人称其并不认识该动物系雪豹，且本想取回铁夹放走该动物，因该动物凶猛无法靠近而将其杀死，二上诉人实施犯罪的主观恶性较小，根据罪责刑相适应原则，以法定刑对二上诉人科刑确属量刑畸重。

在法定刑之下进行量刑，应当有充分的理论依据作支撑：刑罚的目的是指国家通过刑法的制定，刑罚的执行所预期实现的目的与效果。刑罚的目的关系到刑罚的认定与执行，因而是量刑中所必须考量的因素。通常认为特殊预防与一般预防都是刑罚所要达到的目的，也是刑罚的正当化依据所在。显而易见的是，本案行为人放置铁夹的行为是为了防止村民的羊群受到侵害，而杀害雪豹则是出于取回铁夹的需要，其行为特殊预防必要性小，在其充分认知到雪豹确系国家保护野生动物后，再犯可能性低；从积极的一般预防角度而言，其行为并未动摇国民对法规范的信赖及法秩序的忠诚，对法的安定性的损害较小，预防必要性同样较小。因此，在进行刑罚裁量时，考虑到行为人具有以上减少预防刑的情节，在法定刑之下进行量刑是合理的。

（四）案件评论

本案被告嘎某达、平某加杀害国家一级保护动物雪豹一只，根据《刑法》第三百四十一条第一款及《最高人民法院关于审理破坏野生动物资源刑事案件具体应用法律若干问题的解释》第三条第二款第一项之规定，其犯罪行为均属“情节特别严重”。但本案是典型的村民因放牧活动需要而猎捕、杀害珍贵、濒危野生动物的案件，村民放牧的活动区与雪豹的自然分布区域重叠而不可避免地产生了人兽冲突，村民为解决该冲突选择了错误的方式，行为人的主观恶性及社会危害性均较小，集中体现了对生态环境法益的保护与刑罚预防目的之间的微妙冲突。西藏自治区高级人民法院的核准裁定，明确表示要以考虑共犯间量刑均衡以及类似案件审判的裁判尺度把握及审判导向、社会影响等综合因素进行裁判。最终二审法院对于行为人的责任形式、量刑等问题说理清晰、充分，对罪刑认定准确，考虑到行为人的主观恶性与社会危害性，在法定刑之下进行量刑，既提升了牧民群体的野生动物保护的法律意识；又实现了罪责刑的统一，发挥了法官的自由裁量权的积极作用，因而具有典型意义。此外，本案还明确了非法猎捕、杀害珍贵、濒危野生动物罪的责任形式即故意的认定标准。结合本罪的保护法益，行为人只要对猎捕、杀害的对象为珍贵、濒危野生动物这一客观事实存在认识，则其对行为违法性存在实质性认识，就可以认定其存在主观故意，不需要对珍贵、濒危野生动物的种属有清晰明确的认知，这对司法实践具有相当的指导意义。

案例2：胡某波、王某卓非法猎捕、杀害珍贵、濒危野生动物案[①]

（一）基本案情

2017年2月15日中午，王某卓、胡某波相约出去打鸟。随后，王某卓携带一把黑色高压气枪驾车搭载胡某波从重庆市万州区五桥出发往太龙镇方向行驶。当行至万州区太龙镇大田社区9组小地名“徐家沟”时，王某卓用气枪打伤一只猫头鹰，胡某波下车捡回放置在车辆后备厢纸箱中，欲带回去饲养和玩耍。当天下午，王某卓还用气枪打死四只斑鸠。16时许，两人在万州区三坪村返程途中被民警抓获。当日，公安民警将打伤的猫头鹰委托万州区西山动物园饲养、救治。经鉴定，被告人打伤的动物为斑头鸺鹠，属于国家二级重点保护野生动物。另查明，二人捕猎斑头鸺鹠由王某卓提出，犯罪工具也系王某卓提供，胡某波同意后共同实施。公安机关将打伤的猫头鹰送往万州区西山动物园中，王某卓主动联系动物医生后，被告人胡某波开车接往救助。庭审过程中，二名被告人委托第三方公司重庆市林森耐水中山杉研发有限公司在万州区大周镇铺垭村长江消落带补植中山杉进行生态异地修复，并承诺从事不低于二十小时的护林义务劳动。另被告人王某卓主动向法院缴纳罚金人民币3000元，被告人胡某波主动向法院缴纳罚金人民币2000元。

（二）裁判结果

被告人王某卓实施犯罪行为后，主动联系医生对动物进行救治，防止犯罪后果扩大，悔罪积极；二被告人自愿参加生态修复义务劳动，自愿缴纳生态修复费用，积极缴纳罚金，认罪态度好；根据二被告人的犯罪情节和悔罪表现，对二被告人适用缓刑，没有再犯罪的危险，对所居住社区亦无重大不良影响，可以对二被告人宣告缓刑。

---

① 重庆市万州区人民法院，（2017）渝0101刑初502号，http：//wenshu. court. gov. cn/content/content? DocID = 0ba39f70 - 04b6 - 408c - bc09 - a841011e3db2&KeyWord = % EF% BC% 882017% EF% BC% 89% E6% B8% 9D0101% E5% 88% 91% E5% 88% 9D502% E5% 8F% B7，2020年3月20日访问。

被告人王某卓犯非法猎捕珍贵、濒危野生动物罪，判处有期徒刑十个月，缓刑一年，并处罚金人民币3000元，限本判决生效后五日内缴纳。被告人胡某波犯非法猎捕珍贵、濒危野生动物罪，判处有期徒刑七个月，缓刑一年，并处罚金人民币2000元，限本判决生效后五日内缴纳。本案作案工具高压气枪一支予以没收。

（三）案件争点

本案判决书中指出“珍贵、濒危野生动物具有不可替代性和难以恢复性，我国对珍贵、濒危的野生动物实行重点保护，禁止任何单位和个人非法猎捕”，这体现了对生态环境法益、生物多样性法益的认可。二被告人违反国家针对野生动物资源保护的管理法规，明知自己的行为会造成生物多样性法益的侵害后果，仍使用高压气枪非法猎捕国家二级重点保护野生动物斑头鸺鹠，构成非法猎捕珍贵、濒危野生动物罪。二人对猎捕国家珍贵、濒危野生动物的危害结果均具有物理的和心理的因果性，共同造成了损害结果。其中，王某卓实施了使用高压气枪的猎捕行为，支配了犯罪的实施过程，通过自己的行为支配整个犯罪事实，造成了危害结果，从而构成主犯；而胡某波仅受邀在犯罪过程中起到辅助作用，是从犯，两人的行为应当认定为共同犯罪。

此外，本案中二被告人主动积极地参与了受伤珍贵、濒危野生动物的救助，自愿参加生态修复义务劳动，自愿缴纳生态修复费用，积极缴纳罚金的行为表现，是司法机构逐步将生态环境修复作为环境公共利益损害的主导性救济方式在环境刑事案件中的体现。生态环境修复的概念包括生态恢复、重建和改建，其内涵可以理解为：通过外界力量使受损的生态系统得到恢复、重建或改建（不一定完全与原来的相同），即在人为的干预下，利用生态系统的自组织和自调节能力来恢复、重建或改建受损生态系统，目的是恢复生态系统的服务功能。[1] 生态环境修复责任的目的，是对受污染的水体、土壤、空

① 盛连喜主编：《环境生态学导论》，高等教育出版社2009年版。

气等环境要素和被破坏的植被、自然资源以及缺失的生物多样性进行有效修复，保证生态系统恢复到损害之前的状态或者使生态系统保持平衡的状态。针对环境刑事案件的特点，在环境刑事案件中进行生态环境修复，是恢复性司法理念在刑事案件中的集中体现。在环境刑事案件中，本就应当树立修复理念，体现环境资源的生态功能价值，实现对野生动物资源的真正保护。

本案中二名被告人委托第三方公司重庆市林森耐水中山杉研发有限公司在万州区大周镇铺垭村长江消落带补植中山杉进行生态异地修复，也是针对野生动物案件的特殊性所做的生态环境的替代性修复。所谓替代性修复，是指在生态环境案件中，被破坏的生态环境如果无法通过恢复原状的方式进行修复，允许采取替代性措施从而减轻其所造成的损害，修复总体环境容量和质量，以达到区域生态环境的总体动态平衡。[①] 生态环境修复责任允许采用替代性修复等比较灵活的方式，这意味着能够使生态环境达到恢复生态服务功能的目的即可，而不是机械地要求“恢复原样”。我国刑法规定量刑时需要考虑的因素有犯罪事实、犯罪性质、犯罪情节以及犯罪的社会危害性。其中犯罪情节是指犯罪人在犯罪过程中实施的反映其人身危险性和社会危害性的客观事实，包括定罪情节与量刑情节。本案中法院将被告修复生态环境的行为作为量刑情节，在犯罪人所犯罪行的基础上根据其对生态环境修复的投入以及取得的效果，结合其他量刑情节对二被告人适用缓刑。

（四）案件评论

我国《刑法》第二条与第十三条明确将法益保护作为刑法的目的与任务，因此明确保护法益对刑事司法活动具有重要作用，对构成要件的解释必须以保护法益为指导。只有确定了具体犯罪的具体的、含有实际内容的法益，才能充分发挥刑法的机能。[②] 与之相对应的是，目前有部分观点仍然将传统刑法

---

① 朱晓勤：《生态环境修复责任制度探析》，载《吉林大学社会科学学报》2017 年第 5 期。

② 张明楷：《刑法学》（第五版），法律出版社 2017 年版，第 66 页。

中对于人身法益、财产法益的聚焦移植到野生动物资源类的犯罪中，仅仅将珍贵、濒危野生动物作为人类能够加以利用的“物”来看待，无视野生动物资源对生态环境保护、生态文明制度建设的重要作用，认为此类犯罪的保护法益仍然是传统的人身、财产法益，这样的观点显然是值得商榷的。当前生态文明建设要求我们高度认识传统刑法所保护的森林资源、草原资源、动植物资源等所谓自然资源的生态价值，刑法对上述生态要素的生态价值的保护的基本途径就是承认上述生态价值的法律形态即生态法益应成为刑法的保护客体，侵害生态法益的行为应纳入刑法评价。[①] 因此，将此类案件的保护法益确定为生态环境法益、野生动物法益，对于案件司法审判及我国生态文明法治保护机制的完善均具有十分重要的作用。

本案还是恢复性司法理念在环境刑事案件得以体现的典型案例。最高人民法院明确要求，树立以修复为主的现代环境资源司法理念，将生态环境修复作为环境司法审判的根本价值取向。[②] 因此，不仅仅是环境民事侵权案件、环境公益诉讼案件中需要体现修复为主的现代环境资源司法理念，环境刑事案件中同样如此。修复生态环境是恢复环境法益的行为，通常作为轻刑或出罪的量刑情节予以适用。因此为发挥修复生态环境在恢复被污染环境方面的功能，加强刑法在保护生态环境中的重要作用，促进生态文明建设，应当在量刑过程中积极考虑被告主动修复生态环境的事实情节，提高其在污染环境罪或者破坏生态犯罪中的法律地位和适用率。考虑到该案的实际情况，选择替代性方案，采取异地修复的方式更为恰当，更能传达修复性司法的本意，也更能体现生态环境修复的社会意义。总而言之，本案对于生态环境法益、野生动物法益的积极认可，以及对恢复性司法理念的集中体现，符合我国生态文明建设的具体要求。

---

① 焦艳鹏：《生态文明视野下生态法益的刑事保护》，载《法学评论》2013 年第 3 期。

② 贾清林：《生态文明建设整体性对环境司法审判的新要求》，载最高人民法院应用法学研究所主办之 2014 年“环境司法审判的区域性与生态文明建设的整体性”环境司法论坛论文集，第 6 页。

案例3：旦某、益某非法猎捕、杀害珍贵、濒危野生动物案[1]

（一）基本案情

2015年11月中旬，旦某和益某在为本组村民共有的羊群放牧期间，旦某提意放置铁夹猎杀岩羊，益某同意，并将自家的铁夹交给旦某，旦某将益某和自家的铁夹一起设置于噶尔县门士乡门士村“曲地”一带，并向益某演示了铁夹的使用方法。岩羊被捕获后，旦某以扭断脖子的方式将其杀害并向益某演示了杀害方法。后旦某单独放羊，该二铁夹此后捕获的岩羊均被益某杀害。以此方法二人共计猎杀五只岩羊，除在放牧点临时住处共同食用部分岩羊肉外，其余岩羊肉及皮张由二人均分。案发后公安机关从二上诉人处提取岩羊皮五张及铁夹两个。经鉴定，该五张动物皮属国家二级保护动物岩羊，为五只岩羊个体，折算经济价值每只为5000元。

另查明，旦某归案后主动揭发他人猎捕、杀害国家珍贵、濒危野生动物猞猁、雪豹犯罪行为，经公安机关查证属实。

（二）裁判结果

一审判决：被告人益某犯非法猎捕、杀害珍贵、濒危野生动物罪，判处有期徒刑五年，并处罚金人民币5000元；被告人旦某犯非法猎捕、杀害珍贵、濒危野生动物罪，判处有期徒刑三年，并处罚金人民币5000元；随案移送的二被告人犯罪所用工具铁夹二个及公安机关扣押的二被告人犯罪所得岩羊皮五张，依法予以没收；二被告人分别向噶尔县人民检察院赔偿因其犯罪行为给国家造成的经济损失人民币12500元，二被告人承担连带责任。

二审判决：一、维持噶尔县人民法院（2016）藏2523刑初4号刑事附带民事判决的第三项，即随案移送的二被告人犯罪所用工具铁夹二个及公安机

① 阿里地区中级人民法院，（2016）藏25刑终4号，http：//wenshu. court. gov. cn/content/content? DocID = b655c8d5 - f409 - 4cb3 - 9c02 - 1b6d091 b3b33&KeyWord = % E6% 97% A6% E5% B7% B4% E3% 80% 81% E7% 9B% 8A% E8% A5% BF，2020年3月20日访问。

关扣押的二被告人犯罪所得岩羊皮五张，依法予以没收。二、撤销噶尔县人民法院（2016）藏2523刑初4号刑事附带民事判决的第一项、第二项，即被告人益某犯非法猎捕、杀害珍贵、濒危野生动物罪，判处有期徒刑五年，并处罚金人民币5000元；被告人旦某犯非法猎捕、杀害珍贵、濒危野生动物罪，判处有期徒刑三年，并处罚金人民币5000元。三、上诉人旦某犯非法猎捕、杀害珍贵、濒危野生动物罪，判处有期徒刑三年，缓刑五年，并处罚金人民币5000元。四、上诉人益某犯非法猎捕、杀害珍贵、濒危野生动物罪，判处有期徒刑三年，缓刑五年，并处罚金人民币5000元。

（三）案件争点

本案在审理过程中存在如下争议：

其一是二人是否构成共同犯罪的问题。一审法院认为，二人行为属于共同犯罪；而旦某的辩护人辩护称，旦某与益某分别独立实施猎杀岩羊的行为，不属于共同犯罪；二审法院最终认为，二人对猎杀岩羊犯罪既有共同的故意，又实施了共同的行为，虽然二人基于放牧原因，分别实施了部分猎杀行为，但不影响共同犯罪成立。根据我国《刑法》第二十五条的规定，共同犯罪是指二人以上共同故意犯罪。从不法的层面讲，共同犯罪的立法与理论所解决的问题是，将不法事实归属于哪些参与人的行为。就具体案件而言，司法机关认定二人以上的行为是否成立共同犯罪，是为了解决二人以上行为的结果归属（客观归责）问题。[①] 对本案而言，共有证据可表明的五只岩羊受到杀害。其中，旦某提意放置铁夹猎杀岩羊，益某同意后将自家的铁夹交给旦某，旦某将益某和自家的铁夹一起设置好后向益某演示了铁夹的使用方法，岩羊被捕获后，旦某以扭断脖子的方式将其杀害并向益某演示了杀害方法，至此为止造成了本案的第一只岩羊的死亡结果。后旦某单独放羊，该铁夹此后捕获的岩羊均被益某杀害，导致其他四只岩羊的死亡结果。单纯从杀死岩羊的

① 张明楷：《刑法学》（第五版），法律出版社2017年版，第381页。

具体行为上看，针对第一只岩羊的杀害行为是由旦某实施，针对剩余岩羊的杀害行为是由益某实施，但是若将结果仅归属于某一人显然是不正确的，因为二人对五只岩羊的死亡结果均具有物理的和心理的因果性，二人共同造成了损害结果。显然，只有将旦某和益某的行为认定为共同犯罪，才能将全部的损害结果共同归因于二人的行为。

其二是二人在共同犯罪中的地位认定问题。一审法院认为，二人的行为属于共同犯罪，但是二人地位和作用相当，均为主犯；益某的辩护人辩护称，本案是共同犯罪，且犯意由旦某提出，犯罪手段和方法由旦某传授给益某，益某是从犯，应当从轻、减轻或免除处罚；西藏自治区人民检察院阿里分院出庭意见认为二原审被告人成立共同犯罪，但作用相当，均为主犯；二审法院则最终认为，在共同犯罪中，旦某是犯意提起者，旦某向益某演示犯罪工具铁夹的使用方法及杀死所捕获岩羊的方法，旦某在共同犯罪中的作用明显大于上诉人益某，是主犯；益某起次要作用，是从犯。其实，正犯是指支配犯罪实施过程的人，自己实施犯罪行为的人，可以通过对自己行为的支配而支配整个犯罪事实，一般表现为以自己的身体动静直接实现刑法分则所规定的构成要件。从更为实质的角度讲，只要行为人对构成要件的实现起到了实质上的关键作用，就应当认为存在对犯罪事实的支配，因而属于正犯。本案中，虽然犯意由旦某提出，但益某实施了后续四只岩羊的杀害行为，可谓通过自己的身体动静支配了杀害珍贵、濒危野生动物的犯罪事实，难言其不构成正犯。事实上，二人相互利用、补充对方的行为，使二者的行为成为一个整体从而导致结果的发生，因此二者均应当对全部结果承担责任。

（四）案件评论

本案是典型的牧民在放牧过程中猎捕、杀害珍贵、濒危野生动物的案件。在放牧过程中，由于放牧行为的特点，基于共同的行为意思，却分别实施杀害行为的情况比较普遍。我国传统刑法理论对于共同犯罪采用的是犯罪共同说。在该种学说看来，共同犯罪是指数人共同实行特定的犯罪，共同犯罪关系的成立以不同共犯人是否实施相同的客观的犯罪事实为基础，以及是否成立同一罪名。而行为共同说认为，共同犯罪中的“共同”是行为的共同，不同行为人只要实施了相同的行为即可成立共同犯罪，即“共同犯罪的行为不能与法律规定的构成要件混为一谈，二人以上的行为人是否构成共同犯罪，应以自然行为本身是否共同而论”。总的来说，只要牧民间存在共同的猎捕、杀害珍贵、濒危野生动物的意思，并且相互利用、补充对方的行为，进而使整体行为实现构成要件的，就应当认定为共同正犯。因此，本案有利于厘清猎捕、杀害珍贵、濒危野生动物犯罪中的共同犯罪认定问题，采取以不法行为为重心的共同犯罪认定方式，简化了共同犯罪的认定，有助于司法实践，并增强对环境生态法益的保护。

案例 4：韩某义、王某山非法猎捕、杀害珍贵、濒危野生动物案①

（一）基本案情

2005 年 3 月，被告人韩某义与孔某海（已判刑）经预谋，商定由二人各自招人、各自出资、各为一组，准备进入可可西里猎杀藏羚羊。同年 7 月 16 日被告人韩某义、王某山与邢某德（已判刑）为一组，乘坐车牌号为 ××× 的白色吉普车，携带一把小口径半自动步枪、子弹、匕首等作案工具，被告人金某个与孔某海、马某龙（均已判刑）为一组，乘坐一辆无牌照的白色吉普车，携带一把小口径步枪、子弹、匕首等作案工具，两组共六人潜入可可西里国家自然保护区内猎杀了国家一级保护野生动物藏羚羊 26 只。同年 7 月 31 日在返程途中，被告人韩某义、王某山与邢某德所驾驶的吉普车因故障无法行驶，就将该车抛弃在可可西里，三人则乘坐孔某海所开的车返回。车行

① 青海省高级人民法院，（2017）青刑终 26 号，http：//wenshu. court. gov. cn/content/content? DocID = 123df655 – 8827 – 46c5 – 8073 – a85200 d58174，2020 年 3 月 20 日访问。

驶到沱沱河后，被告人韩某义、王某山及邢某德下了车，将猎杀的藏羚羊皮子和枪支存放在被告人韩某义所认识的一家汽车修理铺内，拦乘一辆半挂车回到格尔木市。被告人金某个与孔某海、马某龙继续驾车行驶到沱沱河至格尔木市途中时，被告人金某个下车拦乘了一辆车牌号为×××的卡车，并携带猎杀的藏羚羊皮以及枪支、子弹返回格尔木市，当孔某海与马某龙驾车前往格尔木市途中时被公安机关抓获。

（二）裁判结果

一审判决：被告人韩某义犯非法猎捕、杀害珍贵、濒危野生动物罪，判处有期徒刑十年，并处罚金5000元；被告人王某山犯非法猎捕、杀害珍贵、濒危野生动物罪，判处有期徒刑八年，并处罚金3000元；被告人金某个犯非法猎捕、杀害珍贵、濒危野生动物罪，判处有期徒刑五年，并处罚金3000元。

二审判决：维持玉树藏族自治州中级人民法院（2016）青27刑初4号刑事判决对被告人韩某义、金某个的定罪量刑及对被告人王某山的定罪和量刑的附加刑部分；撤销玉树藏族自治州中级人民法院（2016）青27刑初4号刑事判决对被告人王某山量刑的主刑部分；上诉人王某山犯非法猎捕、杀害国家重点保护的珍贵、濒危野生动物罪，判处有期徒刑七年，并处罚金3000元。

（三）案件争点

本案是典型的共同犯罪案件。韩某义与孔某海经预谋后，积极招募同案犯，准备作案工具，相互分工、相互配合，实施非法猎捕、杀害珍贵、濒危野生动物的行为。因共同犯罪是不法形态，在处理共同犯罪案件时，应当首先从不法的层面判断是否成立共同犯罪。本案中行为人实施了猎捕、杀害珍贵、濒危野生动物的不法行为，符合构成要件且违法，每个人都需要对与其行为有物理因果性或心理因果性的损害结果负责。但是，以不法为重心，并不意味着最终意义上的共同犯罪不需要责任，而是不能将责任要素作为判断共同犯罪成立与否的条件，更不能先判断责任后判断不法。因为不法的本质是法益侵害及其威胁，具体表现为对法益造成侵害结果或危险结果，而实质上支配这种结果发生的人正是正犯，正犯也是共同犯罪认定问题关键，应当在正犯的行为符合构成要件且违法的前提下，判断帮助犯、教唆犯。

对主犯或正犯的认定需要根据其是否对构成要件的实现起到了关键或重要作用来认定，一般表现为实施了导致犯罪结果发生的重要行为。本案中韩某义与孔某海不但积极招募同案犯，策划犯罪行为，符合《最高人民法院关于审理破坏野生动物资源刑事案件具体应用法律若干问题的解释》中关于犯罪集团首要分子的条件；他们同时还实施了杀害藏羚羊的实行行为，毫无疑问对生态法益、生物多样性法益的侵害结果发挥了实质性的关键作用，因而是本案正犯。对共犯的处罚根据则在于其通过正犯间接地侵犯了法益，因而其行为与正犯的行为结果间须具有因果关系。本案中王某山等人的行为帮助、促进了法益侵害结果的发生，因而与侵害结果间存在因果性，在本案中成立帮助犯。

立功是指犯罪人犯罪后揭发他人犯罪行为，经查证情况属实，或者提供重要线索，从而得以侦破其他案件，以及其他有利于预防、查获、制裁犯罪的行为。刑法之所以设立立功制度，一般认为其实质根据有两点：一是从法律上说，行为人在犯罪后揭发他人犯罪行为，或者提供重要线索，从而得以侦破其他案件，表明行为人对犯罪行为的痛恨，因而其再犯可能性会有所减小。二是从政策上说，揭发他人犯罪行为，或者提供重要线索，有利于司法机关发现、侦破其他犯罪案件，从而实现刑法的确证。本案中，王某山于二审期间检举揭发马某某犯罪，从而帮助侦破一起情节属特别严重的猎捕、杀害珍贵、濒危野生动物案件，表明了其对犯罪行为的痛恨，也实现了刑法的功能。

（四）案件评论

本案被告人韩某义、王某山、金某个伙同他人非法猎杀国家一级保护野生动物藏羚羊，犯罪情节特别严重，且整个犯罪过程经过预谋与积极招募，各个共犯间分工明确、相互配合、联系紧密，对生态环境法益的损害极为严重，具有极其恶劣的社会影响。

在本案审理过程中，涉及对有瑕疵鉴定意见的认定辩护人提出的《鉴定结论》存在瑕疵的辩护意见。经查，该鉴定是依据送检的动物躯干残骸和腿骨的刑事照片进行的。对于野生动物鉴定来说，实物鉴定的准确度确实大于刑事照片，但如果刑事照片的概貌照片能够充分体现涉案野生动物数量，刑事照片的细目照片能够充分客观地体现出涉案野生动物的识别关键性特征，那么利用刑事照片并结合被告人供述中关于野生动物形态的描述进行鉴定，可以在保证鉴定质量的同时节约相当的时间和费用成本，提高实际办案的推进效率。因此，法院认定该鉴定过程客观真实，且对鉴定机构以及鉴定人员资质等问题作出了解释，可以作为定案的依据。随着司法规范化推进，法庭证据的科学严谨性越发受到重视，涉珍贵、濒危野生动物案件中，涉案动物数量和案值核定金额是量刑定罪的关键物证，物证鉴定过程中需特别注意其数量和金额的核准方式是否科学准确，鉴定所使用的技术方法流程是否规范，鉴定人和鉴定机构是否具备相应资质。在案件鉴定中，最优为实物鉴定，如若因为涉案野生动物（特别是活的野生动物）的救护紧迫性，长途运输对野生动物的损害性以及案件推进紧迫性等原因，在规范严谨的标准程序下，刑事照片亦可作为次佳选择。当鉴定环节结束后，涉案野生动物的处理也是需要加强注意的，如活物应及时送往野生动物救护中心，并与其他动物分开暂养（如标记鸟环等）；如出现野生动物死亡，或涉案物证为野生动物制品等，应冰冻贮藏避免腐败或物证灭失，以备重新鉴定或补足证据等之用。此外，本案对共犯形态及立功情节的认定等关键问题，亦具有典型意义。

案例5：林某忠非法猎捕、杀害珍贵、濒危野生动物案[①]

（一）基本案情

2014年9月间，被告人林某忠将其个人所有的运输船改装成红珊瑚捕捞船。同年10月14日，被告人林某忠雇用船员，将船号涂改后驾驶该船出海捕捞红珊瑚。同月17日11时53分，在北纬25度02.99分、东经125度56.41分海域被日本宫古岛海上保安署抓扣。同月19日，被告人林某忠家属通过中国银行霞浦支行向日方缴纳406万日元保证金，被告人及船只被释放，返回三沙港。2015年11月17日，该运输船为躲避台风开往福鼎点头镇江美村海域，因涂刷船号被公安机关查扣并发现疑似红珊瑚若干。经宁德市计量所和中国科学院南海海洋研究所分别鉴定，疑似红珊瑚重1.8946克，为珊瑚虫纲柳珊瑚目红珊瑚科红珊瑚。

（二）裁判结果

被告人林某忠犯非法猎捕珍贵、濒危野生动物罪，判处拘役四个月，并处罚金人民币10000元。

扣押在案的红珊瑚1.8946克及扣押在宁德市公安局的涉案船只予以没收。

（三）案件争点

1. 红珊瑚制品的保护等级。本案中珊瑚虫纲柳珊瑚目红珊瑚科红珊瑚系我国国家一级重点保护野生动物，同时也是我国加入的《濒危野生动植物种国际贸易公约》（以下简称《公约》）中附录Ⅲ物种或不监管物种。依据《最高人民法院关于审理破坏野生动物资源刑事案件具体应用法律若干问题的解

---

① 福建省霞浦县人民法院，（2016）闽0921刑初301号，http：//wenshu. court. gov. cn/content/content? DocID =32eff02e -9a0b -48ab -b229 -a85600 b78b3-d&KeyWord =% E6% 9E% 97% E5% A4% 8F% E5% BF% A0，2020年3月20日访问。

释》的规定，《公约》中附录Ⅰ、附录Ⅱ的物种参照我国的一级、二级国家重点保护野生动物标准执行。因此，珊瑚虫纲柳珊瑚目红珊瑚科红珊瑚在保护等级上存在差别，即如果依据我国野生动物保护法应当按国家一级重点保护野生动物执行，则行为人构成非法猎捕珍贵、濒危野生动物罪，而如果依据《公约》则为附录Ⅲ或不监管物种，该行为不构成犯罪。该涉案动物制品的保护级别认定是该案定罪量刑的关键。

本案依据行为人进行非法捕捞行为的海域地点，判定其所捕捞珊瑚虫纲柳珊瑚目红珊瑚科红珊瑚系我国海域所有，认定其为我国国家一级重点保护野生动物。《刑法》第六条第一款规定“凡在中华人民共和国领域内犯罪的，除法律有特别规定的以外，都适用本法”，这是对属地管辖原则的规定。行为人在我国海域进行非法捕捞，应当认定该行为人非法捕捞行为构成非法猎捕珍贵、濒危野生动物罪。

2. 涉案红珊瑚制品的价值评估。根据《农业部关于确定野生动物案件中水生野生动物及其产品价值有关问题的通知》（农渔发〔2002〕22 号）的规定，国家一级保护水生野生动物的价值标准，按照该种动物资源保护费的 8 倍执行，水生野生动物的特殊利用部分和主要部分，其价值标准按照该种动物价值标准的 80% 执行。

（四）案件评论

有关野生动物的相关法律，既有我国制定的法律，也有我国加入的国际法。对于同一种动物，其在不同法律间可能存在保护等级的差别。如画眉在我国和我国境外均有自然分布，其在我国的保护等级属于《国家保护的有益的或者有重要经济、科学研究价值的陆生野生动物名录》（简称“三有”名录），其在《公约》中属于《公约》附录Ⅱ。依据《最高人民法院关于审理破坏野生动物资源刑事案件具体应用法律若干问题的解释》的规定，画眉可参照我国国家二级重点保护动物执行；而根据我国法规，画眉应属于“三有”

动物保护等级，依据《国家林业局、公安部关于森林和陆生野生动物刑事案件管辖及立案标准》和我国《刑法》第三百四十一条第一款和第二款，该同一种动物可参照的两种保护等级对涉案物种数量的依据和量刑标准都存在很大的差异，其依据的保护等级不同会改变一个案件定罪与量刑。①

有学者认为《最高人民法院关于审理破坏野生动物资源刑事案件具体应用法律若干问题的解释》为司法解释，其法律效力高于“三有”名录这部部门规章，面对同一物种在两份名录中保护等级不同的情况，应当依从该解释，但凡属于《濒危野生动植物种国际贸易公约》附录Ⅰ和附录Ⅱ的物种均视为珍贵、濒危野生动物，即便其也属于我国的“三有”名录。同一物种被“三有”名录、《濒危野生动植物种国际贸易公约》附录同时收录的问题，应当依据我国法律法规处理。也即《濒危野生动植物种国际贸易公约》附录新列物种在被核准为保护动物之前，如果已经被我国“三有”名录所列入，应当按照“三有”动物管理。然则，野生动物保护法的立法精神是依据野生动物的生物学现状，实施差别监管，也因此对不同野生动物依据其濒危程度、生态价值等方面综合权衡制定不同的保护等级。我国制定的相应野生动物保护等级更为符合我国野生动物资源现状，如我国将柳珊瑚目红珊瑚科的红珊瑚列为国家一级重点保护动物，是因为该红珊瑚在我国境内分布稀少，已相当珍稀濒危。而在国际上，该红珊瑚不仅分布于中国，也分布于其他国家，从国际整体的视角看，该物种并未如中国般濒危，因此《公约》未将其列入附录Ⅰ或附录Ⅱ。因此，对于非法猎捕珍贵、濒危野生动物类案件，除从法律上核准其保护等级和适用罪名外，在其保护等级出现差别时，应充分考量其生物学现状，从野生动物的根本法益出发，决定其所属保护等级及适用刑罚。

---

① 2000 年 8 月国家林业局发布的《国家保护的有益的或者有重要经济、科学研究价值的陆生野生动物名录》将画眉列为“三有”动物；2021 年 2 月，国家林业和草原局、农业农村部日前联合发布公告，公布新调整的《国家重点保护野生动物名录》，将画眉列为国家二级重点保护动物。

执法指南

针对非法猎捕、杀害珍贵、濒危野生动物罪的适用，重要的是明确传统刑法所保护的森林资源、草原资源、动植物资源等所谓自然资源的生态价值，承认上述生态价值的法律形态即生态法益的保护客体地位。对本罪而言，刑法所保护的是生物多样性法益。对保护法益的认定将会进而影响行为方式、危害结果、责任形式等问题的解释与适用。针对责任形式而论，只要对猎捕、杀害的对象为珍贵、濒危野生动物这一客观事实存在认识，就意味着其对行为违法性的实质，即对生物多样性法益造成危害存在认识，从而影响主观故意的认定。而面对同一物种在两份名录中保护等级不同的情况时，同样需要充分考量其生物学现状，从保护生物多样性法益的根本立场出发，决定其所属保护等级及适用刑罚。我们认为，对于国内保护等级与《濒危野生动植物种国际贸易公约》附录不一致的，需要具体问题具体对待。如果是产于我国的野生动物，按我国的国家重点保护野生动物名录来确定；对于非产于我国的野生动物，且经过了核准程序的，按核准的等级处理；《濒危野生动植物种国际贸易公约》附录中的个别物种，如果没有得到我国核准，则按保护名录中同种或同科比照处理。此外，为了真正实现对生物多样性法益的保护，要树立以修复为主的现代环境资源司法理念，将生态环境修复作为环境司法审判的根本价值取向。但是，对生物多样性法益的保护并不是绝对的。由于野生动物犯罪的特殊性，需要解决不可避免地产生的种种人兽冲突问题，这就需要把握生态环境法益的保护与刑罚预防目的之间的适当平衡。

第四章

非法收购、运输、出售珍贵、濒危野生动物、珍贵、濒危野生动物制品罪

本章导言

我国《野生动物保护法》第二十七条第一款、第二款规定，禁止出售、购买、利用国家重点保护野生动物及其制品。因科学研究、人工繁育、公众展示展演、文物保护或者其他特殊情况，需要出售、购买、利用国家重点保护野生动物及其制品的，应当经省、自治区、直辖市人民政府野生动物保护主管部门批准，并按照规定取得和使用专用标识，保证可追溯，但国务院对批准机关另有规定的除外。第三十三条第一款规定，运输、携带、寄递国家重点保护野生动物及其制品、本法第二十八条第二款规定的野生动物及其制品出县境的，应当持有或者附有野生动物保护主管部门的相关许可证、批准文件的副本或者专用标识，以及检疫证明。第四十八条规定，未经批准、未取得或者未按照规定使用专用标识，或者未持有、未附有人工繁育许可证、批准文件的副本或者专用标识出售、购买、利用、运输、携带、寄递国家重点保护野生动物及其制品，情节严重、触犯刑法的行为，就构成非法收购、运输、出售珍贵、濒危野生动物、珍贵、濒危野生动物制品罪。

根据我国《刑法》第三百四十一条第一款规定，本罪的主观方面是故意，过失（如紧急避险）不构成本罪；行为人可能是为了出卖牟利、自食自用、馈赠亲友或者出于取乐的目的，都可以构成本罪。本罪的主体为一般主体，凡是达到刑事责任年龄具有刑事责任能力的人，均可构成本罪；单位也可成

为本罪主体。本罪的客观方面，表现为未经批准、未取得或者未按照规定使用专用标识，或者未持有、未附有人工繁育许可证、批准文件的副本或者专用标识出售、购买、利用、运输、携带、寄递国家重点保护野生动物及其制品，情节严重、触犯刑法的行为。本罪的客体是国家对于珍贵、濒危野生动物及其制品的保护管理制度。根据最高法裁判文书网资料，云南、广东、福建、广西、江苏等省份是我国非法收购、运输、出售珍贵、濒危野生动物或其制品犯罪的热点地区。

本章致力于挖掘和介绍在本罪执法与司法实践中表现出值得关注的新的犯罪形式、案件热点，常见争议的裁判点或执法细节，并通过案例展现对法条的深入理解。由此，本章通过两种渠道收集案例并进行了初选：首先，利用裁判文书网中的公开信息，选取已发布判决书的刑事案件类型，在案件名称中搜索“出售珍贵、濒危野生动物”，共获取约 2000 个案例，通过快速阅读选择出其中较为有代表性的 10 个案例。其次，在已经审结处理案件中选取有代表性并公开发布的案例，在共计百余个案件中选取了 14 个案例。最后，以研究目的、研究材料的丰富程度为标准，结合涉案物种在国际保护工作中的受重视程度，综合筛选出最终的 5 个案例。

关联规定

法律名称	具体条款	内容摘要
野生动物保护法	第二十七条	野生动物经营管理制度
禁止出售、购买、利用国家重点保护野生动物及其制品。 因科学研究、人工繁育、公众展示展演、文物保护或者其他特殊情况，需要出售、购买、利用国家重点保护野生动物及其制品的，应当经省、自治区、直辖市人民政府野生动物保护主管部门批准，并按照规定取得和使用专用标识，保证可追溯，但国务院对批准机关另有规定的除外。 实行国家重点保护野生动物及其制品专用标识的范围和管理办法，由国务院野生动物保护主管部门规定。 出售、利用非国家重点保护野生动物的，应当提供狩猎、进出口等合法来源证明。 出售本条第二款、第四款规定的野生动物的，还应当依法附有检疫证明。		

续表

<table>
<tr><th>法律名称</th><th>具体条款</th><th>内容摘要</th></tr>
<tr><td>野生动物保护法</td><td>第三十条</td><td>禁止食用野生动物</td></tr>
<tr><td colspan="3">禁止生产、经营使用国家重点保护野生动物及其制品制作的食品，或者使用没有合法来源证明的非国家重点保护野生动物及其制品制作的食品。
禁止为食用非法购买国家重点保护的野生动物及其制品。</td></tr>
<tr><td>全国人民代表大会常务委员会关于全面禁止非法野生动物交易、革除滥食野生动物陋习、切实保障人民群众生命健康安全的决定</td><td>第二条</td><td>禁止食用野生动物</td></tr>
<tr><td colspan="3">全面禁止食用国家保护的“有重要生态、科学、社会价值的陆生野生动物”以及其他陆生野生动物，包括人工繁育、人工饲养的陆生野生动物。
全面禁止以食用为目的猎捕、交易、运输在野外环境自然生长繁殖的陆生野生动物。
对违反前两款规定的行为，参照适用现行法律有关规定处罚。</td></tr>
<tr><td>野生动物保护法</td><td>第三十三条</td><td>运输、携带、寄递国家重点保护野生动物及其制品</td></tr>
<tr><td colspan="3">运输、携带、寄递国家重点保护野生动物及其制品、本法第二十八条第二款规定的野生动物及其制品出县境的，应当持有或者附有本法第二十一条、第二十五条、第二十七条或者第二十八条规定的许可证、批准文件的副本或者专用标识，以及检疫证明。
运输非国家重点保护野生动物出县境的，应当持有狩猎、进出口等合法来源证明，以及检疫证明。</td></tr>
<tr><td>野生动物保护法</td><td>第四十四条</td><td>以收容救护为名非法买卖野生动物及其制品的法律责任</td></tr>
<tr><td colspan="3">违反本法第十五条第三款规定，以收容救护为名买卖野生动物及其制品的，由县级以上人民政府野生动物保护主管部门没收野生动物及其制品、违法所得，并处野生动物及其制品价值二倍以上十倍以下的罚款，将有关违法信息记入社会诚信档案，向社会公布；构成犯罪的，依法追究刑事责任。</td></tr>
<tr><td>野生动物保护法</td><td>第四十八条第一款</td><td>非法买卖野生动物及其制品的法律责任</td></tr>
<tr><td colspan="3">违反本法第二十七条第一款和第二款、第二十八条第一款、第三十三条第一款规定，未经批准、未取得或者未按照规定使用专用标识，或者未持有、未附有人工繁育许可证、批准文件的副本或者专用标识出售、购买、利用、运输、携带、寄递国家重点保护野生动物及其制品或者本法第二十八条第二款规定的野生动物及其制品的，由县级以上人民政府野生动物保护主管部门或者市场监督管理部门按照职责分工没收野生动物及其制品和违法所得，并处野生动物及其制品价值二倍以上十倍以下的罚款；情节严重的，吊销人工繁育许可证、撤销批准文件、收回专用标识；构成犯罪的，依法追究刑事责任。</td></tr>
</table>

续表

法律名称	具体条款	内容摘要
刑法	第三百四十一条第一款	非法收购、运输、出售珍贵、濒危野生动物、珍贵、濒危野生动物制品罪的刑事责任
非法猎捕、杀害国家重点保护的珍贵、濒危野生动物的，或者非法收购、运输、出售国家重点保护的珍贵、濒危野生动物及其制品的，处五年以下有期徒刑或者拘役，并处罚金；情节严重的，处五年以上十年以下有期徒刑，并处罚金；情节特别严重的，处十年以上有期徒刑，并处罚金或者没收财产。		
最高人民法院关于审理破坏野生动物资源刑事案件具体应用法律若干问题的解释	第一条	珍贵、濒危野生动物的范围
刑法第三百四十一条第一款规定的“珍贵、濒危野生动物”，包括列入国家重点保护野生动物名录的国家一、二级保护野生动物、列入《濒危野生动植物种国际贸易公约》附录一、附录二的野生动物以及驯养繁殖的上述物种。		
最高人民法院关于审理破坏野生动物资源刑事案件具体应用法律若干问题的解释	第二条	非法收购、运输、出售行为的解释
刑法第三百四十一条第一款规定的“收购”，包括以营利、自用等为目的的购买行为；“运输”，包括采用携带、邮寄、利用他人、使用交通工具等方法进行运送的行为；“出售”，包括出卖和以营利为目的的加工利用行为。		
最高人民法院关于审理破坏野生动物资源刑事案件具体应用法律若干问题的解释	第三条第一款	非法收购、运输、出售珍贵、濒危野生动物、珍贵、濒危野生动物制品罪的涉案野生动物数量标准
非法猎捕、杀害、收购、运输、出售珍贵、濒危野生动物具有下列情形之一的，属于“情节严重”： （一）达到本解释附表所列相应数量标准的； （二）非法猎捕、杀害、收购、运输、出售不同种类的珍贵、濒危野生动物，其中两种以上分别达到附表所列“情节严重”数量标准一半以上的。		
最高人民法院关于审理破坏野生动物资源刑事案件具体应用法律若干问题的解释	第五条	非法收购、运输、出售珍贵、濒危野生动物制品罪的涉案金额标准
非法收购、运输、出售珍贵、濒危野生动物制品具有下列情形之一的，属于“情节严重”： （一）价值在十万元以上的； （二）非法获利五万元以上的； （三）具有其他严重情节的。		

续表

<table>
<tr><th>法律名称</th><th>具体条款</th><th>内容摘要</th></tr>
<tr><td colspan="3">非法收购、运输、出售珍贵、濒危野生动物制品具有下列情形之一的，属于“情节特别严重”：
（一）价值在二十万元以上的；
（二）非法获利十万元以上的；
（三）具有其他特别严重情节的。</td></tr>
<tr><td>最高人民法院关于审理发生在我国管辖海域相关案件若干问题的规定（二）</td><td>第六条</td><td>非法收购、运输、出售珍贵、濒危水生野生动物及其制品罪的涉案金额标准</td></tr>
<tr><td colspan="3">非法收购、运输、出售珊瑚、砗磲或者其他珍贵、濒危水生野生动物及其制品，具有下列情形之一的，应当认定为刑法第三百四十一条第一款规定的“情节严重”：
（一）价值在五十万元以上的；
（二）非法获利在二十万元以上的；
（三）具有其他严重情节的。
非法收购、运输、出售珊瑚、砗磲或者其他珍贵、濒危水生野生动物及其制品，具有下列情形之一的，应当认定为刑法第三百四十一条第一款规定的“情节特别严重”：
（一）价值在二百五十万元以上的；
（二）非法获利在一百万元以上的；
（三）具有其他特别严重情节的。</td></tr>
</table>

典型案例

案例 1：白某伯、王某等非法收购、出售珍贵、濒危野生动物案[①]

（一）基本案情

2012 年 8 月至 2013 年 4 月，白某伯在未经野生动物主管部门批准的情况下，私自从尹某处购买国家一级保护野生动物倭蜂猴 3 只，经核定价值人民币 11250 元。2013 年 4 月，白某伯通过互联网发帖欲以每只人民币 3000 元的价格非法出售倭蜂猴 4 只，经核定价值人民币 15000 元。2013 年 4 月 18 日，

① 白某伯、王某等非法收购、出售珍贵、濒危野生动物案，（2013）二中刑终字第 2088 号，https：//wenshu. court. gov. cn/website/wenshu/181107ANFZ0BXSK4/index. html? docId = e3b62e5627784a9d885bea76390bd2a6，2020 年 3 月 20 日访问。

民警在北京市丰台区××楼1303号当场起获倭蜂猴7只。北京市西城区人民检察院以白某伯犯非法收购、出售珍贵、濒危野生动物罪，以王某（白某伯母亲）犯非法出售珍贵、濒危野生动物罪，向北京市西城区人民法院提起公诉。

（二）裁判结果

北京市西城区人民法院一审认为：被告人白某伯非法收购珍贵、濒危野生动物，情节严重的行为，以及非法出售珍贵、濒危野生动物，情节特别严重的行为，破坏了国家对环境资源的保护，妨害了社会管理秩序，已构成非法收购、出售珍贵、濒危野生动物罪；被告人王某非法出售珍贵、濒危野生动物，情节特别严重的行为，破坏了国家对环境资源的保护，妨害了社会管理秩序，已构成非法出售珍贵、濒危野生动物罪，依法均应予惩处。被告人白某伯在共同犯罪中起主要作用，系主犯；其经公安机关电话传唤到案后，在公安机关掌握其主要犯罪事实之前，如实供述自己的罪行，系自首，可依法从轻处罚；其非法出售珍贵、濒危野生动物的行为系犯罪未遂，可比照既遂犯减轻处罚。被告人王某在共同犯罪中起次要作用，系从犯，依法减轻处罚；其非法出售珍贵、濒危野生动物的行为系犯罪未遂，可比照既遂犯减轻处罚；其当庭能认罪，具有一定悔罪表现，可酌情从轻处罚并对其适用缓刑。综上，判决被告人白某伯犯非法收购、出售珍贵、濒危野生动物罪，判处有期徒刑六年，并处罚金人民币6000元；判决被告人王某犯非法出售珍贵、濒危野生动物罪，判处有期徒刑三年，缓刑四年，并处罚金人民币3000元。

二审认为：鉴于白某伯在被公安机关依法传唤后，供述了公安机关尚未掌握的犯罪事实，依法视为有自首情节，依法对其予以从轻处罚；鉴于王某系非法出售珍贵、濒危野生动物犯罪中的从犯，依法对其予以减轻处罚；白某伯、王某出售珍贵、濒危野生动物系未遂，依法分别予以减轻处罚，并对王某宣告缓刑。上诉人白某伯的上诉理由，经查成立，予以采纳。最终判决，维持北京市西城区人民法院（2013）西刑初字第707号刑事判决主文第二项，即“被告人王某犯非法出售珍贵、濒危野生动物罪，判处有期徒刑三年，缓刑四年，并处罚金人民币三千元”；撤销北京市西城区人民法院（2013）西刑初字第707号刑事判决主文第一项，即“被告人白某伯犯非法收购、出售珍贵、濒危野生动物罪，判处有期徒刑六年，并处罚金人民币六千元”，改判上诉人白某伯犯非法出售珍贵、濒危野生动物罪，判处有期徒刑四年，并处罚金人民币5000元。

（三）案件争点

本案系非法收购、出售珍贵、濒危野生动物的二审案件。

在对被告人白某伯通过网络出售倭蜂猴的犯罪行为进行认定时，法院根据相关证据证实被告人知道所要出售的倭蜂猴并非常规宠物类型，进而推定被告人明知其自身的售卖属于违法行为。根据2014年4月24日《全国人民代表大会常务委员会关于〈中华人民共和国刑法〉第三百四十一条、第三百一十二条的解释》，知道或者应当知道是国家重点保护的珍贵、濒危野生动物及其制品，为食用或者其他目的而非法购买的，属于《刑法》第三百四十一条第一款规定的非法收购国家重点保护的珍贵、濒危野生动物及其制品的行为。知道或者应当知道是《刑法》第三百四十一条第二款规定的非法狩猎的野生动物而购买的，属于《刑法》第三百一十二条第一款规定的明知是犯罪所得而收购的行为。解释的内容中所提及的“知道或者应当知道”，其中的“应当知道”并不是指过失，而是根据相关事实推定行为人知道。然而，推定只能是一种高度盖然性的结论，如适用不当有可能带来事实认定的错误，并且在推定行为人知道的运用上必须把握好基本规则与方法。一是穷尽证明规则。探求事实真相是刑事诉讼的重要目标，只要是与定罪量刑相关的事实都应该尽可能地通过证据严格证明，慎用推定规则。换言之，适用推定规则必须是在穷尽一切证明方法后的最后手段。二是遵循逻辑和经验规则：一方面，推定必须符合常人的认识逻辑，否则推定的结论就不会可靠；另一方面，推定必须符合经验规则。推定必须是一种常态联系，必须经得起经验规则的检验，只有经得起实践检验的事实才可靠。

而实践中还要注意把握三点：首先，查清基础事实。推定的可靠性取决于基础事实的真实性，只有基础事实得到了充分证明，对相关事实的证明责任才能被免除，才能在司法中适用推定。其次，充分保障反驳权利：一方面，根据举证分配原理，行为人进行反驳需要提供一定的证据或线索，即承担证明责任，当行为人因反驳推定提出的证据存在调查取证困难时，法官应当依职权提供帮助；另一方面，行为人反驳所提供证据的证明标准只需要达到优势证据或产生合理怀疑即可。最后，禁止二次推定。如果以第一次的推定事实作为第二次推定的基础事实使用，势必在原有的风险之上增加了新的风险，有违推定适用的节俭性原则。进行二次推定，其推定事实有可能异化为主观擅断，不利于发现案件真相和保障人权。

另外，在本案中关于面对行为人“不知道购买及出售的为何物”这一类型的辩解，广大执法以及司法人员应该如何实施调查取证的问题。我们认为，可以根据行为人所接触到的相关信息或媒介进行辅助判别，来裁定行为人是否为“主观明知”，并以此来进行最终的裁定。在网络销售领域中，可以根据被告人在售卖过程中，相关网友对其售卖物种类型的询问及提示信息，从而判断被告人在认知上是否完全是主观明知，以此依法定罪。针对其他同类型案件的调查，可以从该行为人所从事的具体行业中寻找突破口，实施调查取证的相关工作，如行为人的从业履历，经营实体的营业资质与供应链等诸多环节入手以收集证据，进而实施准确判断。比如北京市公安局森林公安分局在侦办一起出售象牙制品的案件中，为有效收集相关证据，在实施抓捕前，采取便衣询价、视频录像以及收缴相关账本资料等行动周密的取证方式，从而有效证实了犯罪嫌疑人明知自己出售的是现代象牙而非远古猛犸象牙。可见，针对犯罪嫌疑人否认明知所实施之行为属于违法时的抗辩理由，司法人员应该深入嫌疑人的日常工作与生活，有效利用网络等现代信息媒介来收集其违法犯罪证据，同时，应合理运用最新的司法解释条款以配合相关证据进行公正、严谨、专业的量刑裁定。

因此，此案分析的重点应该围绕行为人的“主观是否明知”而展开，根据辩护人所提供的辩词，被告人白某伯在初次购买行为中，并不明知其所购买的倭蜂猴属于国家一级保护野生动物，后续经过法庭调查也证实，并没有充分证据证明其在购买倭蜂猴时明知倭蜂猴属于珍贵、濒危野生动物，而在关于被告人白某伯在互联网上出售倭蜂猴时不明知其为珍贵、濒危野生动物的辩解，法庭经过相应查证认为，倭蜂猴并不是日常大众生活中常见的宠物类型，如果实施出售行为则应该确认该动物类型是否可以进行售卖，但被告人白某伯在实施网络出售行为前，已经得到网友的提醒（聊天记录、网页截图等相关证据已经证明），而后续白某伯仍然坚持进行出售行为，以上事实均证明了被告人其主观系明知。客观方面，鉴定结论也证明涉案动物为倭蜂猴，属于《濒危野生动植物种国际贸易公约》附录Ⅰ，国家一级保护野生动物。由此，综上所述，针对被告人白某伯在“买时不明知”的抗辩理由予以采纳，而在“卖时不明知”的抗辩理由则不予采纳，即认为该行为人在购买和出售时的注意义务并不一样，案例的裁判重点则应该集中分析确认行为人在实施售卖前，应该明确所要出售的物品是否允许进行售卖，如果相关证据可以明确行为人已经明知此种物品不允许出售，或行为人已经得到针对此种物品能否出售的质疑，兼顾上述两种情况下，若行为人仍然坚持实施售卖行为则可据此进行相关的定罪处置。

（四）案件评论

在本案中司法机关依据相关刑律对非法出售珍贵、濒危野生动物的犯罪行为进行打击，充分体现了我国司法机制保护濒危野生动物及自然生态环境的决心，并且也提出了在判罚和执法时，面对一些特定的抗辩理由广大执法人员应该如何应对，对某些司法解释条款应该如何理解及运用，因此，此案对于检法和执法有一定的参考意义。

首先，关于推定犯罪嫌疑人是否明知方面，广大执法人员需要把握基本规则，犯罪行为中的明知是行为人的主观心态，在司法实践中，对明知的认定大都根据客观事实予以推定。推定对解决司法证明困难、实现法益保护和提高认定事实效率等方面具有非常重要的意义。其次，法院应当以何作为要件事实存在或不存在的评价标准？这即是裁判法学上的证明标准的确定问题。证明标准的确定方式有主观标准和客观标准之分。主观标准，是指法官依据自我认识能力评价要件事实的真相；客观标准，是指独立于法官自我认识能力之外的评价要件事实真相的标准。我国刑事诉讼法的证据标准是“主客观相一致”，与此对应的是犯罪构成理论中“犯罪主体、犯罪客体、犯罪主观方面、犯罪客观方面”四个要件，由控诉方（主要是公安机关、检察机关）举证；法院在审理中，依据主客观相一致的原则进行居中裁判。在本案二审中，法院正是秉承这一原则，分别对被告人在购买和售卖两种不同的情况下针对倭蜂猴是否属于国家一级保护野生动物的明知程度进行了详细裁判，并最终进行了合理量刑，充分体现了我国司法工作的严谨性与公正性。

另外，本案例也从侧面提升了广大群众保护珍贵、濒危野生动物的法律意识。在案件审理过程中，法院对非法收购、出售珍贵、濒危野生动物的犯罪行为进行了判决，不仅使违法行为人得到了应有的处罚，而且证据鉴定、法律适用等内容向公众呈现了我国司法机关保护珍稀野生动物的具体运行机制。刑罚是保护野生物种与自然环境的重要方式，面对现今珍稀野生动物日趋严峻的生存态势，运用刑罚手段惩治和防范相关犯罪行为，加大珍贵、濒危野生动物刑事司法保护力度，是维护当今社会生态环境的重要手段。在本案中，法院正确区分被告人的客观行为，并根据共同犯罪理论裁定主从犯，分别对两名被告人判处三年到四年不等的有期徒刑，部分适用缓刑，既体现了从严惩治非法出售珍稀野生动物犯罪的基本价值取向，又体现了宽严相济的刑事政策，充分发挥了刑法的威慑和教育功能。

综观本案例的侦办与审理过程，我们认为，随着目前网络的全面普及与应用，犯罪嫌疑人利用网络进行非法贩卖珍贵、濒危野生动物的情况屡有发生，鉴于此种情况，首先，司法、执法人员需要在日常工作中补充一定的网络基础知识并熟练运用之，以及电子商务、网络营销方面的系统理论，以使自身能够在日后侦办类似案件中，快速、严谨、专业地收集证据而达成精准定罪之目的。其次，相关执法和司法人员还要不断加强对于司法解释的学习和理解，特别是近些年国家在大力推行依法治国期间，很多法条都进行了更新和再解释，因此，法律工作者要紧跟时代的步伐，与时俱进，持续更新自己在法律层面上的知识结构，进一步使自身的执法逻辑与案情分析能力不断完善与提升。

现今人民大众的日常生活水平不断提升，人民追求美好生活的愿望更加强烈，饲养宠物也成为一种娱乐身心的行为模式。关于宠物的种类在现今生活中是异常繁多，特别是近些年一些异类宠物也逐渐被大众所接受，由此，对于广大人民群众在保护珍贵、濒危野生动物的法律意识层面就提出了更高的要求，特别涉及两个年龄阶层，一个是青少年，另一个是老年人。有关这两类人群相关野生动物保护法的宣传及教育需要持续性加强，这一点应该引起学校教育工作者以及家长的高度重视。另外，居委会也应该在老年人的日常生活中加强相应的普法教育，通过积极的法律引导与宣传工作，让大众真正做到明知懂法。

案例2：刘某北非法出售珍贵、濒危野生动物案[①]

（一）基本案情

被告人刘某北原系北京农业职业学院畜牧兽医系动物医学专业学生，其

① 北京市西城区人民法院，（2013）西刑初字569号。

利用自身所掌握的相关动物饲养及繁殖方面的专业知识，在业余时间里，对珍贵、濒危野生动物红尾蚺进行繁殖。2013 年 3 月，在未经任何野生动物主管部门批准的情况下，刘某北利用互联网通过银行转账的方式以人民币 6500 元向靳某（另案处理）出售其所自行繁殖的红尾蚺（CITE 附录Ⅱ物种）9 只，通过银行转账以人民币 3400 元向被告人侯某再次出售红尾蚺（CIES 附录Ⅱ物种）5 只。2013 年 3 月 10 日，刘某北指使杨某明（另案处理）将上述红尾蚺 14 只于同年 3 月 13 日通过圆通快递发往河南靳某、侯某处。2013 年 3 月 27 日，涉案的 14 只红尾蚺被当地公安机关查获。

（二）裁判结果

北京市西城区人民法院一审认为：被告人刘某北非法出售珍贵、濒危野生动物的行为，破坏了我国对野生动物资源的管理制度，妨害了社会管理秩序，已构成非法出售珍贵、濒危野生动物罪；被告人侯某非法收购珍贵、濒危野生动物的行为，破坏了我国对野生动物资源的管理制度，妨害了社会管理秩序，已构成非法收购珍贵、濒危野生动物罪，依法均应予惩处。综上所述，北京市西城区人民检察院指控被告人刘某北犯非法出售珍贵、濒危野生动物罪，被告人侯某犯非法收购珍贵、濒危野生动物罪名成立。鉴于被告人刘某北、侯某均能如实供述自己的罪行，认罪态度较好，具有一定的悔罪表现，依法可从轻处罚并适用缓刑。一审判决被告人刘某北犯非法出售珍贵、濒危野生动物罪，判处有期徒刑二年六个月，缓刑三年，并处罚金人民币 6000 元；被告人侯某犯非法收购珍贵、濒危野生动物罪，判处有期徒刑一年，缓刑一年，并处罚金人民币 2000 元；随案移送白色蛇骨 2 块、蛇皮 2 张均予以没收。

（三）案件争点

在本案中，就读于北京农业职业学院畜牧兽医系动物医学专业的大学生刘某北，其所在专业就是动物饲养繁殖相关研究领域。无论从专业角度还是其个人的兴趣爱好方面，犯罪嫌疑人均会不同程度地接触到动物饲养繁殖方面的专业研究动向以及教育实践的相关工作机会，会比较深入地接触动物的饲养与繁殖。因此，这一裁判要点充分体现了被告人刘某北作为该领域的一名专业人士的特殊性。我们认为，此案裁定要点是必须明确与区分专业研究与相关法律条文的规定，不能够混淆，要依法依规严格查处之。因此，司法机关针对北京农业职业学院在读学生刘某北利用自己在畜牧兽医学方面的专业知识自行繁殖国家珍贵、濒危野生物种红尾蚺，而后在没有得到国家相关公认机关认可的情况下，私自利用网络进行售卖活动这一事实，重点依据驯养繁殖的珍贵、濒危野生动物与纯粹野生动物同样应当受到法律保护的司法准则，而依法判处被告人刘某北已经构成非法出售珍贵、濒危野生动物罪。

关于刘某北繁殖珍稀、濒危野生红尾蚺非法售卖获刑案件中所提出的自行繁殖珍稀物种并实施买卖活动，是否应该进行刑事处罚的讨论，早在2017年同样在网上引起热议的“男子售2只鹦鹉获刑五年”的案件中已引起公众的广泛关注：此案中深圳男子王某将自己孵化的6只鹦鹉以每只500元的价格出售。后经侦查机关查明，其中有2只系珍贵、濒危的绿颊锥尾鹦鹉，此物种名列我国参与签署的《濒危野生动植物种国际贸易公约》附录。根据《刑法》第三百四十一条和相关司法解释的规定，该公约附录中的物种属于我国法律保护范畴，因此，根据相关法律规定，当地法院一审判决被告人有期徒刑五年。相关动物保护人士也提出，如果法律允许随意买卖人工驯养的珍贵、濒危野生动物，可能会诱使某些不法分子野外捕捉珍稀物种，而后再通过人工驯养将野生动物转换为自行繁殖物种后随意出售。如此一来，必将导致更多的野生珍稀保护动物被抓，势必严重破坏野生物种种群。由此，最高法发布的相关司法解释中，除列入国家重点保护野生动物名录及《濒危野生动植物种国际贸易公约》附录中的野生动物外，明确将“驯养繁殖”的珍贵、濒危野生动物纳入保护范围，人工驯养繁殖的上述物种也不得非法收购、运输和出售，非法出售这些动物同样触犯刑法。因此，在同类型案件的侦办过程中，司法工作者应该据此严把法律关，这也就是本案例的裁判重点之所在。

（四）案件评论

以上案例在量刑裁定上给广大法律工作者提出了针对目前司法体制中已经存在的相关司法解释在案件审理的过程中应该如何精准把握，进而实施公正量刑裁定的新课题，本案中的司法裁判充分体现了我国司法机关对野生动物资源的保护决心，而且对于积极维护社会公共管理秩序起到了强大的助推作用。

针对非法收购、运输、出售珍贵、濒危野生动物罪的犯罪行为，刑事处罚是有效保护珍贵、濒危野生动物资源的重要方式。面对当今社会日趋严峻的野生动物保护问题，运用刑事处罚的方式惩治和防范相关犯罪行为，加大珍贵、濒危野生动物的刑事司法保护力度，是确保自然生态环境和谐发展的重要环节。本案例属于目前有关非法出售私自养殖的珍贵、濒危野生动物的典型案例，也同属于近些年在社会上以及网络上热议的是否应该以犯罪论处的典型案例。因此，此案对于广大司法工作者具有很好的借鉴与研究价值。

在刘某北自行繁殖珍贵、濒危野生红尾蚺并非法售卖获刑的案件中，我们认为，该案定罪量刑准确，刘某北作为高等院校畜牧兽医系动物医学专业学生，如果推断其并不明知所繁殖的红尾蚺是受国家保护的珍贵、濒危野生动物，此种假设根本无法成立，也不符合常理。而且刘某北本人也能如实供述自己的罪行，认罪态度较好。根据有关珍稀野生动物案件的司法解释，刑法所指的珍贵、濒危野生动物，包括驯养繁殖的物种。又根据《野生动物保护法》，针对人工繁殖的国家重点保护的珍贵、濒危野生动物，即使通过人工实施繁育且技术已经相对成熟，也需要符合相关法律程序以及经过相关政府机构许可后方能实施售卖活动，但本案所牵涉的行为人自行繁殖的红尾蚺，在售卖前并未通过任何正规司法手续，也没有取得当地政府机构的允许，完全属于违法行为，从而触犯了刑法，理应受到法律的制裁。通过此案的审理，对现今珍稀野生物种的保护提出了明确的要求，社会上某些观点认为，对濒危物种实施人工繁育有利于保护该物种的延续。我们认为，对某些珍稀野生物种进行大规模人工繁育的基础必须是技术成熟稳定，如若不然，很可能会起到相反的作用——如果在养殖过程中发生疫病或其他突发情况而导致野生动物成批死亡，养殖者就必须从野外继续获取种源，这样就对濒危物种资源造成了更为严重的破坏。因此，本案例的量刑裁定充分表明，驯养繁殖的野生动物物种与纯粹野生动物都应当受到同样的法律保护，这对今后类似非法收购、出售珍贵、濒危野生动物案件的审理均具有较好的借鉴价值。

当前我国的国内生态环境有恶化的趋势，国家也提出了构建生态文明的目标。在国际上，我们也相继加入了保护环境、保护动植物资源的相关国际公约。严厉打击涉及珍贵、濒危野生动物的刑事犯罪，既是维护自然生态环境的需要，也是履行相关国际公约义务的需要。我国的刑事立法体现了从严打击破坏环境资源犯罪的精神，而对司法解释的正确理解，就是为了遏制相关的犯罪行为，充分体现保护自然环境资源的目的，依法规范了涉及珍稀野生物种领域的行为，对类似案件审理起到了一定的示范作用，对司法和执法均有参考意义。

通过对上述案例的分析，笔者对现今司法体制建设的强化也提出了一些新的想法。将人工驯养繁殖的物种同样视为珍稀、濒危野生动物类，其主要目的是更好地保护物种，防止物种灭绝。而从案例中所体现出的一些犯罪行为人知法守法意识的淡漠也是非常值得广大司法工作者所关注的，特别是要加强在目前高校中法律专业知识的普及和实际应用中个人的守法意识。在这一点上，我们认为，司法机关可以与高校进行定期的联合普法活动，运用一些典型的犯罪案例来讲解说明法条，让广大高校学生将懂法从只能停留在“纸面”上转化为让守法意识真真正正融入自身血液之中。而广大市民对于国家保护动物的法律，特别是受保护动物的名录也要有一定认识，此方面就需要企事业单位加强法务机构的建立和员工法律知识的强化教育，让市民做到不但用法律保护自己，也要用法律约束自己。

案例3：孙某亮、何某明、肖某炎等非法收购、运输、出售珍贵、濒危野生动物制品案①

（一）基本案情

2013年5月上旬，孙某亮与何某明、肖某炎联系购买未经相关主管部门行政许可而国家明令禁止收购、出售的象牙制品并约定5月19日在河南省南阳市实施交易。5月19日，何某明从广东省携带象牙制品到达河南省南阳市后，在圣泉宾馆内向孙某亮出售象牙珠子8.3千克，价值人民币345836元，及4个象牙雕件共重2.53千克，价值人民币105418元，随后，肖某炎从广东省携带象牙制品到达河南省南阳市后，在圣泉宾馆门口向孙某亮出售象牙制品13根，共重24.255千克，价值人民币1010633.08元。5月21日，肖某炎在广东省珠海市斗门区白蕉镇暂住地被抓获，当场起获未加工的整根象牙2根，已加工的象牙牙尖7根，象牙碎料31块，加工设备7台。而刘某明参与加工象牙雕件（重5.615千克）并通过手机彩信将该雕件图片发给肖某炎用于出售，因此，也一同被公安机关抓获。

（二）裁判结果

北京市西城区人民法院一审认为：被告人孙某亮、肖某炎、何某明、刘某明等未经主管部门行政许可，非法收购、运输、出售珍贵、濒危野生动物制品的行为，侵害了国家对珍贵、濒危野生动物资源的保护制度，触犯了刑法，犯罪事实清楚，证据确实充分，部分被告人之间系共同犯罪。被告人孙

① 北京市西城区人民法院，（2014）西刑初字第437号，https：//wenshu. court. gov. cn/website/wenshu/181107ANFZ0BXSK4/index. html? docId = 5f113fac3c2b44b984cd64d9922da567，2020年3月20日访问。

某亮等应当以非法收购、运输珍贵、濒危野生动物制品罪追究其刑事责任。被告人刘某明等应当以非法出售珍贵、濒危野生动物制品罪追究其刑事责任。被告人肖某炎、何某明应当以非法运输、出售珍贵、濒危野生动物制品罪追究其刑事责任。其中，被告人刘某明在共同犯罪中起次要作用，系从犯，应当从轻或者减轻处罚。综上所述，一审判决被告人孙某亮犯非法收购、运输珍贵、濒危野生动物制品罪，判处有期徒刑十一年六个月，剥夺政治权利二年，并处罚金人民币 4 万元。被告人肖某炎犯非法运输、出售珍贵、濒危野生动物制品罪，判处有期徒刑十一年，剥夺政治权利二年，并处罚金人民币 3 万元。被告人何某明犯非法运输、出售珍贵、濒危野生动物制品罪，判处有期徒刑十年六个月，剥夺政治权利二年，并处罚金人民币 2 万元。被告人刘某明犯非法出售珍贵、濒危野生动物制品罪，判处有期徒刑五年，并处罚金人民币 1 万元。对被告人肖某炎、何某明等的非法所得予以追缴，追缴后予以没收。

（三）案件争点

关于本案中的裁判要点，即有关于珍贵、濒危野生动物制品的加工再造行为同样应受到刑法制裁。依据我国《刑法》第三百四十一条中所定义的“出售”释义，其司法解释为包括出卖和以营利为目的的加工利用行为，最高司法机关对“出售”行为进行了必要的详细解释，这对于明确犯罪行为，正确而公正区分法律责任非常重要。也就是说，只要相关实施目的为营利，那么对珍贵、濒危野生动物制品进行加工利用的行为，就应当裁定为非法出售珍贵、濒危野生动物制品罪。

另外，现今社会上，同样具有“出售”特点的针对野生动物制品的加工利用行为，例如在相关酒类产品中浸泡珍稀虎骨，在药品中添加熊胆汁以及在其他工艺商品上镶嵌各种类型饰件的野生动物制品等诸如此类的做法。在实施上述行为的过程中，如果行为人未经相关主管部门的批准，那么就违反了野生动物资源管理制度。针对此种行为就必须认定为非法出售野生动物制品罪，应当以刑法进行量刑裁定，以达到严格保护野生动物资源之目的。对“出售”含义的理解，与刑法的初始目的和真实含义相一致，特别是如同本案中对于行为人明知是非法收购、出售的野生动物制品，以营利为目的而代为加工的，无论实际是否从中获利，均可按照非法出售珍贵、濒危野生动物制品罪进行刑事处罚。因此，在本案的关键裁判要点中，犯罪行为人是否主观明知是要点之一。而通过对行为人主体所接触的通信媒介以及相关记录中，可以判明该行为人是在明知所加工的产品为国家相关主管部门未授权而非法获取的象牙制品后，而依据刑法相关要求判定该行为人有罪的情况属实且公正，符合相关法律规定。

如若参与加工的行为人缺乏明知要件，或者加工行为人的加工利用并没有出卖或者以营利为目的的，便不能进行刑事处罚。另外，根据《国务院办公厅关于有序停止商业性加工销售象牙及制品活动的通知》，自 2017 年 12 月 31 日前全面停止象牙定点加工单位和定点销售场所的加工销售象牙及制品活动，象牙已全面禁贸，那么针对其加工、再造、利用的行为也自然而然应该明令禁止，如果行为人在明知要件充分的情况下，参与象牙制品的加工活动，就必须以非法出售珍贵、濒危野生动物制品罪进行量刑裁定。

（四）案件评论

上述案例系非法收购、运输、出售珍贵、濒危野生动物制品罪的一审案件。现今时代伴随着环境污染与自然环境的不断恶化，珍稀物种的生存保护问题已经越来越受到全世界政府的高度重视。而持续完善国家法律体制，公正而准确运用刑事处罚手段来有效保护珍贵、濒危野生物种的方式已经被广大民众所接受。此种方式对于持续强化珍稀物种的资源保护以及促进人与自然的和谐共生均具有重要意义。

现阶段，伴随着我国经济社会的快速发展，针对珍贵、濒危野生动物的违法犯罪活动则日益猖獗，引起了社会各阶层的广泛关注，有关珍贵、濒危野生动物制品的加工行为是否应当受到刑事处罚，已成为近些年司法机关审理案件的关键点。本案例的审判着重在于对“出售”司法解释的深入理解与量刑裁定上。在 1997 年刑法中新增的罪名，只将非法收购、运输、出售三种行为规定为犯罪，并未包括对于珍稀野生物种的加工再造行为。而直至 2000 年最高法将“出售”解释为出卖和以营利为目的加工利用行为，第一次扩充了“出售”的含义，其目的是将一些具有出售特征的加工利用行为纳入刑事处罚的范畴。我们认为，此项解释的扩充有利于更好地保护珍贵、濒危野生动物及其相关制品的非法传播，以使加工行为与其他非法收购、运输珍贵、濒危野生动物的违法行为构成共同犯罪，对提高打击破坏野生动物资源犯罪的力度具有划时代的重要意义。另外，将参与违法加工的人员的行为认定为非法收购、出售野生动物制品罪的共同犯罪，不但符合共同犯罪的构成理论和立法精神，而且也是当前持续大力加强依法治国理念的需要。而通过对上述案例的量刑审判，针对“出售”的司法解释中明确了营利的特征，广大司法工作者应当在罪刑法定的基础上，准确理解法条及其司法解释，做到正确适用，否则就会陷入类推的泥潭。比如，将加工工艺从业人员的加工行为一概而论地定性为非法出售野生动物制品罪，就有类推之嫌。

鉴于我国目前境内的珍贵、濒危野生物种令人担忧的生存环境，我国也同国际上其他国家一样，担负起依法针对有关珍稀野生物种的违法犯罪行为实施严厉惩处的法律责任。此种做法对于积极保护珍稀濒危物种资源，造福子孙万代，大力保护自然生态系统方面具有重要的历史意义，我国历来针对破坏自然环境的违法犯罪行为，都是秉承着“发生一起，严厉查处一起”的原则，毫不手软，一律从严惩处，以起到警示震慑作用，更为重要的是践行当今中国新时代的人与自然和谐共生的创新理念。

案例 4：徐某珍、陈某东等非法收购、运输、出售珍贵、濒危野生动物、珍贵、濒危野生动物制品、非法猎捕、杀害珍贵、濒危野生动物案[①]

（一）基本案情

自 2010 年 12 月，陈某飞在得知徐某珍能为其取得国家一级保护动物老虎并予以贩卖后，便长期从徐某珍处购买活老虎，组织陈某东、赵某权、黄某（因拒捕坠楼死亡）、陈某富、陈某朋、陈某超、李某智、陈某捷、徐某生、庄某六等人为其宰杀老虎，贩卖老虎肢体、器官及制品。后续已逐渐形成以陈某飞为首，陈某东、赵某权、黄某、陈某富、陈某朋、陈某捷等人参与的收购、杀害老虎、贩卖老虎制品的犯罪团伙。自 2010 年 12 月以来，陈某飞共向徐某珍购买了 25 只活老虎，并将其中 20 只活老虎杀害后出售牟利。其中，陈某东、赵某权、黄某、陈某富于 2010 年加入宰杀老虎；陈某朋于 2012 年加入宰杀老虎；陈某超于 2013 年加入宰杀老虎；而陈某东负责联系接收老虎，组织其他成员宰杀老虎，登记售卖老虎制品的数量、价格等；赵某权、黄某是主要刀手，负责宰杀、肢解老虎；陈某朋、陈某富主要负责协助宰杀，陈某超负责在宰杀老虎时帮忙“看风”；徐某生负责加工老虎皮 21 张；陈某捷自 2010 年 12 月为其父亲陈某飞汇款给徐某珍购买老虎，负责管理贩卖老虎制品的账目，协助陈某飞出售老虎制品。根据陈某飞的定价，老虎肢体、器官、制品的售价为：老虎长牙每颗 1 万元左右；老虎小牙每颗 800 元左右；虎皮每张 5－10 万元；虎头每只 6 万元左右；虎肉、虎膏每市斤 500 元左右；虎腿骨、脊骨每市斤 2000 元左右；虎筒骨每市斤 6000 元左右；老虎内脏每副 500 元左右。出售时，由陈某飞联系买家，陈某东记录买家购买

---

① 广东省高级人民法院，（2016）粤刑终 961 号，https：//wenshu. court. gov. cn/website/wenshu/181107ANFZ0BXSK4/index. html? docId＝8a04c8605b9f4316bbf3a74600b857fb，2020 年 3 月 20 日访问。

老虎制品的数量、价钱，出售后交陈某捷予以登记管理账目。2012 年 4 月，陈某捷将待出售的老虎肢体、器官、制品等存放于庄某六位于雷州市雷城镇灵山里×号的家中，由庄某六予以保管。庄某六在明知为陈某捷保管的是老虎制品的情况下，还送虎骨、虎膏等老虎制品给陈某捷予以出售。2014 年春节前，金某军向陈某飞订购 2 颗老虎长牙，并同意以 17 万元的价格向陈某飞订购 1 只虎头和 1 张虎皮，陈某飞遂于 2014 年 3 月，以 25 万元的价格向徐某珍订购 1 只活老虎予以宰杀贩卖。2014 年 3 月 14 日，金某军将购买老虎的预付款 11 万元汇入陈某捷的账户。同日上午，徐某珍雇请燕某红到广州市番禺区香江野生某动物园运载 4 只老虎和 2 只狮子，并指使燕某红雇请何某尧将其中的 1 只老虎运至广东省雷州市交给陈某飞。2014 年 3 月 14 日，该老虎被运至陈某飞位于雷州市天和区××大道的家中。当天 19 时许，陈某飞组织陈某东、陈某富等人在其家中将老虎宰杀。其间，民警进入陈某飞家中将陈某飞等人当场抓获，并缴获被宰杀掉的老虎尸体 1 具及杀虎工具一批。随后，公安机关在雷州市雷城镇灵山里×号庄某六家中缴获干老虎皮 6 张及用 4 个冰柜装着的老虎肢体、内脏、制品一批；在徐某生位于雷州市水店村西坡路的住宅搜获正在浸制的湿老虎皮 12 张、半成品干虎皮 3 张；在陈某朋家中缴获虎骨酒 4 瓶、虎胆 1 只。广东省湛江市人民检察院以徐某珍、陈某东等非法收购、运输、出售珍贵、濒危野生动物、珍贵、濒危野生动物制品、非法猎捕、杀害珍贵、濒危野生动物罪，向广东省湛江市中级人民法院提起公诉。

（二）裁判结果

广东省湛江市中级人民法院一审认为：被告人徐某珍为牟取暴利，非法出售老虎 25 只，并指使他人非法运输老虎，犯罪情节特别严重，其行为已构成非法运输、出售珍贵、濒危野生动物罪。被告人陈某飞非法收购 25 只老虎，并组织他人杀害 20 只老虎予以出售牟利，犯罪情节特别严重，其行为已构成非法收购、出售珍贵、濒危野生动物、珍贵、濒危野生动物制品罪。被告人陈某东、赵某权、陈某富、陈某朋、李某智、陈某超参与陈某飞犯罪团伙杀害老虎，犯罪情节特别严重，其行为均已构成非法杀害珍贵、濒危野生动物罪。被告人陈某捷积极协助陈某飞销售老虎制品予以牟利，犯罪情节特别严重，其行为已构成非法出售珍贵、濒危野生动物制品罪。被告人徐某生、庄某六对陈某飞、陈某捷出售老虎制品的行为起帮助作用，其行为均已构成非法出售珍贵、濒危野生动物制品罪。被告人燕某红、何某尧非法运输国家一级保护动物老虎，犯罪情节特别严重，其行为均已构成非法运输珍贵、濒危野生动物罪。后续明确主从犯及相关减免处罚情况，一审判决：

一、被告人徐某珍、陈某飞犯非法运输、收购、出售珍贵、濒危野生动物、珍贵、濒危野生动物制品罪，判处有期徒刑十五年，并处罚金人民币 200 万元。

二、被告人陈某东犯非法杀害珍贵、濒危野生动物罪，判处有期徒刑十年，并处罚金人民币 10 万元。

三、被告人赵某权犯非法杀害珍贵、濒危野生动物罪，判处有期徒刑五年六个月，并处罚金人民币 5 万元。

四、被告人陈某超、李某智、陈某朋、陈某富犯非法杀害珍贵、濒危野生动物罪，判处有期徒刑五年，并处罚金人民币 5 万元。

五、被告人庄某六、徐某生、陈某捷犯非法出售珍贵、濒危野生动物制品罪，判处有期徒刑五年，并处罚金人民币 5 万元（扣押原审被告人陈某捷的现金人民币 22900 元及冻结陈某捷中国农业银行账户 62 × × ×78 的存款 27100 元予以折抵罚金）。

六、被告人何某尧、燕某红犯非法运输珍贵、濒危野生动物罪，判处有期徒刑五年，并处罚金人民币 5 万元。

一审判决作出后，原审被告人徐某珍、陈某东、赵某权、陈某富、李某智、陈某超、徐某生、庄某六、燕某红、何某尧不服，上诉至广东省高级人民法院。在二审中，广东省高级人民法院认定原审判决事实清楚，证据确实、充分，定罪准确，量刑适当，审判程序合法。上诉人徐某珍、徐某生、燕某红的上诉理由及其辩护人所提的辩护意见，经查不成立，不予采纳。上诉人陈某东、赵某权、陈某富、李某智、陈某超、庄某六、何某尧的上诉理由，经查不成立，不予采纳。因此，二审判决驳回上诉，维持原判。

（三）案件争点

在本案中司法机关依据相关刑律对非法收购、运输、出售珍贵、濒危野生动物、珍贵、濒危野生动物制品以及非法猎捕、杀害珍贵、濒危野生动物的犯罪行为进行坚决打击，这充分展现了我国司法系统保护珍稀野生物种资源的决心。在刑法中虽然规定要给予此类犯罪活动以严厉惩罚，但在司法处置中，如何认定本罪，区分罪与非罪，则是同种案例的裁判关键之处。

首先，1988 年 11 月 8 日全国人大常委会通过的《野生动物保护法》第九条规定，“国家对珍贵、濒危的野生动物实行重点保护。国家重点保护的野生动物分为一级保护野生动物和二级保护野生动物……”。并且后续自 1993 年起，我国业已全面禁止了相关虎制品的所有贸易行为。由此，本案所涉及的虎种为孟加拉虎属于国家一级保护野生动物，那么依据法律条文的相关规定，自然严禁买卖与猎杀老虎的行为，如有违反，则相关犯罪行为人势必会受到刑法的严厉制裁。

其次，在相关犯罪行为方式上，关于非法捕杀珍贵、濒危野生动物的行为方式多种多样，但可以归纳为三大类，即捕猎珍贵、濒危的陆生野生动物；捕捞珍贵、濒危的水生野生动物；杀害珍贵、濒危的陆生或水生野生动物。至于其捕杀行为是在何时、何地，用何种工具，采用何种方法都不影响本罪的成立，只要具有非法猎捕和杀害这两种方式之一的，均可以构成本罪，同时具备两种方式的，也只构成一罪，不能按数罪并罚。本罪属于行为犯，只要行为人实施了非法捕杀珍贵、濒危野生动物的行为，就构成犯罪，不以其是否具备“情节严重”作为划分罪与非罪的界限。因此，在本案中无论主从犯，均已构成非法收购、运输、出售珍贵、濒危野生动物、珍贵、濒危野生动物制品、非法猎捕、杀害珍贵、濒危野生动物罪，在二审中同样认定原审判决事实清楚，证据确实、充分，定罪准确，量刑适当，最终维持原判决。

最后，在量刑裁定中的主观明知方面，即主观方面只需要由故意构成。也就是说，犯罪行为人明知是珍贵、濒危野生动物而予以猎捕、杀害，其中的明知包括知道和应当知道。其犯罪动机可能是多种多样的，行为人在多数情况下是为了牟取暴利，或者是为了自己私用，但不论犯罪动机如何，均会构成本罪的成立。本案中，相关犯罪行为人在明知所参与的收购、出售、运输、杀害的老虎属于国家一级保护动物的情况下，依然反复多次从事犯罪活动，其情节特别恶劣，影响范围非常广泛，理应受到刑法的严厉制裁。

（四）案件评论

本案系非法收购、运输、出售珍贵、濒危野生动物、珍贵、濒危野生动物制品、非法猎捕、杀害珍贵、濒危野生动物的二审案件。案件中被告人徐某珍之所以能够向陈某东等提供涉案濒危野生动物，主要是其具有动物园从业人员的身份；徐某珍利用其特殊身份，伪造国家机关的许可证件，最终导致本案的发生。珍贵、濒危野生动物是每个国家的一项宝贵自然资源，不但具有重要的经济价值，而且具有重要的文化价值、社会价值。我国是世界上拥有野生动物资源最多的国家之一，其中许多珍稀的生物物种是我国所独有的。因此，我国通过制定一系列保护野生动物的法律法规，对珍贵、濒危野生动物予以重点保护。如果发生大面积非法捕杀珍贵、濒危野生动物，从而导致该物种濒临灭绝的情况出现，就会使生态系统失调，势必严重破坏国家对野生动物资源的保护和管理制度，也会给人类带来巨大的损失。因此应当依法予以严厉处罚；同时为了防范类似案件的发生，有必要完善动物园管理制度，尤其是动物园内濒危物种的管理，不给犯罪分子以可乘之机。

近年来，我国非法猎捕、杀害珍贵、濒危野生动物的违法犯罪活动屡禁不止，且有愈演愈烈之势。比如在2013年期间，广西南宁曾发生富商徐某为满足口腹之欲而先后3次花巨资购买宰杀活虎一案。经广西省钦州市中级人民法院二审后作出终审裁定，徐某被判处有期徒刑十三年，并处罚金155万元，其他14名涉案人员也受到相应处罚。而在本案例所发生的广东湛江一带，十多年间，竟然出现了宰杀老虎卖肉、骨、虎骨酒等风潮。更有甚者，广东雷州人将虎骨酒称作“猫酒”。据悉，虎骨均价7000元1斤，虎肉均价500元1斤，虎骨酒均价500元1斤，并且“市场很好”。

本案例是非法收购、运输、出售以及杀害珍稀野生动物的典型案例，此案为团伙作案，涉及不同类型的犯罪人员之多，所残害的老虎数量及涉案金额之大，都是我国近年来所罕见的。在案件的一审和二审中，通过事实认定以及公正量刑，依法同时追究了多名行为人的刑事责任，充分发挥了刑法对于有效保护我国珍稀野生动物资源的威慑功能，对于同类型重大非法盗卖和猎杀珍贵、濒危野生动物案件的量刑裁定具有较高借鉴价值。并且，针对本案的审理提升了媒体与公众关于野生动物保护的法律意识。特别是随着现今社会经济的发展与人民大众生活水平的快速提升，人们对于物质享受的欲望持续升高，因此，在日常生活中，针对宠物售卖以及私下购置野生动物或相关制品而进行食用时，是否触犯了刑法这一问题，需要广大人民群众加以注意及防范。

另外，在此案中司法机关依法对犯罪行为进行了判决，不仅使违法行为人得到了应有的惩处，而且证据鉴定、法律适用等内容均向公众呈现了我国司法机关保护珍贵、濒危野生动物的强力管控机制。

根据本案例的侦办与量刑裁定，我们认为保护珍贵、濒危野生动物业已成为司法界面临的一项重要课题。本案所涉及的诸多犯罪行为人的严重违法行为，也从侧面反映出相关阶层民众对于野生动物保护意识的淡漠，甚至是无视。因此，为了全面保护我国珍贵、濒危的野生动物，提升全民懂法以及守法意识的工作要不断努力推进。因此，建议有关部门加大对珍贵、濒危野生动物保护的宣传力度，可以通过网络推送、广播、电视、报纸等新闻媒体广泛进行宣传报道。更为重要的是，要深入农村田间地头、山林周边来宣传保护珍贵、濒危野生动物的相关知识。我们的司法系统能更多地与所在地区的乡镇一级人民政府建立定期的法制宣讲及咨询活动，为广大群众“量身定做”符合农村乡镇实际情况的法律宣传活动，逐步建立并强化乡镇一级人民大众的知法、懂法和守法意识，真正做到明知慎行——这一点尤为重要。再者，针对私营体制下的野生动物园以及其他类似的动物饲养机构，需要政府相关部门加大监管力度，特别是定期进行监督审核以确保珍稀物种的正规合法用途。

要切实提高全社会对珍贵、濒危野生动物的保护意识，使每一个公民都参与到保护珍稀物种资源这一场“持久战”中来。没有买卖就没有杀戮，希望可以通过各大社交媒体以及充分利用互联网资源加大公益宣传力度，并严格审查网络及其他销售渠道，切实加强针对野生动物及其制品售卖活动过程的监控，坚决杜绝任何形式上的针对濒危野生动物的违法犯罪行为的发生。

案例5：扎某吉等人非法收购、运输、出售珍贵、濒危野生动物制品案①

（一）基本案情

2014年7月16日，扎某吉与两名犯罪嫌疑人（扎某某、贡某，均在逃）约定，扎某吉将其所有的货车停放到距改则县城东侧洞措乡方向20公里处的一座桥旁，待藏羚羊皮和头角运输到货车停放处装车并运到拉萨，并向扎某吉支付运费。同日23时许，其驾驶员土某按照扎某吉的要求，将货车行驶至约定地点等候。23时30分许，斯某邓、旦某为帮助其他两名犯罪嫌疑人

① 西藏自治区阿里地区中级人民法院，（2015）阿刑终字第3号，https：//wenshu. court. gov. cn/website/wenshu/181107ANFZ0BXSK4/index. html? docId = 22bb7fa5fc7f4fdbb9058 378c30949d2，2020年3月20日访问。

（贡某某、达某，均在逃）运输藏羚羊皮和头角，由旦某驾驶其所有的牌照为藏F·B2X××的越野车与斯某邓来到改则县电信路扎某某住处，向扎某某借了一辆牌照为藏F·A7X××的小型货车，并将其驾驶的丰田车停放在扎某某处后离开。扎某某和仁某培从扎某某家中将装有残缺藏羚羊头角的2个编织袋装到旦某的丰田车上，扎某某驾驶丰田车和仁某培一起运送到扎某吉货车停放处并装车。23时50分许，贡某驾驶一辆黑色皮卡车，将带有白色记号及用黑色笔标注“888”、“88”记号的装有藏羚羊皮的8个编织袋运送到扎某吉货车停放处并装车。次日1时许，旦某和斯某邓驾驶凯马牌小型货车，来到旦某租给达某的房屋处，将房内带有红色、绿色、黄色布条标记的装有藏羚羊皮和头角的21个编织袋装车。途经距改则县城东侧约5公里处时，车辆发生故障无法前行。斯某邓即给扎某某打电话求助，此时扎某某和仁某培正在驾车返回改则县城途中，即来到凯马牌小型货车发生故障的地点，仁某培即修理该车，扎某某徒步返回改则县城。由于丰田车容量有限，斯某邓、旦某决定分两批运输，并将小型货车上的装有藏羚羊皮和头角的部分编织袋装到丰田车上，由旦某、斯某邓驾驶丰田车运送到扎某吉货车停放处并装车。旦某一人驾驶丰田车返回小型货车发生故障的地点，将剩余的藏羚羊皮和头角装车并运送到扎某吉货车停放处时被改则县森林公安局抓获。警方共查获扎某吉非法运输的藏羚羊皮504张，藏羚羊头角182个；旦某、斯某邓非法运输的藏羚羊皮368张、藏羚羊头角73个；仁某培非法运输的藏羚羊头角109个。后经执法人员抽取的部分标本经鉴定为国家一级保护动物藏羚羊。由此，改则县人民法院审理改则县人民检察院指控原审被告人扎某吉、旦某、斯某邓、仁某培犯非法运输珍贵、濒危野生动物制品罪一案，于2015年4月30日作出一审（2014）改刑初字第15号刑事判决。改则县人民检察院提出抗诉，原审被告人扎某吉、旦某、斯某邓、仁某培均不服，提出上诉。

（二）裁判结果

一审判决认为：被告人扎某吉、旦某、斯某邓、仁某培未经野生动物行政主管部门或者其授权单位批准运输野生动物藏羚羊皮和头角的行为，构成非法运输濒危野生动物制品罪。改则县人民检察院指控被告人的犯罪事实清楚，证据确实、充分，罪名成立。但因侦查机关仅对其中的4张动物皮、1个动物头角、1张残缺动物皮进行了鉴定，而对其余完整动物皮和残缺皮、头角未作鉴定，故不能以此推定其他未鉴定的动物皮张、头角为国家一级保护动物藏羚羊的制品。因此对公诉机关指控被告人扎某吉对涉案的所有动物皮张、头角，被告人旦某、斯某邓对涉案的18袋动物皮、3袋动物头角，被告人仁某培对涉案的2袋藏羚羊头角承担刑事责任的事实不予支持。同时对公诉机关指控被告人扎某吉、旦某、斯某邓、仁某培属同时犯，不属于共同犯罪的事实，不予支持。改则县人民法院判决被告人扎某吉、斯某邓、旦某、仁某培犯非法运输濒危野生动物制品罪，分别判处有期徒刑五年六个月至三年，并处罚金人民币15000元至1万元。

一审后四人均提出上诉，请求撤销原判改判无罪。理由为：1. 上诉人对其运输的物品系藏羚羊制品不明知，主观上没有犯罪故意；2. 本案物证藏羚羊制品提取程序不合法，物证系非法证据应予以排除，《扣押物品清单》系伪造证据，不能作为定案依据；3. 抗诉依据的新疆维吾尔自治区司法鉴定科学技术研究所农林牧司法鉴定中心司法鉴定书因检材几次遭到混杂、污染，且鉴定程序违法，不能作为定案依据；4. 侦查机关在讯问时未制作同步录音录像，所出示的说明材料及侦查人员出庭作证均不能说明上诉人供述取得的合法性，故应作为非法证据予以排除。

同时，改则县人民检察院抗诉提出，原审判决在未对存疑证据进行调查核实的情况下，仅将送检部分的野生动物制品价值认定为本案的涉案物品价值，导致认定事实不清，量刑畸轻。

经西藏自治区阿里地区中级人民法院二审，最终判决上诉人（原审被告人）扎某吉、斯某邓、旦某和仁某培犯非法运输珍贵、濒危野生动物制品罪，分别判处有期徒刑十年至六年，并处罚金10万元至5万元。

（三）案件争点

本案的案情并不复杂，但经历了一审和二审，一审原判与终审判决结果有较大差别，反映出一线办案人员的执法细节对于案件裁判结果的重要影响。针对此案分析的重点有以下几项：

1. 一次性查没较多数量的野生动物制品时的鉴定方式与程序

本案一共查没500张动物皮、181个动物头角（其中残缺133个）、2袋残缺动物皮以及4张藏羚羊皮、1张残缺藏羚羊皮、1个藏羚羊头角。最初采取的鉴定方式是：在改则县司法局两名工作人员见证下，改则县森林公安局工作人员分别从白色、黄色、绿色、红色四种颜色标记的编织袋中各抽取1张完整动物皮，从装有残缺的动物皮编织袋中抽取1张残缺动物皮，从装有动物头角的编织袋中抽取1个动物头角，并将抽取的完整动物皮、残缺动物皮、动物头角，通过西藏自治区林业厅委托西藏自治区林业调查规划研究院司法鉴定中心进行鉴定。经鉴定，送检的4张完整动物皮、1张残缺动物皮、1个动物头角均属国家一级保护动物藏羚羊的制品。

但这一鉴定方式在初审时被改则县人民法院认为，不能代表所有的皮张和头角都是藏羚羊制品，进而影响了对案犯的量刑。二审期间，支持抗诉的西藏自治区人民检察院阿里分院提交了侦查机关重新委托进行的司法鉴定意见，证明所有涉案野生动物皮张和头角的物种均为国家一级重点保护野生动物藏羚羊的制品。在这一司法鉴定结果的支持下，相关犯罪嫌疑人被判处了更长的刑期，其非法行为获得了应有的惩罚。

2. 提取与保存证据的方式与程序的规范性

上诉人申请改判的理由之一是认为相关证据的提取存在不规范的情况，不能作为定罪依据。特别是公安机关在讯问时未制作同步录音录像，工作存在重大失误，从而成为上诉时的争辩焦点之一。由此，二审法院调取的证据资料及处理方式包括：

①由改则县森林公安局侦查人员签字并加盖单位公章的证据合法性情况说明；

②四上诉人入所健康检查表及看守所谈话笔录，检查表显示四上诉人身体正常，体表无外伤；

③参与抓捕的改则县公安局工作人员的证言、改则县森林公安局办案人员的证言；

④改则县看守所关于在押人员旦某等四人体检时间延迟的情况说明和入所健康检查表未盖公章的情况说明；

⑤此外法院对比了四上诉人在入看守所后的多次供述及时隔一月余后的审查起诉阶段的供述，这些供述均详细叙述了犯罪经过且均前后、彼此一致；

⑥相关侦查人员均出庭说明情况。

二审法院综合证据资料认为，认定四上诉人在侦查及审查起诉阶段的供述是客观真实的；另考虑到四上诉人在深夜装运货物，扎某吉将执行此次运输的卡车停放在距离县城20公里以外的偏僻处等因素，并结合四上诉人的年龄、职业、个人经历等因素，足以认定四上诉人属于明知故犯。最终法院判定物证本身的客观性和真实性没有问题，即不存在伪造、调换、篡改物证等情形，故对本案的物证不予排除。

（四）案件评论

藏羚羊分布于海拔3700－5500米的高山草原、草甸和高寒荒漠地带，是我国一级保护野生动物，也是《濒危野生动植物种国际贸易公约》附录Ⅰ的物种。历史上，藏羚羊的数量曾达到百万只之多。但因为国际市场对藏羚羊绒沙图什披肩的需求，藏羚羊曾在20世纪末遭到大量偷猎，数量急剧下降。本案的裁判，以及执法、司法部门依法打击非法盗猎、贩卖、运输和走私藏羚羊及其制品相关活动的工作，不仅事关这一濒危物种的命运，还会对高海拔地区脆弱的生态系统和生物多样性起到重要的保护作用。

此外，本案的意义还在于引发对以下具体执法操作中存在的问题的思考：

在一次性查没较多数量的野生动物及制品时是否允许抽样鉴定？对于抽样流程和方式是否有相关的法规或者标准？据笔者了解，当前在刑事案件的处理中，大宗查没物品的抽样鉴定无论从管理规定到实施标准都依然属于空白。

在执法办案的现实中，经常会遇到一次性查没成千上万件野生动物制品的情况。当查获巨量的野生动物活体或制品时，逐一予以鉴定不仅将耗费大量资源与时间，而且将会影响到制品的仓储、活体的治疗放归等一系列问题，从而造成更大的执法与管理成本。例如，2015 年 4 月，江西黎川县森林公安机关办理了一起“非法运输珍贵、濒危野生动物制品案”，涉案的象牙制品数量约 10 万件。如果对每一件制品都去仔细检验，按照每件制品需 2 分钟的时间检验，10 万件需要 20 万分钟，折合下来需要一个专业人员不眠不休连续检验 4 个多月[①]。

然而，目前在刑事案件的执法办案中，并没有明确的规定可以作为抽样鉴定的依据。特别是在判决中，由于涉案物品的鉴定是定罪量刑的关键依据，对鉴定取证的严谨性要求更高，因此法院基本都持保守态度，要求对所有证物进行鉴定取证。

只有在行政执法的实践中，抽样鉴定才被认可为一种可执行的工作程序。《市场监督管理行政处罚程序暂行规定》第二十八条规定：“市场监督管理部门抽样取证时，应当通知当事人到场。办案人员应当制作抽样记录，对样品加贴封条，开具清单，由办案人员、当事人在封条和相关记录上签名或者盖章。通过网络、电话购买等方式抽样取证的，应当采取拍照、截屏、录音、录像等方式对交易过程、商品拆包查验及封样等过程进行记录。法律、法规、规章或者国家有关规定对实施抽样机构的资质或者抽样方式有明确要求的，市场监督管理部门应当委托相关机构或者按照规定方式抽取样品。”

---

① 周用武：《试析森林公安鉴定工作中的抽样问题》，载《森林公安》2016 年第 3 期。

事实上，一直有执法相关的研究者呼吁，希望政府主管部门与执法、司法相关部门能够制定抽样鉴定的规定以及操作标准。对于抽样鉴定的数量，建议考虑覆盖相关物种立案标准的最大值。例如，根据《国家林业局、公安部关于森林和陆生野生动物刑事案件管辖及立案标准》（2001 年 5 月 9 日发布），虎纹蛙的特别重大案件立案标准为 200 只。因此如涉及大量虎纹蛙的案件，只要抽样的数量最大值大于 200 只，不管辩护人对物种数量提出何种异议，抽样鉴定的数量也不影响案件的定性与判决①。假设这一原则得以应用，真的可以大幅减少鉴定压力吗？经过笔者对前述立案标准进行分析，认为回答是肯定的。列入前述立案标准的物种共计 211 种，统计发现：其中一级重点保护陆生野生动物共 83 种，这些物种重大案件的立案标准均≤5 只，特别重大案件的立案标准 97.6%（81 种）≤5 只，而落于 6－10 只区间的仅有鸨（所有种，6 只）和四爪陆龟（8 只）；二级重点保护陆生野生动物共 128 种，重大案件立案标准≤5 只的占 41.4%（53 种），6－10 只的占 57%（73 种），11－200 只的仅 2 种，分别为塔里木雪兔（20 只）和虎纹蛙（100 只）。而特别重大案件立案标准≤5 只的占 10.2%（13 种），落于 6－10 只区间的占 83.6%（107 种），仅 6%（8 种）的立案标准高于 11 只，立案标准要求数量最高的依然为虎纹蛙（200 只）。

表 1：对于走私、非法猎捕、杀害、收购、运输、出售珍贵、濒危陆生野生动物重大案件、特别重大案件立案标准的统计分析

保护级别	种类总数	重大案件立案标准			特别重大案件立案标准		
		≤5 只	6－10 只	11－200 只	≤5 只	6－10 只	11－200 只
一级	83	83	0	0	81	2	0
二级	128	53	73	2	13	107	8
合计	211	136	73	2	94	109	8

① 唐坤波：《陆生野生动物活体抽样送检鉴定问题探讨》，载《森林公安》2016 年第 5 期。

而对于抽样鉴定的具体操作，相关研究者也认为应当在流程上予以详细规范。例如：在抽样前注意对证物进行一一编号，规定使用科学的抽样方法如随机抽样，对于抽样送检的全过程进行拍照和录像，以及引入第三方和被告人共同进行抽样以确保抽样结果的公平公正及一致认可等。

此外，本案还提示执法者在执法过程中，需要进一步提升证据获取、处理和过程记录中的规范性。执法者应当要深刻理解什么是证据，如何获取证据，以及在整个执法包括取证过程中进行完善的视频影像记录。这不仅是确保法律公平裁判的前提，也是对执法者本身的保障。

《刑事诉讼法》第五十条规定，可以用于证明案件事实的材料，都是证据。包括物证，书证，证人证言，被害人陈述，犯罪嫌疑人、被告人供述和辩解，鉴定意见，勘验、检查、辨认、侦查实验等笔录，视听材料、电子数据。

为获取证据，必须依照法定程序，收集案件相关的各种证据。不仅收集能够证实犯罪嫌疑人、被告人有罪的证据，对于能够证明其无罪、犯罪情节轻重的各种证据也应当注意收集。法律严禁刑讯逼供和以威胁、引诱、欺骗以及其他非法方法收集证据，不得强迫任何人证实自己有罪。这类证据需要在审判检查环节予以排除。此外必须保证一切与案件有关或者了解案情的公民，有客观地、充分地提供证据的条件。例如对于少数民族，应以他们的语言审讯或提供翻译。证据还可以来自其他管理部门因其行使职责所获取的资料。例如，行政机关在行政执法和查办案件过程中收集的物证、书证、视听资料、电子数据等证据材料，经公安机关依法调取，在刑事诉讼中可以作为证据使用。调取证据时若取证方式不规范，程序不完善，会严重影响案件的后期检查、审理环节。

在各种类型的证据中，物证是最常见的。对物证的处理涉及样本提取、保管、送检、鉴定等各个环节。在整个流程中需要特别注意确保物证的可靠性，即证明物证是来源于案发现场的第一手证据，不存在被调包、污染和篡改的可能，同时也能够全面完整地反映案情。通常采取的方式包括：在样本提取时明确记载物品的特征、数量等信息并且经由相关证人的确认；通过完善的记录信息，如制作视听材料、严密的交接手续及证明材料如标签、签字等证明物品保管链条的完整性。

对执法过程进行记录不仅可以直观反映案发现场的状况，也是提高执法公信力和执法安全的重要手段。《公安机关现场执法视音频记录工作规定》，在办理行政、刑事案件中，如果开展现场勘验、检查、搜查、扣押、辨认、扣留，公安机关应当制作现场执法视音频记录。制作现场执法视音频记录时，应当对执法过程进行全程不间断记录。对于作为行政、刑事案件证据用的视音频记录，应当永久保存。除开这些物证处理中的普适性原则，特别要注意的是，因野生动物的特殊性，其相关的证物获取、留存和处理非常需要关注细节。例如，拍照是执法中常见的一种取证手段，但操作若不当，后期极易引发法庭中的争议。对罚没野生动物活体的拍照要注意动物彼此不要堆叠，易于从照片中判断动物的总数；对动物要拍摄其多个角度的图片，以便辨认其外部特征。

最后，本案发生于偏远的西藏自治区，且为少数民族聚居区。这样的地区通常具有丰富而独特的生物多样性，做好野生动物相关的执法工作是非常重要的。但往往在这些地区执法面临着更艰巨的挑战，因此更应加强野生动物执法相关的能力建设，提高综合执法水平。

执法指南

综合本次研究所选择的案例，近年来，随着社会经济的发展，互联网成为收购、出售珍贵、濒危野生动物及其制品的新平台，为执法与司法带来新的挑战。执法和司法人员如具备相关的计算机和互联网知识，将有助于证据固定和对案情的判断。在本罪不同案件中，主观故意的推定是频繁出现的争点之一。主观明知和客观行为是判断行为人是否构成犯罪的重要要件。其中明知包括行为人知道和应当知道两个部分。案例还显示，对法条和司法解释的掌握要细致精准，例如根据《最高人民法院关于审理破坏野生动物资源刑事案件具体应用法律若干问题的解释》的规定，“收购”，包括以营利、自用等为目的的购买行为。2014 年 4 月 24 日《全国人民代表大会常务委员会关于〈中华人民共和国刑法〉第三百四十一条、第三百一十二条的解释》规定：“知道或者应当知道是国家重点保护的珍贵、濒危野生动物及其制品，为食用或者其他目的而非法购买的，属于刑法第三百四十一条第一款规定的非法收购国家重点保护的珍贵、濒危野生动物及其制品的行为。”“运输”，包括采用携带、邮寄、利用他人、使用交通工具等方法进行运送的行为。“出售”，包括出卖和以营利为目的的加工利用行为。此外，在认定本罪时，还需要特别注意行为是否实际侵害或者威胁了珍贵、濒危野生动物资源。最后，研究还提出了目前在执法和司法实践中存在的大样本抽样取证的管理规范空白问题，探讨了抽样取证鉴定的必要性和可行性。

第五章 非法狩猎罪

本章导言

为了维护生物多样性和生态平衡，同时也为了防范公共卫生风险，国家制定了野生动物保护法，建立了狩猎制度。《野生动物保护法》第二十二条规定，猎捕非国家重点保护野生动物的，应当依法取得县级以上地方人民政府野生动物保护主管部门核发的狩猎证，并且服从猎捕量限额管理；第二十三条规定，猎捕者应当按照特许猎捕证、狩猎证规定的种类、数量、地点、工具、方法和期限进行猎捕。持枪猎捕的，应当依法取得公安机关核发的持枪证。任何狩猎行为都必须遵守野生动物保护法和狩猎制度，并主动接受相关部门的监管。非法狩猎罪是违反野生动物保护法关于狩猎的相关规定，在禁猎区、禁猎期或者使用禁用的工具、方法进行狩猎，破坏野生动物资源，情节严重的行为。

非法狩猎罪的一般犯罪构成分析。非法狩猎罪的犯罪构成如下：（1）本罪主体是一般主体。无论是专门从事狩猎的人员还是其他公民，只要达到刑事责任年龄、具备刑事责任能力的，都可以构成本罪。单位亦可构成本罪主体。（2）本罪在主观方面表现为故意，即明知是在禁猎区、禁猎期或者使用禁止的工具、方法进行狩猎而故意为之。至于是为了营利或者其他目的，均不影响本罪的成立。过失不能构成本罪。（3）本罪侵犯的客体是国家保护野生动物资源的管理制度，具体而言就是侵犯了《野生动物保护法》所规定的狩猎制度。(4)本罪的客观方面表现为违反《野生动物保护法》规定的狩猎、猎捕行为，猎捕了非国家重点保护野生动物①。一是违反《野生动物保护法》规定，没有取得特许猎捕证或狩猎证的猎捕或狩猎行为，情节严重的行为；二是取得了特许猎捕证或狩猎证，但没有按特许猎捕证或狩猎证规定的种类、数量、地点、工具、方法和期限进行猎捕，情节严重的行为；三是在禁止猎捕或狩猎的区域内或禁止狩猎的时期内开展狩猎活动，使用法律禁止使用的猎捕工具或方法狩猎，情节严重的行为。根据最高法裁判文书网资料，江苏、河南、浙江、安徽、湖北等省份是我国非法狩猎犯罪的热点地区。

关于非法狩猎情节严重的标准。《刑法》第三百四十一条第二款规定，违反狩猎法规，在禁猎区、禁猎期或者使用禁用的工具、方法进行狩猎，破坏野生动物资源，情节严重的，处三年以下有期徒刑、拘役、管制或者罚金。如何判断在禁猎区、禁猎期或者使用禁用的工具、方法狩猎的情节是否严重，应当适用《最高人民法院关于审理破坏野生动物资源刑事案件具体应用法律若干问题的解释》第六条规定：一是非法狩猎野生动物二十只以上的；二是违反狩猎法规，在禁猎区或者禁猎期使用禁用的工具、方法狩猎的；三是具有其他严重情节的。

本章依据汇编案例遴选标准选取了 5 个典型案例。其中第一个案例中法院判决被告人汪某平有罪，单处罚金；第二个案例中法院判决杜某有罪，并没收了杜某作案工具面包车，体现了新的责任承担方式（第二条标准）；第三个案例中有 8 个农民因非法捕猎、收购青蛙而被判刑，在当地乃至全国都具有较大的社会影响；第四个案例涉及跨地区协作，被告人罗某是凌云县农民，到田东县非法猎捕画眉鸟，在返回途中经过田阳县时被查获，最后在田阳县

---

① 葛丽明：《非法狩猎罪理论与实践问题研究》，载《法制与社会》2012 年第 28 期，第 281－282 页。

被法院判决罪名成立；第五个案例中上海农民李某某非法捕捉 50 多只鸟类后，在上海非法销售时被查获，最终被判刑，其入选的意义体现在大城市如何应对街头摆摊贩卖野生动物现象。

关联规定

<table>
<tr><th>法律名称</th><th>具体条款</th><th>内容摘要</th></tr>
<tr><td>野生动物保护法</td><td>第二十条</td><td>禁猎（渔）区、禁猎（渔）期的规定</td></tr>
<tr><td colspan="3">在相关自然保护区域和禁猎（渔）区、禁猎（渔）期内，禁止猎捕以及其他妨碍野生动物生息繁衍的活动，但法律法规另有规定的除外。
野生动物迁徙洄游期间，在前款规定区域外的迁徙洄游通道内，禁止猎捕并严格限制其他妨碍野生动物生息繁衍的活动。迁徙洄游通道的范围以及妨碍野生动物生息繁衍活动的内容，由县级以上人民政府或者其野生动物保护主管部门规定并公布。</td></tr>
<tr><td>野生动物保护法</td><td>第二十一条</td><td>禁止猎捕、杀害国家重点保护野生动物；特许猎捕制度</td></tr>
<tr><td colspan="3">禁止猎捕、杀害国家重点保护野生动物。
因科学研究、种群调控、疫源疫病监测或者其他特殊情况，需要猎捕国家一级保护野生动物的，应当向国务院野生动物保护主管部门申请特许猎捕证；需要猎捕国家二级保护野生动物的，应当向省、自治区、直辖市人民政府野生动物保护主管部门申请特许猎捕证。</td></tr>
<tr><td>野生动物保护法</td><td>第二十二条</td><td>狩猎制度（一）</td></tr>
<tr><td colspan="3">猎捕非国家重点保护野生动物的，应当依法取得县级以上地方人民政府野生动物保护主管部门核发的狩猎证，并且服从猎捕量限额管理。</td></tr>
<tr><td>野生动物保护法</td><td>第二十三条</td><td>狩猎制度（二）</td></tr>
<tr><td colspan="3">猎捕者应当按照特许猎捕证、狩猎证规定的种类、数量、地点、工具、方法和期限进行猎捕。
持枪猎捕的，应当依法取得公安机关核发的持枪证。</td></tr>
<tr><td>野生动物保护法</td><td>第二十四条</td><td>禁止使用的猎捕工具与方法</td></tr>
<tr><td colspan="3">禁止使用毒药、爆炸物、电击或者电子诱捕装置以及猎套、猎夹、地枪、排铳等工具进行猎捕，禁止使用夜间照明行猎、歼灭性围猎、捣毁巢穴、火攻、烟熏、网捕等方法进行猎捕，但因科学研究确需网捕、电子诱捕的除外。
前款规定以外的禁止使用的猎捕工具和方法，由县级以上地方人民政府规定并公布。</td></tr>
</table>

续表

<table>
<tr><th>法律名称</th><th>具体条款</th><th>内容摘要</th></tr>
<tr><td>野生动物保护法</td><td>第三十一条</td><td>禁止为出售、购买、利用野生动物或者禁止使用的猎捕工具发布广告</td></tr>
<tr><td colspan="3">禁止为出售、购买、利用野生动物或者禁止使用的猎捕工具发布广告。禁止为违法出售、购买、利用野生动物制品发布广告。</td></tr>
<tr><td>野生动物保护法</td><td>第四十五条</td><td>非法猎捕国家重点保护野生动物的法律责任</td></tr>
<tr><td colspan="3">违反本法第二十条、第二十一条、第二十三条第一款、第二十四条第一款规定，在相关自然保护区域、禁猎（渔）区、禁猎（渔）期猎捕国家重点保护野生动物，未取得特许猎捕证、未按照特许猎捕证规定猎捕、杀害国家重点保护野生动物，或者使用禁用的工具、方法猎捕国家重点保护野生动物的，由县级以上人民政府野生动物保护主管部门、海洋执法部门或者有关保护区域管理机构按照职责分工没收猎获物、猎捕工具和违法所得，吊销特许猎捕证，并处猎获物价值二倍以上十倍以下的罚款；没有猎获物的，并处一万元以上五万元以下的罚款；构成犯罪的，依法追究刑事责任。</td></tr>
<tr><td>野生动物保护法</td><td>第四十六条</td><td>非法狩猎的法律责任</td></tr>
<tr><td colspan="3">违反本法第二十条、第二十二条、第二十三条第一款、第二十四条第一款规定，在相关自然保护区域、禁猎（渔）区、禁猎（渔）期猎捕非国家重点保护野生动物，未取得狩猎证、未按照狩猎证规定猎捕非国家重点保护野生动物，或者使用禁用的工具、方法猎捕非国家重点保护野生动物的，由县级以上地方人民政府野生动物保护主管部门或者有关保护区域管理机构按照职责分工没收猎获物、猎捕工具和违法所得，吊销狩猎证，并处猎获物价值一倍以上五倍以下的罚款；没有猎获物的，并处二千元以上一万元以下的罚款；构成犯罪的，依法追究刑事责任。
违反本法第二十三条第二款规定，未取得持枪证持枪猎捕野生动物，构成违反治安管理行为的，由公安机关依法给予治安管理处罚；构成犯罪的，依法追究刑事责任。</td></tr>
<tr><td>野生动物保护法</td><td>第五十一条</td><td>非法经营野生动物的法律责任</td></tr>
<tr><td colspan="3">违反本法第三十二条规定，为违法出售、购买、利用野生动物及其制品或者禁止使用的猎捕工具提供交易服务的，由县级以上人民政府市场监督管理部门责令停止违法行为，限期改正，没收违法所得，并处违法所得二倍以上五倍以下的罚款；没有违法所得的，处一万元以上五万元以下的罚款；构成犯罪的，依法追究刑事责任。</td></tr>
<tr><td>陆生野生动物保护实施条例</td><td>第三十四条</td><td>非法狩猎的法律责任</td></tr>
<tr><td colspan="3">违反野生动物保护法规，未取得狩猎证或者未按照狩猎证规定猎捕非国家重点保护野生动物，依照《野生动物保护法》第三十三条的规定处以罚款的，按照下列规定执行：
（一）有猎获物的，处以相当于猎获物价值 5 倍以下的罚款；
（二）没有猎获物的，处 1000 元以下罚款。</td></tr>
</table>

续表

法律名称	具体条款	内容摘要
刑法	第三百四十一条第二款	非法狩猎罪的刑事责任
违反狩猎法规，在禁猎区、禁猎期或者使用禁用的工具、方法进行狩猎，破坏野生动物资源，情节严重的，处三年以下有期徒刑、拘役、管制或者罚金。		
最高人民法院关于审理破坏野生动物资源刑事案件具体应用法律若干问题的解释	第六条	非法狩猎罪的立案标准
违反狩猎法规，在禁猎区、禁猎期或者使用禁用的工具、方法狩猎，具有下列情形之一的，属于非法狩猎“情节严重”： （一）非法狩猎野生动物二十只以上的； （二）违反狩猎法规，在禁猎区或者禁猎期使用禁用的工具、方法狩猎的； （三）具有其他严重情节的。		
公安机关涉案财物管理若干规定	第二条	野生动物保护执法过程中的罚没范围
本规定所称涉案财物，是指公安机关在办理刑事案件和行政案件过程中，依法采取查封、扣押、冻结、扣留、调取、先行登记保存、抽样取证、追缴、收缴等措施提取或者固定，以及从其他单位和个人接收的与案件有关的物品、文件和款项，包括： （一）违法犯罪所得及其孳息； （二）用于实施违法犯罪行为的工具； （三）非法持有的淫秽物品、毒品等违禁品； （四）其他可以证明违法犯罪行为发生、违法犯罪行为情节轻重的物品和文件。		

其他地方性政策文件

1.《湖北省实施〈中华人民共和国野生动物保护法〉办法》

第二十二条　禁止在城镇、工矿区、自然保护区、军事禁区、旅游区、风景区、禁猎区以及禁猎期行猎。

禁止使用毒药、爆炸物、电击或者电子诱捕装置以及猎套、猎夹、地枪、排铳、非人为直接操作的狩猎装置等工具进行猎捕，禁止使用夜间照明行猎、歼灭性围猎、捣毁巢穴、火攻、烟熏、网捕等方法进行猎捕，但因科学研究确需网捕、电子诱捕的除外。

法律法规规定以外的禁止使用的猎捕工具和方法，由县级以上人民政府规定并公布。

2.《湖北省林业厅关于发布野生鸟类禁猎期的通告》

鸟类是生态系统的重要组成部分。我省是野生鸟类重要的繁殖地、迁徙停歇地和越冬地，是鸟类栖息的中心省份之一。保护好野生鸟类资源，对保护生物多样性，维护生态平衡，建设生态文明具有重要意义。

为贯彻落实党的十八大、十八届三中全会和省委、省政府关于加快生态文明建设的决策部署，更好地保护好野生鸟类资源，根据《中华人民共和国野生动物保护法》和《湖北省实施〈中华人民共和国野生动物保护法〉办法》相关规定，经省人民政府同意，决定在湖北省全省境内对所有野生鸟类进行禁猎，禁猎期为2014年1月1日至2018年12月31日。禁猎期满后，再根据执行情况决定是否延续禁猎期限。

禁猎期间，除科学研究、疫病防控、保障航空安全等特殊情形外，各级林业行政主管部门对猎捕野生鸟类的行政许可申请一律不予审批。凡未经批准，非法猎捕野生鸟类的，由县级以上林业行政主管部门依法给予处罚；构成犯罪的，依照《刑法》第三百四十一条的规定，依法追究刑事责任。

3.《河南省林业厅关于确定禁猎区域及有关问题的通知》（豫林护〔2000〕29号）

各市地林业（农林）局，济源市林业局：

野生动物资源是自然资源的重要组成部分，保护野生动物是维持生态平衡的直接措施，也是衡量一个国家和民族精神文明建设水平高低的重要标志。去年以来，我省一些地方连续发生多起非法猎捕国家重点保护野生动物的重特大案件，使宝贵的野生动物资源遭受了重大损失。为保护好野生动物资源，及时遏制这种局面，加强对狩猎活动的管理，根据《中华人民共和国野生动物保护法》和《河南省实施〈野生动物保护法〉办法》的有关规定，现就我省禁猎区域规定如下：

一、根据我省各地野生动物资源分布情况，原则上确定太行山、伏牛山、大别山和桐柏山区为禁猎区域（以县为单位）。经研究首批确定栾川等26个县（市、区）为禁猎区（名单附后）。

禁猎区还包括上述26个县（市、区）以外的自然保护区、森林公园、国有林场、黄河滩区、水库及湿地、城镇市区及城市郊区、部队营区及军事禁区、风景名胜游览区等。

二、未经批准，任何单位和个人不得猎捕国家、省重点保护和一般保护陆生野生动物，违者依照有关法律、法规的规定，严肃处理。

三、在禁猎区内，禁止使用猎枪、军用武器、体育运动枪支、气枪、毒药、炸药、土枪、井炮、土铳、地枪、地弓、弹弓、粘网、铁夹、钢丝套等各种猎捕械具；禁止使用阎王窑、绝后窑、机动车追赶、歼灭性围猎及火攻、烟熏、掏窑、拣蛋、挖洞办法和其他危害人畜安全、危及野生动物，破坏野生动物生存环境的狩猎活动。

四、禁猎区内，由于野生动物数量增加可能造成农作物和人畜危害，需要猎捕野生动物时，可由县级林业行政主管部门组织调查后提出意见，市地林业行政主管部门审核同意，省林业厅组织有关专家论证后，经林业厅批准，持《狩猎证》有组织地进行限量猎捕。

五、有关单位和个人对国家和省重点保护野生动物可能造成的危害应当采取措施。因保护国家和省重点保护野生动物受到损失的，可向当地人民政府野生动物行政主管部门提出补偿要求。经调查属实并确定需要补偿的，由当地人民政府按有关规定给以补偿。

附：

河南省禁猎区域名单

（以县（市、区）为单位）

栾川县　嵩　县　汝阳县　宜阳县　洛宁县　登封市

林州市　辉县市　卢氏县　陕　县　渑池县　灵宝市

鲁山县　确山县　泌阳县　南召县　西峡县　内乡县　淅川县
桐柏县　平桥区　浉河区　商城县　罗山县　新　县　济源市

4.《江苏省实施〈中华人民共和国森林法〉办法》(第五次修正)

第二十八条　县级以上林业主管部门负责本行政区域内陆生野生动物的管理工作。

保护陆生野生动物名录除国务院公布的国家一、二级名单外，地方重点保护陆生野生动物名录由省林业主管部门制定，报省人民政府批准公布。

驯养繁殖地方重点保护的陆生野生动物，应当经林业主管部门同意。经营利用非国家重点保护的陆生野生动物，实行限额管理。

……

典型案例

案例1：汪某平非法狩猎案[①]

（一）基本案情

被告人汪某平，因犯盗窃罪，于1983年10月11日被潜江县人民法院判处有期徒刑十二年。

2014年11月22日上午10时许，被告人汪某平在仙桃市剅河镇李尧村×组使用投撒有毒稻谷方式毒杀野生鸟类时，被黄某抓住。仙桃市公安局剅河派出所民警接黄某报警后赶到现场，抓获汪某平，并查获死体野生鸟类65只。同日，经仙桃市野生动物保护站调查确认，仙桃市公安局剅河派出所查获的死体野生鸟类65只中有珠颈斑鸠4只、燕雀5只、麻雀56只，属国家保护的、湖北省严禁猎捕的有益的或者有重要经济、科学研究价值的陆生野生

① 湖北省仙桃市人民法院，（2017）鄂9004刑再5号，http：//wenshu. court. gov. cn/content/content? DocID = c142584d - 40fa - 4864 - b153 - a835012df4b4&KeyWord = % EF% BC% 882017% EF% BC% 89% E9% 84% 829004% E5% 88% 91% E5% 86% 8D5% E5% 8F% B7，2019年3月11日访问。

动物。经审理还查明：湖北省林业厅于2013年12月31日发布通告：在湖北省全省境内对所有野生鸟类进行禁猎，禁猎期为2014年1月1日至2018年12月31日。

（二）裁判结果

一审法院（湖北省仙桃市人民法院）认为，被告人汪某平违反狩猎法规，在禁猎期使用禁用的方法非法狩猎野生鸟类65只，破坏野生动物资源，情节严重，其行为已构成非法狩猎罪，应当负刑事责任。公诉机关起诉指控的罪名成立。被告人有前科，可以酌情从重处罚。被告人汪某平如实供述自己的罪行，依法可以从轻处罚。2015年11月3日，湖北省仙桃市人民法院依照《刑法》第三百四十一条第二款、第五十二条、第六十七条第三款，《最高人民法院关于审理破坏野生动物资源刑事案件具体应用法律若干问题的解释》第六条第一项、第二项规定，判决被告人汪某平犯非法狩猎罪，判处罚金人民币1万元。

一审判决后，湖北省人民检察院汉江分院抗诉认为，原审被告人汪某平非法狩猎国家保护的、湖北省严禁猎捕的有益的或者有重要经济、科学研究价值的陆生野生鸟类65只，达到立案标准的3倍以上，同时在禁猎期使用投撒有毒稻谷方式非法狩猎，性质恶劣，其犯罪行为同时符合《最高人民法院关于审理破坏野生动物资源刑事案件具体应用法律若干问题的解释》第六条第一项、第二项“情节严重”标准，应当判处三年以下有期徒刑、拘役、管制，不宜单处罚金。

再审法院（湖北省仙桃市人民法院）认为，抗诉机关对原审判决认定被告人汪某平犯非法狩猎罪的事实并没有异议，再审依法应予认定。根据《最高人民法院关于适用财产刑若干问题的规定》、《最高人民法院关于贯彻宽严相济刑事政策的若干意见》和《最高人民法院全国法院维护农村稳定刑事审判工作座谈会纪要》中的相关规定，对自由刑与罚金刑均可选择适用的案件，只要不是应当并处或者可以并处自由刑和罚金刑的，可单处罚金刑。根据《刑法》第三百四十一条第二款“违反狩猎法规，在禁猎区、禁猎期或者使用禁用的工具、方法进行狩猎，破坏野生动物资源，情节严重的，处三年以下有期徒刑、拘役、管制或者罚金”的规定，构成非法狩猎罪的，既可选择判处三年以下有期徒刑、拘役、管制等主刑，又可单处附加刑中的罚金。原公诉机关起诉指控原审被告人汪某平犯非法狩猎罪的事实清楚，理由正当，原审被告人汪某平也自愿认罪，服从判决。所以，原审判决适用法律正确，量刑适当，依法应予维持。依照《刑事诉讼法》第二百四十五条和《最高人民法院关于适用〈中华人民共和国刑事诉讼法〉的解释》第三百八十九条第一款第二项的规定，裁定维持一审判决。

（三）案件争点

这是一起典型的在禁猎期使用法律禁止的狩猎工具或方法的非法狩猎案件。被告人汪某平违反野生动物保护法规定，在没有取得狩猎证的情况下，到仙桃市剅河镇李尧村×组使用投撒有毒稻谷方式毒杀野生鸟类65只。被告人的行为违反了《野生动物保护法》、《湖北省实施〈中华人民共和国野生动物保护法〉办法》和《湖北省林业厅关于发布野生鸟类禁猎期的通告》的规定，触犯了刑法，构成非法狩猎罪。控辩双方争议的焦点主要集中在能否对汪某平单处罚金的问题上。

1. 汪某平的行为违反了《野生动物保护法》规定的狩猎管理制度。《野生动物保护法》第二十条第一款规定，在相关自然保护区域和禁猎（渔）区、禁猎（渔）期内，禁止猎捕以及其他妨碍野生动物生息繁衍的活动，但法律法规另有规定的除外。第二十二条规定，猎捕非国家重点保护野生动物的，应当依法取得县级以上地方人民政府野生动物保护主管部门核发的狩猎证，并且服从猎捕量限额管理。第二十三条第一款规定，猎捕者应当按照特许猎捕证、狩猎证规定的种类、数量、地点、工具、方法和期限进行猎捕。

第二十四条规定，禁止使用毒药、爆炸物、电击或者电子诱捕装置以及猎套、猎夹、地枪、排铳等工具进行猎捕，禁止使用夜间照明行猎、歼灭性围猎、捣毁巢穴、火攻、烟熏、网捕等方法进行猎捕，但因科学研究确需网捕、电子诱捕的除外。具体到本案，汪某平没有获得狩猎证，因而其捕猎野生鸟类的行为违反了《野生动物保护法》的规定。

2. 汪某平的行为违反了《湖北省实施〈中华人民共和国野生动物保护法〉办法》和《湖北省林业厅关于发布野生鸟类禁猎期的通告》的规定。本案中，汪某平在湖北省林业厅发布了禁猎所有野生鸟类的期间，使用法律禁止的工具捕猎野生鸟类的行为，不但违反了《野生动物保护法》的规定，同时也违反了湖北省相关地方法规的规定。

3. 汪某平的行为触犯了《刑法》，构成非法狩猎罪。汪某平违反野生动物保护法规定的狩猎制度，在禁猎区使用法律禁止使用的工具，采用投毒方式非法狩猎 65 只野生鸟类，其行为触犯了刑法，构成了非法狩猎犯罪。

4. 对汪某平单处罚金符合我国的刑事政策。汪某平非法狩猎国家保护的、湖北省严禁猎捕的有益的或者有重要经济、科学研究价值的陆生野生鸟类 65 只，达到立案标准的 3 倍以上，单处罚金是否恰当呢？根据《刑法》第三百四十一条第二款“违反狩猎法规，在禁猎区、禁猎期或者使用禁用的工具、方法进行狩猎，破坏野生动物资源，情节严重的，处三年以下有期徒刑、拘役、管制或者罚金”的规定，构成非法狩猎罪的，既可选择判处三年以下有期徒刑、拘役、管制等主刑，又可单处附加刑中的罚金。再审法院认为，根据《最高人民法院关于适用财产刑若干问题的规定》、《最高人民法院关于贯彻宽严相济刑事政策的若干意见》和《最高人民法院全国法院维护农村稳定刑事审判工作座谈会纪要》中的相关规定，对自由刑与罚金刑均可选择适用的案件，只要不是应当并处或者可以并处自由刑和罚金刑的，可单处罚金刑。

（四）案件评论

采用投毒的方式，非法狩猎野生鸟类，是一种非常危险的行为。因为这种方式没有区分野生鸟类的种类，可能导致多种野生鸟类，甚至受国家重点保护的野生鸟类因服食而死亡。因此，《野生动物保护法》第二十四条第一款规定：“禁止使用毒药、爆炸物、电击或者电子诱捕装置以及猎套、猎夹、地枪、排铳等工具进行猎捕，禁止使用夜间照明行猎、歼灭性围猎、捣毁巢穴、火攻、烟熏、网捕等方法进行猎捕，但因科学研究确需网捕、电子诱捕的除外。”因此，汪某平非法狩猎案件的判决具有较大的社会影响，能够用来能提升媒体与公众关于野生动物保护的法律意识。

但是，汪某平犯罪背后的相关因素也需要社会关注。汪某平在承认犯罪事实的同时，向法院陈述因为家庭经济条件困难，其本人身体患疾病、靠卖菜维持生活，恳请法院能够判处缓刑，维持原判的罚金刑。这则案例也反映，贫困问题是很多农民、靠近林区的社区破坏森林、野生动物资源的重要因素。为了保护森林和野生动物资源，不但要严格依照《野生动物保护法》和《刑法》规定，去追究破坏野生动物资源、森林资源的犯罪人的刑事责任，同时也需要加强公众宣传教育，提高农民和靠近林区的社区的生态文明意识，帮助他们提高生活水平，让他们从保护森林和野生动物资源中获得利益。

因此，我们需要：加强对森林社区的公众宣传工作，提高森林社区群众的野生动物保护意识；加强对森林社区的生计问题的重视，帮助他们提高生活水平；发挥森林社区在野生动物资源保护中的地位和作用。

案例 2：杜某非法狩猎案[①]

（一）基本案情

抗诉机关（原公诉机关）：嵩县人民检察院。

原审被告人杜某，因涉嫌犯非法狩猎罪，于 2016 年 3 月 9 日被嵩县森林

---

① 河南省洛阳市中级人民法院，（2016）豫 03 刑终 261 号，http：//wenshu. court. gov. cn/content/content? DocID = 447a1f9b - 5a76 - 4892 - bdf9 - 79a81e6a0061&KeyWord = % EF% BC% 882016% EF% BC% 89% E8% B1% AB03% E5% 88% 91% E7% BB% 88261% E5% 8F% B7，2019 年 3 月 11 日访问。

公安局刑事拘留，同年3月10日被取保候审。

2016年2月17日19时至20时30分，被告人杜某在未办理野生动物狩猎证的情况下，在嵩县饭坡乡长岭村大沟岭正岭脊私设电网进行非法狩猎，并猎捕到野兔14只。另查明，案发当晚杜某被抓获时逃跑。2016年2月19日，嵩县森林公安局在伊川县鸦岭派出所的配合下，到伊川县鸦岭乡刘沟村抓捕杜某无果。2016年3月9日杜某到嵩县森林公安局投案，并如实供述了其犯罪事实。

（二）裁判结果

一审判决认定：被告人杜某犯非法狩猎罪，判处罚金人民币3000元；对作案工具，包括豫C××五菱之光面包车一辆、神捕牌变压器一台、风航牌电瓶一台等，予以没收。一审宣判后，嵩县人民检察院提出抗诉。

嵩县人民检察院抗诉称：原判决适用的法律条款为《刑法》第六十七条第三款，案发后杜某能够如实供述其犯罪事实，依法可从轻处罚。而查明事实中认定杜某2016年3月9日到嵩县森林公安局投案。判决书确属法律适用错误。

二审法院认为：原审被告人杜某违反狩猎法规，在禁猎区使用禁用工具和方法进行非法狩猎，破坏野生动物资源，情节严重，其行为已构成非法狩猎罪。杜某有投案自首情节，可从轻处罚。杜某关于其车辆不属于作案工具的辩解意见与审理查明的事实不符，不予采纳。抗诉机关关于原判决适用法律条款确有错误的抗诉理由予以采纳。二审法院判决：被告人杜某犯非法狩猎罪，作案工具豫C××五菱之光面包车一辆、神捕牌变压器一台、风航牌电瓶一台予以没收；并将杜某罚金从人民币3000元减为人民币2500元。

（三）案件争点

本案是一起在禁猎区使用法律禁用工具的非法狩猎案件。被告人杜某在未办理野生动物狩猎证的情况下，于2016年2月17日驾驶豫C××五菱之光面包车，携带了神捕牌变压器和风航牌电瓶，到嵩县饭坡乡长岭村大沟岭正岭脊私设电网进行非法狩猎，并猎捕到野兔14只。案件争议的焦点，主要集中在判决书没收被告人杜某的面包车是否恰当的问题上。

杜某用来犯罪的作案工具应当依法没收。案件中的豫C××面包车是否应当没收，成为被告人杜某在二审中辩解的焦点。《刑法》第六十四条规定："犯罪分子违法所得的一切财物，应当予以追缴或者责令退赔；对被害人的合法财产，应当及时返还；违禁品和供犯罪所用的本人财物，应当予以没收。没收的财物和罚金，一律上缴国库，不得挪用和自行处理。"《公安机关涉案财物管理若干规定》第二条规定："本规定所称涉案财物，是指公安机关在办理刑事案件和行政案件过程中，依法采取查封、扣押、冻结、扣留、调取、先行登记保存、抽样取证、追缴、收缴等措施提取或者固定，以及从其他单位和个人接收的与案件有关的物品、文件和款项，包括：（一）违法犯罪所得及其孳息；（二）用于实施违法犯罪行为的工具；（三）非法持有的淫秽物品、毒品等违禁品；（四）其他可以证明违法犯罪行为发生、违法犯罪行为情节轻重的物品和文件。"因此，案件中的豫C××面包车和狩猎工具，都是杜某非法狩猎的工具。其中，豫C××面包车是杜某的交通工具，同时也是用来装载狩猎工具到达现场的作案工具（犯罪工具），同时还是被用来在现场放置非法狩猎的猎获物的作案工具（犯罪工具）。

对于用作犯罪工具的交通工具是否没收，在司法实践中涉及对作案工具（犯罪工具）特征与属性的理解。作案工具，就是犯罪人在实施犯罪时直接使用的财物，具有犯罪性、专用性和有异性等基本特征。犯罪工具与犯罪之间具有关联，促进犯罪的发生。没有该犯罪工具，可能犯罪就不会发生。在杜某非法狩猎案件中，面包车与非法狩猎行为具有密切的联系，没有面包车，杜某将神捕牌变压器、风航牌电瓶等运到现场就有一定程度的困难，非法狩猎犯罪可能不会发生。虽然面包车的经济价值与杜某当晚非法狩猎的收益相比略显比例偏高，但在判断是否没收犯罪工具时，需要考虑的不是犯罪工具与该次犯罪收益的比例，而是考虑犯罪工具与犯罪行为危害性的比例——杜某在法律禁止狩猎的禁猎期，使用面包车装载法律禁止的电网装置进行非法捕猎，具有严重的社会危害性。因此，案件中一审、二审法院判决没收杜某用作犯罪工具的豫 C××面包车和狩猎工具是符合法律规定的。

（四）案件评论

在禁猎区私设电网进行非法狩猎活动，具有严重的危害性。杜某非法狩猎案被法院判决犯非法狩猎罪，具有较强的社会影响。

法院判决没收杜某犯罪工具面包车，符合《刑法》第六十四条、《公安机关涉案财物管理若干规定》第二条规定。本案中，杜某在非法狩猎中使用的作案工具被一审法院判决没收，杜某提出其涉案的豫 C××面包车不属于犯罪工具的辩解理由没有得到二审法院的支持。在禁猎期，使用面包车运载法律禁止的工具从事非法狩猎，面包车与非法狩猎犯罪行为之间具有密切的关联，没有面包车则该非法狩猎行为可能不会发生；虽然面包车的经济价值与杜某该次非法狩猎的收益相比略显过重，但与杜某非法狩猎行为的危害性相比，没收面包车的裁决则具有合理性。因此案件中的豫 C××面包车和狩猎工具被法院判决没收，是符合规定的。本案中一审、二审法院关于没收犯罪工具面包车的判决，澄清了社会生活中对于非法狩猎犯罪工具的认定规则所存在的模糊点，对于其他法院处理类似问题具有较强的借鉴价值。

关于本案，还有一个需要注意的问题是，一审、二审法院在判决书中对于杜某非法狩猎行为是否发生在禁猎区或禁猎期内的前提都进行了省略。

杜某在没有获得狩猎许可证或特许猎捕证的情况下，使用法律禁止的工具，非法狩猎 14 只野兔的行为，应当负刑事责任还是行政责任呢？《最高人民法院关于审理破坏野生动物资源刑事案件具体应用法律若干问题的解释》第六条规定了非法狩猎情节严重、可以追究刑事责任的三种情形。根据《最高人民法院关于审理破坏野生动物资源刑事案件具体应用法律若干问题的解释》第六条规定，违反狩猎法规，在禁猎区、禁猎期或者使用禁用的工具、方法狩猎，具有下列情形之一的，属于非法狩猎“情节严重”：（一）非法狩猎野生动物二十只以上的；（二）违反狩猎法规，在禁猎区或者禁猎期使用禁用的工具、方法狩猎的；（三）具有其他严重情节的。

根据《刑法》第三百四十一条第二款和《最高人民法院关于审理破坏野生动物资源刑事案件具体应用法律若干问题的解释》第六条规定，如果不是在禁猎区、禁猎期内，非法狩猎 14 只非国家保护的野兔，是不构成非法狩猎犯罪的。因此，对于杜某的行为究竟应按照《刑法》第三百四十一条第二款追究其刑事责任，还是按照《陆生野生动物保护实施条例》第三十五条规定追究其行政责任，关键在于杜某非法狩猎的地点是否在禁猎区或事件发生在禁猎期。

《河南省林业厅关于确定禁猎区域及有关问题的通知》（豫林护〔2000〕29 号）规定了嵩县是禁猎区。2000 年时，河南省林业厅针对该省一些地方连续发生多起非法猎捕国家重点保护野生动物的重特大案件的情况，为保护好野生动物资源，及时遏制非法狩猎和非法捕杀珍贵野生动物的现象，加强了对狩猎活动的管理；河南省林业厅根据《野生动物保护法》和《河南省实施〈中华人民共和国野生动物保护法〉办法》的有关规定，发布了《河南省林业厅关于确定禁猎区域及有关问题的通知》（豫林护〔2000〕29 号）。

根据豫林护〔2000〕29 号文件，河南省林业厅确定太行山、伏牛山、大别山和桐柏山区为禁猎区域（以县为单位），首批确定栾川等 26 个县（市、区）为禁猎区，而嵩县正好在此名单上；河南省禁猎区还包括上述 26 个县（市、区）以外的自然保护区、森林公园、国有林场、黄河滩区、水库及湿地、城镇市区及城市郊区、部队营区及军事禁区、风景名胜游览区等。豫林护〔2000〕29 号文件还规定，在禁猎区内，禁止使用猎枪、军用武器、体育运动枪支、气枪、毒药、炸药、土枪、井炮、土铳、地枪、地弓、弹弓、粘网、铁夹、钢丝套等各种猎捕械具；禁止使用阎王窑、绝后窑、机动车追赶、歼灭性围猎及火攻、烟熏、掏窑、拣蛋、挖洞办法和其他危害人畜安全、危及野生动物，破坏野生动物生存环境的狩猎活动。

案件中，杜某在未获得狩猎证、特许猎捕证的情况下，到嵩县饭坡乡长岭村大沟岭的岭脊，使用法律禁止使用的电网猎捕方法①，非法狩猎了 14 只野兔；杜某行为符合《刑法》第三百四十一条第二款、《最高人民法院关于审理破坏野生动物资源刑事案件具体应用法律若干问题的解释》第六条规定，构成了非法狩猎罪。

建议法院在审理非法狩猎案件过程中，尤其是在说明判决理由时，不要省略案件发生地属于禁猎区、案件发生在禁猎期的情况。

案例 3：刘某甲、刘某乙等非法狩猎案②

（一）基本案情

2015 年 6 月 26 日至 7 月 17 日，被告人刘某乙、刘某丙、张某、刘某丁、刘某戊、彭某、皮某等人单独或结伙，在邳州市宿羊山镇、八路镇、碾庄镇等地，违反国家狩猎法规，采用“光源照射”的方式多次狩猎青蛙，出售给被告人刘某甲。被告人刘某甲明知狩猎青蛙系违法行为，仍唆使被告人彭某、刘某乙、张某狩猎青蛙出售给其本人，并转售他人获利。其中，被告人刘某甲涉嫌非法狩猎青蛙 897 斤约 15000 只；被告人刘某乙非法狩猎青蛙 560 斤约 9000 只；被告人刘某丁涉嫌非法狩猎青蛙 217 斤 3000 余只；被告人彭某涉嫌非法狩猎青蛙 251.5 斤 4000 余只；被告人刘某丙涉嫌非法狩猎青蛙 154.5 斤约 2000 只；被告人皮某涉嫌非法狩猎青蛙 173 斤约 2500 只；被告人张某涉嫌

---

① 《野生动物保护法》第二十四条第一款规定：“禁止使用毒药、爆炸物、电击或者电子诱捕装置以及猎套、猎夹、地枪、排铳等工具进行猎捕，禁止使用夜间照明行猎、歼灭性围猎、捣毁巢穴、火攻、烟熏、网捕等方法进行猎捕，但因科学研究确需网捕、电子诱捕的除外。”

② 江苏省徐州市中级人民法院，（2016）苏 03 刑终 165 号，http：//wenshu. court. gov. cn/content/content? DocID = e86b00dc - 6235 - 4371 - 8ceb - ffd8c585a99e&Key Word = % EF% BC% 882016% EF% BC% 89% E8% 8B% 8F03% E5% 88% 91% E7% BB% 88165% E5% 8F% B7，2019 年 3 月 11 日访问。

非法狩猎青蛙 85.5 斤 1000 余只；被告人刘某戊涉嫌非法狩猎青蛙 250 斤 4000 余只。经国家林业局森林公安局野生动植物刑事物证鉴定中心鉴定，被告人刘某甲、刘某乙、刘某戊、刘某丁、刘某丙、皮某、彭某、张某非法捕猎的青蛙为金线蛙和黑斑蛙，均属国家保护的有益的或者有重要经济、科学研究价值的动物。

被告人刘某乙、刘某丁、刘某戊分别于 2015 年 7 月 23 日、7 月 23 日、8 月 22 日主动至邳州市公安局宿羊山派出所投案；被告人刘某甲、彭某、刘某丙、张某、皮某分别于 2015 年 8 月 7 日、7 月 31 日、7 月 17 日、8 月 1 日、7 月 17 日被邳州市公安局宿羊山镇派出所民警刑事传唤到案，八被告人归案后均如实供述了其涉案事实。

（二）裁判结果

一审法院认为：被告人刘某甲、刘某乙、刘某丙、张某、刘某丁、刘某戊、彭某、皮某违反狩猎法规，使用禁用的方法进行狩猎，破坏野生动物资源，情节严重，其行为均已构成非法狩猎罪，且属共同犯罪。新沂市人民法院判决被告人刘某甲犯非法狩猎罪，判处有期徒刑一年六个月；判决被告人刘某乙犯非法狩猎罪，判处有期徒刑一年；判决被告人刘某戊犯非法狩猎罪，判处有期徒刑八个月；判决被告人彭某犯非法狩猎罪，判处有期徒刑八个月；判决被告人刘某丁犯非法狩猎罪，判处拘役六个月；判决被告人皮某犯非法狩猎罪，判处拘役五个月；判决被告人刘某丙犯非法狩猎罪，判处拘役四个月；判决被告人张某犯非法狩猎罪，判处拘役三个月。宣判后，原审被告人彭某等不服，认为一审判决对其狩猎青蛙的重量和数量的认定与事实不符，提出上诉。

二审法院认为：上诉人彭某、原审被告人刘某乙、刘某丙、张某、刘某丁、刘某戊、皮某违反狩猎法规，使用禁用的方法进行狩猎，破坏野生动物资源，情节严重，其行为均已构成非法狩猎罪。鉴于被告人刘某甲曾因故意犯罪被判处刑罚，应酌定从重处罚。原审被告人刘某甲教唆上诉人彭某、原审被告人刘某乙、张某非法狩猎青蛙向其出售，属共同犯罪。上诉人彭某、原审被告人刘某甲、刘某乙、刘某丁、刘某戊主动到案、如实供述犯罪事实，系自首。原审被告人刘某丙、张某、皮某到案后如实供述犯罪事实，系坦白。综合上诉人彭某、原审被告人刘某甲的犯罪情节，鉴于原判决已考虑坦白等情节而对上诉人彭某及原审被告人刘某甲予以从轻处罚，彭某、刘某甲虽有自首情节，但不足以再从轻处罚，原判决对该二人量刑并无明显不当，法院对原判决确定的上诉人彭某以及原审被告人刘某甲的刑期不再予以调整。综上，原判决认定的事实清楚，证据确实、充分，定罪正确，量刑适当，审判程序合法，应予维持。上诉人彭某关于对其量刑过重、狩猎青蛙只数认定过多的上诉理由不能成立，本院不予采纳。依照《刑事诉讼法》第二百二十五条第一款第一项之规定，驳回上诉，维持原判。

（三）案件争点

本案是一起关于非法狩猎的共同犯罪案件。案件本身并不复杂，刘某乙等七个被告人单独或结伙狩猎青蛙，出售给被告人刘某甲；被告人刘某甲明知狩猎青蛙系违法行为，仍唆使被告人彭某、刘某乙、张某狩猎青蛙出售给其本人，并转售他人获利。在案件审理中，控辩双方争议的焦点主要集中在两个方面的问题上：一是能否根据被告人或其团伙日常捕猎、收购青蛙时所记的工作手册内容，确定被告人非法猎捕青蛙的数量；二是被告人量刑是否过重。

1. 案件中关于涉案青蛙数量的认定问题，涉及司法实践中的一个难点。在司法实践中，由于某些案件发案距离执法机关查处的时间间隔较长，尤其是在此期间嫌疑人多次作案的情况下，可能出现某些涉案的野生动物或制品无法取得（如案件中的青蛙已经被转手销售或被吃掉了），这对野生动物保护的执法与司法带来了挑战。有些案件中，执法机构或检察机关可能会综合案件中的相关书证（收购方的记账）、言词证据（被告人供述、证人证言等）组成封闭的证据体系来证明涉案的野生物种数量。具体在本案中，上诉人彭某以“原审判决对其狩猎青蛙的重量和数量的认定与事实不符”作为主要上诉理由，并辩解说其在账本里记载的前五次狩猎的是龙虾和鳝鱼，并非青蛙。出庭检察员认为原审判决对狩猎青蛙数量的认定是根据查获的刘某甲的青蛙账本以及对全案证据的综合分析判断而得出的。二审法院认为上诉人彭某以及原审被告人刘某甲的当庭供述、扣押的刘某甲记录收购情况的账本能够相互印证，证明上诉人彭某狩猎青蛙的重量，结合公安机关现场扣押刘某甲收购青蛙的重量及只数，能够计算出每斤青蛙的只数。因此，徐州市中级人民法院认为原审法院对于上诉人彭某狩猎青蛙的重量、数量的认定并无不当。

在司法实践，不同的法院在不同的案件审理中，对于没有物证、通过书证和言词证据查清的涉案野生动物（制品）数量是否采信的问题，态度与做法不完全一样。例如在陈某甲、魏某甲等犯走私珍贵动物、珍贵动物制品案［判决书编号（2015）琼刑二终字第 20 号］审理中，对于没有获得物证，只有书证和言词证据而证明案件事实的情况，海南省高级人民法院采用了不同的做法。海南省高级人民法院在审理中认为：“虽然各被告人供述、冰柜货车司机的证言及货车过磅记录等一系列证据能够证实，本案走私冻品中的大部分已通过冰柜车货运至广东省罗定境内，但这些冻品具体是什么品种、数量多少、价值几何，均无明确证据予以证实。依据模糊的口供、货车过磅记录的重量来推定冰柜车运走的冻品中 12 吨全部都是穿山甲死体，并据此鉴定出 1680 万元的价值，缺乏事实和法律依据，一审法院对此不予采信是正确的。”

我们认为，在关于非法狩猎犯罪案件的刑事执法与司法工作中，被告人或其同伙关于非法狩猎、非法运输、非法收购、非法销售野生动物数量的日记或账本，在证据类别上属于书证。在缺少被捕猎野生动物相关物证的情况下，如果该类书证经过了法庭质证，证实了与案件之间的联系，那么可以与被告人供述、证人证言等其他证据一起，用来证明案件中被告人非法捕猎、收购或销售野生动物数量的证据。

2. 对被告人的量刑是否过重。《刑法》第三百四十一条第二款规定："违反狩猎法规，在禁猎区、禁猎期或者使用禁用的工具、方法进行狩猎，破坏野生动物资源，情节严重的，处三年以下有期徒刑、拘役、管制或者罚金。"案件中，法院认为被告人刘某甲、刘某乙、刘某丙、张某、刘某丁、刘某戊、彭某、皮某违反狩猎法规，使用禁用的方法进行狩猎，破坏野生动物资源，情节严重，其行为均已构成非法狩猎罪，且属共同犯罪。其中，被告人刘某甲虽然具备自首情节，但原判决判处刘某甲有期徒刑一年半的量刑已经体现了罪责刑相适应的原则，其他几名被告人的刑事责任较刘某甲轻，因而法院对这几名被告人判处的刑罚都较刘某甲的轻。最终，再审法院判决驳回上诉、维持原判。

（四）案件评论

在农村地区，捕捉青蛙是一种常见的现象，很多人对捕捉青蛙行为是否需要承担法律责任也不以为意。在没有取得狩猎证或特许猎捕证的情况下，猎捕青蛙是一种违反《野生动物保护法》的行为；如果捕捉青蛙的数量超过 20 只，根据《刑法》第三百四十一条第二款和《最高人民法院关于审理破坏野生动物资源刑事案件具体应用法律若干问题的解释》第六条规定，是需要追究刑事责任的。本案例中，刘某乙等七人因无证捕捉青蛙而被追究刑事责任，就是由于其行为触犯了刑法、构成非法狩猎罪。因此，本案判决不但具有较强社会影响力，而且能提升媒体与公众关于野生动物保护的法律意识。

本案中被告人刘某甲因多次收购刘某乙等人非法狩猎的青蛙而被追究非法狩猎罪的刑事责任，对于保护野生动物资源具有更重要的价值。在野生动物保护执法实践中，破坏野生动物资源的犯罪包括了非法狩猎、非法运输野生动物、非法收购销售野生动物等多个环节，而非法收购、销售野生动物往往被认为是非法狩猎犯罪的下游犯罪。事实上，明知是非法狩猎的野生动物而收购，其非法收购行为在客观上起到了刺激非法狩猎现象的作用。如果没有非法收购与销售野生动物，那么非法狩猎现象会得到有效遏止。因此，追究那些对非法狩猎的野生动物进行非法收购的行为人的刑事责任，有助于减少野生动物的非法需求，提高保护野生动物的效率。

本案中刘某甲兼具教唆他人狩猎青蛙，同时明知是非法狩猎的野生动物而收购的行为如何定性？《最高人民法院关于审理掩饰、隐瞒犯罪所得、犯罪所得收益刑事案件适用法律若干问题的解释》第一条第四款规定："依照全国人民代表大会常务委员会《关于〈中华人民共和国刑法〉第三百四十一条、第三百一十二条的解释》，明知是非法狩猎的野生动物而收购，数量达到五十只以上的，以掩饰、隐瞒犯罪所得罪定罪处罚。"本案中刘某甲明知是非法狩猎的野生动物而收购的行为，法院判决的却是刘某甲的行为构成了非法狩猎犯罪。如何理解法院的判决呢？根据该案件判决书认定的案件事实，原审被告人刘某甲既有明知是非法狩猎的野生动物而收购的行为，也有教唆上诉人彭某、原审被告人刘某乙、张某非法狩猎青蛙向其出售的行为，因而法院判决认为刘某甲与刘某乙等人构成了共同犯罪。

非法经营利用野生动物的商业化，是非法狩猎背后的催化剂。如果非法经营野生动物的商人教唆他人非法狩猎向其出售，则后果尤甚。在本案中，刘某甲非法经营利用青蛙，并且教唆彭某、刘某乙、张某非法狩猎青蛙向其出售，是导致本案中非法狩猎青蛙数量急剧增长的主要原因。

因此，在野生动物保护的执法与司法工作中，要注意深挖那些非法经营利用野生动物的商人，依法追究其刑事责任，从根本上截断非法野生动物贸易的利益链条，摧毁野生动物非法贸易网络。

案例4：罗某非法狩猎案[①]

（一）基本案情

2017年12月下旬，被告人罗某欲捕获野生鸟类以供其饲养玩斗，前往田东县那拔镇陆柳村外苏屯附近山林中，使用尼龙网、捕鸟套等自制捕鸟工具，在未取得狩猎许可证的情况下捕获野生鸟类96只。同月26日上午，被告人驾驶摩托车欲将捕获的96只野生鸟类运回凌云县，途经田阳县雷检查站时被公安民警查获。同日，被告人被抓获到案后如实供述其罪行。经广西壮族自治区森林公安局物证鉴定所鉴定，被告人罗某非法狩猎的96只野生鸟类中有画眉53只、银耳相思鸟41只、红嘴相思鸟2只，系广西壮族自治区重点保护的陆生野生动物。

（二）裁判结果

本案适用简易程序，独任审判。法院认为被告人罗某违反狩猎法规，使用禁用的工具、方法进行狩猎，破坏野生动物资源，情节严重，其行为触犯我国刑法，构成非法狩猎罪。公诉机关指控被告人犯罪的事实清楚，证据充分，罪名成立，应予以支持。被告人到案后能够如实供述其罪行，依法可以从轻处罚。辩护人提出的对被告人适用缓刑的建议，因被告人罗某的犯罪行为达到情节严重的程度，不属于情节较轻依法可以适用缓刑的情形，故对该建议不予采纳。鉴于被告人罗某非法狩猎的行为未造成野生鸟类死亡，所捕获的野生鸟类均已放生，未造成严重后果，其到案后能够积极配合公安机关调查案件，认罪态度好，且有悔罪表现，根据被告人犯罪的事实、性质、情节及对社会危害程度，本院决定对被告人罗某从轻处罚。判决被告人罗某犯非法狩猎罪，判处拘役四个月。（刑期自判决执行之日起计算。判决执行以前

① 广西壮族自治区田阳县人民法院，（2018）桂1021刑初50号，http：//wenshu. court. gov. cn/content/content? DocID = c5f9a761 – 4885 – 4842 – 9e12 – a8cf0032180c&KeyWord = % EF% BC% 882018% EF% BC% 89% E6% A1% 821021% E5% 88% 91% E5% 88% 9D50% E5% 8F% B7，2019年3月11日访问。

先行羁押的，羁押一日折抵刑期一日。即自2017年12月27日起至2018年4月26日止。）

（三）案件争点

出于捕获野生鸟类以供其饲养玩斗的目的，罗某使用尼龙网、捕鸟套等自制捕鸟工具，在未取得狩猎许可证的情况下捕获野生鸟类96只。其行为违反了野生动物保护法关于狩猎制度的规定，情节严重，构成了非法狩猎罪。本案控辩双方在诉讼中对案件事实和构成犯罪方面没有出现争议，但在量刑方面辩护人提出了适用缓刑的提议，但法庭没有采纳。

对指控的事实，被告人罗某及其辩护人均无异议。被告人自愿认罪并提出希望法庭对其适用缓刑的意见：①有坦白情节，且当庭自愿认罪，有悔罪表现；②主观恶性小，捕鸟的目的是饲养，且没有造成所捕鸟类受伤、死亡；③所捕鸟类已经全部放生，没有造成严重后果。

根据我国《刑法》第七十二条第一款，对于被判处拘役、三年以下有期徒刑的犯罪分子，同时符合下列条件的，可以宣告缓刑，对其中不满十八周岁的人、怀孕的妇女和已满七十五周岁的人，应当宣告缓刑：（一）犯罪情节较轻；（二）有悔罪表现；（三）没有再犯罪的危险；（四）宣告缓刑对所居住社区没有重大不良影响。

被告人及其辩护人主张的事实成立，但根据《刑法》的规定，这些事实不足以支撑对被告人适用缓刑的主张。在本案中，被告人罗某猎捕96只野生鸟类，均系广西壮族自治区重点保护的陆生野生动物。且被告人罗某购买捕鸟网具和自制捕鸟套，在未取得狩猎许可证的情况下，在田东县沟渠，利用网捕的方式非法狩猎，使用了禁用的工具、方法。根据《最高人民法院关于审理破坏野生动物资源刑事案件具体应用法律若干问题的解释》，被告人罗某的行为属于非法狩猎“情节严重”，不满足可以宣告缓刑的条件。这项认定符合法律规定；有利于合法、有效打击该地区的非法狩猎罪。

我国《刑法》第六十一条规定，对于犯罪分子决定刑罚的时候，应当根据犯罪的事实、犯罪的性质、情节和对于社会的危害程度，依照本法的有关规定判处。在本案中，被告人非法狩猎的行为未造成野生鸟类死亡，所捕获的野生鸟类均已放生，未造成严重后果的犯罪事实，以及其到案后能够积极配合公安机关调查案件，认罪态度好，且有悔罪表现的坦白情节。法院决定对被告人罗某从轻处罚的判决合乎法律，既维护了法律的尊严，又保障了犯罪嫌疑人的合法权利。虽然法庭没有采纳辩护人关于对罗某判处缓刑的建议，但只判处了罗某拘役四个月，考虑到先前羁押的因素，法庭判决已经体现了从轻处罚。

（四）案件评论

对于事实清楚、证据充分的非法狩猎案件使用简易程序，有助于提高审判效率。大多数非法狩猎罪案件事实清楚、证据充分，犯罪嫌疑人也多主动认罪。在这种情况下，适用简易程序，有利于在保障犯罪嫌疑人合法权益的前提下，节约司法资源，提高办案效率。本案对于“犯罪物品”的认定符合法律的准绳，体现了法律的公平与正义。车辆时常出现在刑事犯罪中，但其是否属于违法所得或作案工具，还应识别是否具有相关特点，结合案情具体分析。

广西壮族自治区已成为中国生物多样性最为丰富的省区之一，承担着重要的生物遗传资源信息库功能。但近年来，生物多样性面临严峻形势，物种消失、外来物种入侵等现象严重。因此，打击野生动植物犯罪刻不容缓。本案所涉画眉 53 只、银耳相思鸟 41 只、红嘴相思鸟 2 只，均系广西壮族自治区重点保护的陆生野生动物，犯罪嫌疑人使用禁用的方式和工具非法狩猎，情节严重，依法判处有期徒刑，有利于震慑野生动物违法犯罪行为，增强民众保护野生动植物的意识和能力。

案发地区多为我国珍贵动植物资源丰富，但经济发展滞后于物质需求的地区，自然资源与人为开发矛盾突出。在这种情况下，“靠山吃山”的传统观念使犯罪分子把手伸向了丰富的珍贵野生动物资源。在案例中，涉案人员大多数为当地农民，他们大都初中以下文化水平，法律意识谈薄。在本案中，被告人罗某，小学文化，农民，长期生活在瑶族村落，该村在 2012 年前有 69.96% 的人口处于贫困线以下，狩猎收入是一些贫困群体的重要经济来源。经济发展滞后对环境产生负面影响是不容忽视的。

因此，打击非法猎捕需要软硬兼施，既要采取惩罚方面的消极措施，又要有经济激励、引导等方面的积极措施。一方面，加大非法狩猎等野生动物违法犯罪行为的打击力度，通过行政处罚、刑罚手段打击违法犯罪分子。另一方面，关注犯罪分子及潜在犯罪群体的经济状况与法治意识、法治观念；将国家精准扶贫政策与珍贵野生动物保护工作结合，帮助野生动植物资源丰富的地区完成脱贫工作，减少因贫困导致的违法犯罪行为；关注边远贫困地区的宣传工作，加大法制宣传力度，通过环保宣传和以案说法等形式增强当地群众生态环境保护意识；广泛宣传野生动物保护的法律法规，重点宣传国家有关禁止使用鸟网、投毒、下套等非法猎捕工具捕杀野生动物的违法行为，进一步提高全社会的法治意识和野生动物保护意识。

我国《刑法》第六十四条对犯罪物品的处理进行了规定，犯罪分子违法所得的一切财物，应当予以追缴或者责令退赔；对被害人的合法财产，应当及时返还；违禁品和供犯罪所用的本人财物，应当予以没收。没收的财物和罚金，一律上缴国库，不得挪用和自行处理。通常来说，犯罪工具应有如下特征：专门性，即专门用于犯罪的财务或器具，而那种临时性或付诸行动财务或器具不属于犯罪工具。直接性，即犯罪工具对犯罪行为的完成起到了影响和作用。时间性，即犯罪工具应为犯罪人在实施犯罪的过程中所使用的财务或器具。证据的考量性，即犯罪工具作为证据，对定罪量刑具有重要的参考意义。犯罪工具这些特性之间是相互渗透的，对犯罪工具的认定，要将这些特性结合起来考察。

在本案中，犯罪嫌疑人使用了两类工具，包括尼龙网、捕鸟套等自制捕鸟工具与摩托车。根据罪刑法定原则，只有被确定为作案工具（犯罪工具），才能被没收。在司法实践中，判断作案工具是否没收，需要考察犯罪中的作案工具与犯罪行为之间的关联是否密切。如果没有该犯罪工具，犯罪案件可能不会发生，则可以认为该犯罪工具与犯罪行为之间的关联是密切的，该犯罪工具促进了犯罪案件的发生；相反，如果没有该犯罪工具，犯罪案件也会发生，则可以认为该犯罪工具与犯罪行为之间的关联是不密切的，该犯罪工具对犯罪案件的促进作用不明显。

在罗某非法狩猎案件中，尼龙网、捕鸟套等自制捕鸟工具具有专门性、直接性、时间性（犯罪开始时刻为被告人开始着手猎捕野生鸟类时，犯罪结束时刻为其完成捕获 96 只野生鸟类时）、证据考量性等特点，与非法狩猎犯罪之间的关联是密切的。而 12 月 26 日上午，被告人驾驶摩托车将捕获的 96 只野生鸟类运回凌云县的过程发生在犯罪结束之后，摩托车与非法狩猎犯罪间的直接关联较弱，缺乏专门性、时间性等特点。从犯罪工具与犯罪案件之间的关联性考察，被告人的尼龙网、捕鸟套等工具与非法狩猎犯罪之间具有密切联系，没有这些尼龙网、捕鸟套，罗某的非法狩猎犯罪可能不会发生；而摩托车与非法狩猎犯罪之间的关联则不如尼龙网、捕鸟套密切。在非法狩猎行为结束后的第二天，罗某驾驶摩托车将捕获的 96 只鸟类运回凌云县，在此之前，罗某的非法狩猎行为也已经完成并结束了。

因此，法院判决中没有没收罗某的摩托车。

案例 5：李某某非法狩猎案[①]

（一）基本案情

上海市浦东新区人民检察院以沪浦检刑诉（2015）683 号起诉书指控被

① 上海市浦东新区人民法院，（2015）浦刑初字第 1009 号，http://wenshu.court.gov.cn/content/content?DocID=e0ba7d18-2c1a-43e4-9eb2-1ff132209143&KeyWord=%EF%BC%882015%EF%BC%89%E6%B5%A6%E5%88%91%E5%88%9D%E5%AD%97%E7%AC%AC1009%E5%8F%B7，2019 年 3 月 11 日访问。

告人李某某犯非法狩猎罪，于2015年3月11日向本院提起公诉。本院于同日立案，依法适用简易程序，实行独任审判，公开开庭审理了本案。上海市浦东新区人民检察院指派代理检察员顾某某出庭支持公诉，被告人李某某到庭参加诉讼。现已审理终结。

上海市浦东新区人民检察院指控：2014年12月28日上午，被告人李某某至本区大团镇英墩路大治河桥南侧向西500米处的橘树林内，使用禁用的张网，捕获麻雀36只、山斑鸠9只、珠颈斑鸠3只、喜鹊3只。经鉴定，麻雀、山斑鸠、珠颈斑鸠、喜鹊均被列入《国家保护的有益的或者有重要经济、科学研究价值的陆生野生动物名录》（简称“三有”名录），其中喜鹊还被列入上海市地方重点保护野生动物名录。

2014年12月29日，被告人李某某将上述野生鸟类（已死亡）摆放在本区惠南镇南园路、汇成路路口贩卖时被林业站执法人员查获，后其主动交代了司法机关尚未掌握的上述非法狩猎的犯罪事实。案发后，涉案的野生鸟类被依法扣押并作掩埋处理；作案工具张网2张被依法没收并予以销毁。

（二）裁判结果

上海市浦东新区人民法院依法审理了案件。被告人李某某在开庭审理过程中对检察机关指控的案件事实没有异议，案件事实有经庭审质证属实的上海市浦东新区林业站的勘验、检查笔录、证明，公安机关的清点记录、扣押决定书、扣押清单、相关照片、案发及抓获经过记录，野生动植物物种鉴定证书，被告人李某某的供述、辨认笔录及劣迹材料等证据证实，足以认定。

上海市浦东新区人民法院认为被告人李某某违反狩猎法规，使用禁用的工具、方法非法狩猎野生鸟类达50余只，破坏野生动物资源，情节严重，依照《刑法》第三百四十一条第二款的规定，已构成非法狩猎罪，应处三年以下有期徒刑。公诉机关指控被告人李某某犯非法狩猎罪的事实清楚，证据确实、充分，罪名成立。被告人李某某具有视为自动投案情形，并如实供述罪行，依照《刑法》第六十七条第一款的规定，系自首，可以从轻处罚。为保护环境资源，上海市浦东新区人民法院在 2015 年 3 月 17 日判决被告人李某某犯非法狩猎罪，判处有期徒刑六个月。

（三）案件争点

这是一起典型的使用法律禁止的工具和方法捕猎野生动物的非法狩猎犯罪。诉讼中，控辩双方对案件事实与定罪量刑都没有争议。

（四）案件评论

本案不同于其他非法狩猎案件的地方在于：本案中被告人李某某不是在非法狩猎的环节被执法机构发现而抓捕的，而是在销售其非法狩猎所获得的野生鸟类环节被发现的，因而本案审理中对于证据收集、审查具有一定难度。在本案审理中，认定李某某非法狩猎犯罪的证据，除（1）李某某认罪供述外，还有（2）上海市浦东新区林业站的勘验、检查笔录、证明，（3）公安机关清点非法狩猎野生鸟类数量的记录、扣押决定书、扣押清单、相关照片，以及（4）案发经过及抓获李某某经过的记录，（5）野生动植物物种鉴定证书，（6）被告人李某某的辨认笔录及劣迹材料等证据证实。从证据证明对象或作用而言，证明非法狩猎犯罪案件的证据通常包括四大类，第一大类是被告人身份的证据（如身份证、户口簿等，如果是累犯需要从重或加重处罚的，还需要有证明被告人有犯罪前科的判决书等）；第二大类是证明被告人非法狩猎行为的证据（如非法狩猎的野生动物、野生动物照片、扣押清单，非法狩猎工具及工具照片、扣押清单，现场勘验笔录或检查笔录，被告人供述与辩解，证人证言等）；第三大类是证明涉案野生动物种类的证据（野生物种司法鉴定书或检验书等，如果属于国家保护动物则可能构成非法猎捕、杀害珍贵、濒危野生动物罪）；第四大类是其他证据（如县级以上人民政府划定禁猎区、规定禁猎期的文件，县级以上人民政府或者其野生动物保护主管部门规定并公布野生动物迁徙洄游期，野生动物迁徙洄游通道区的文件，县级以上地方人民政府规定并公布狩猎中禁止使用工具和方法的文件等）。因此，本案对于相关非法狩猎案件的证据收集具有一定借鉴价值。

本案的第一层意义，在于提醒公众：大城市也要提防非法狩猎现象。长久以来，很多人都想当然地认为，非法狩猎主要发生在林区或边远农村地区。而本案则提醒公众，像上海这样的大城市也会有非法狩猎犯罪的发生。近年来，发生在大城市里的非法狩猎现象，尤其是张网捕鸟的现象，需要引起公众的关注。例如天津地区的非法狩猎野生鸟类现象持续猖獗，在2016年曾出现了上万米捕鸟网困住3000多只野生鸟类的现象。天津市甚至出现了多个非法交易野生鸟类的经营户，形成了非法狩猎、非法贩运、非法收购鸟类的犯罪网络和黑色利益链。2018年9月，由于天津非法猎捕鸟类案件频发，天津市林业局和森林公安局再次受到国家林草局的约谈。

本案中上海市林业部门与公安机关合作打击非法狩猎犯罪、保护野生动物的经验与做法值得提倡。本案中被告人李某某在非法捕捉了近50只野生鸟类后，到区惠南镇南园路、汇成路路口贩卖时被林业站执法人员查获。这表明，在上海这样的大城市里，野生动物保护已经有了非常成熟的工作机制，林业部门也能通过日常检查来发现非法狩猎等破坏野生动物资源的违法现象。林业部门在发现李某某非法销售野生鸟类后，对现场进行了勘验和检查、固定了相关证据，在判断李某某行为违反野生动物保护法的同时也触犯了刑法后，及时、依法将案件向公安机关进行了移送。这反映出野生动物保护行政部门与公安机关在行政案件与刑事案件衔接方面形成了良好的合作机制。公安机关受理案件后，依法对李某某非法狩猎行为进行了侦查，为依法追究被告人李某某刑事责任收集了充分确凿的证据。在天津市非法猎捕野生鸟类现象引发社会广泛关注后，天津市公安机关在今年10月会同市、区林业和市场监管等相关部门，对易发生涉鸟类违法犯罪的湿地、林地、市场、餐馆、废旧厂房、库房、民居、食品加工和工艺品加工企业等重点部位和区域，开展了拉网式清理清查，及时发现、查处各类涉鸟违法犯罪行为；天津市公安局治安管理部门也重点清查了宁河七里海古海岸湿地、北大港湿地、团泊湿地、淮安道花鸟鱼虫市场、中环花鸟鱼虫市场和大丰路、建昌道自发鸟类市场等重点地区12处，清理点位527处；天津市市场监管系统打击野生动物及鸟类非法交易专项检查工作全面展开，对全市商品交易市场、餐饮服务单位和药店开展打击野生动物和鸟类非法交易行为专项检查，对辖区内花鸟鱼虫市场、集（农）贸市场等重点点位和湿地、森林周边餐饮服务单位开展了拉网式清查。天津市公安机关也在探索建立长效机制，坚决防止非法狩猎野生鸟类现象反弹、防止死灰复燃。而上海市的做法，无疑可以为天津及其他大城市保护野生动物资源、构建与林业部门等合作的长效机制提供了借鉴。

因此，我们需要加强上海、天津、深圳等大城市的野生动物保护执法队伍建设，提高大城市对破坏野生动物资源现象的执法监管能力；完善部门间野生动物保护执法协调机制，为林业草原部门、公安机关、市场监督管理机构在日常工作中形成野生动物保护执法的合力。

执法指南

非法狩猎非国家重点保护野生动物的刑事犯罪案件，不但可能破坏了生态平衡，而且破坏了《野生动物保护法》所规定的狩猎制度和非国家重点保护野生动物资源的经营管理制度。违反《野生动物保护法》关于狩猎制度的规定，在禁猎期、禁猎区从事了非法狩猎活动，同时符合三种情形之一（使用禁用的工具、方法狩猎的，非法狩猎野生动物20只以上的，或具有其他严重情节的），就应当依照《刑法》第三百四十一条第二款追究行为人刑事责任。

（一）非法狩猎首先是违反狩猎制度的行为。《野生动物保护法》第二十二条规定：“猎捕非国家重点保护野生动物的，应当依法取得县级以上地方人民政府野生动物保护主管部门核发的狩猎证，并且服从猎捕量限额管理。”第二十三条第一款规定：“猎捕者应当按照特许猎捕证、狩猎证规定的种类、数量、地点、工具、方法和期限进行猎捕。”因此，没有获得狩猎证或特许猎捕证的狩猎行为，以及不按照狩猎证或特许猎捕证规定内容的狩猎行为，都是非法狩猎行为。

（二）关于非法狩猎案件被告人违法性认知的问题。当前有学者在研究非法狩猎罪司法实践中被告人的违法性认知问题时，认为明知的内容同时包括狩猎对象（“特定种类物”）、狩猎时间和空间类别（“禁猎期”、“禁猎区”）、狩猎方法（“禁用的工具、方法”），并进而认为“行为人对这些特殊要素若不明知，行为人的主观恶性和社会危害性就无从体现”①。我们认为这种观点值得商榷。首先，我们同意被告人违法性认知对于法庭审理中定罪量刑的意义，也认为法院在审理非法狩猎案件中应当坚持主客观一致原则、不能单纯地根据危害后果作为定罪量刑的唯一依据。其次，我们认为法庭在审理非法狩猎案件中，不能脱离我国国情、民情等大环境。第一，野生动物资源不是无主财产。我国《宪法》第九条规定，矿藏、水流、森林、山岭、草原、荒地、滩涂等自然资源，都属于国家所有，即全民所有；由法律规定属于集体所有的森林和山岭、草原、荒地、滩涂除外。国家保障自然资源的合理利用，保护珍贵的动物和植物。禁止任何组织或者个人用任何手段侵占或者破坏自然资源。因此，无论哪一种类的野生动物资源都不是无主财产，任何组织或者个人都不得非法侵占或破坏自然资源，非法侵占或破坏自然资源，与偷窃、非法侵占他人财物一样，这应当成为普通群众的基本道德意识。第二，我国包括森林与野生动物资源在内的自然资源管理制度健全，群众了解包括森林与野生动物资源管理在内的各种制度。野生动物包括三类，即国家重点保护野生动物、地方重点保护野生动物、非重点保护野生动物。国家建立了包括林场、护林员等制度，任何人进入林区都可能遇到林场工作人员、护林员，

---

① 蒋兰香：《规范刑法学视野下非法狩猎罪司法解释的基本逻辑》，载《法学论坛》2019 年第 34 卷第 6 期，第 150 – 158 页。

或见到相关森林与野生动物资源的管理标语、标识。我国林区群众、社会公众都已经具备了这个常识——如果未获得林场管理人员、护林员同意或许可，即使是非重点保护野生动物，也不能非法侵占或破坏。第三，《野生动物保护法》第二十二条规定，猎捕非国家重点保护野生动物的，应当依法取得县级以上地方人民政府野生动物保护主管部门核发的狩猎证，并且服从猎捕量限额管理；第二十三条第一款规定，猎捕者应当按照特许猎捕证、狩猎证规定的种类、数量、地点、工具、方法和期限进行猎捕。非法狩猎案件的被告人，在没有获得狩猎证的情况下，非法猎捕野生动物资源；既然没有狩猎证，也就没有法律允许其捕猎的种类、数量、地点。换言之，只要没有办理狩猎证，任何种类的野生动物法律都是禁止其捕猎的，任何地方都是禁止其实施捕猎活动的地区，任何时间都是禁止其实施捕猎活动的时间，他采用的任何狩猎工具或方法，都不为法律所允许。第四，如果非法捕猎案件中，被告人通过合法程序获得了狩猎证，却未能按照特许猎捕证、狩猎证规定的种类、数量、地点、工具、方法和期限进行猎捕，情节严重，构成非法狩猎罪的，才需要查明行为人对于禁猎期、禁猎区、法律禁止使用的捕猎工具、捕猎方法的主观明知问题。

（三）非法狩猎案件危害后果的查明。认定行为人的行为是否构成非法狩猎罪、是否需要依法追究刑事责任的关键，在于确认发生非法狩猎活动的地点与时间、非法狩猎方法或工具，以及非法狩猎所造成的危害后果。《最高人民法院关于审理破坏野生动物资源刑事案件具体应用法律若干问题的解释》第六条规定："违反狩猎法规，在禁猎区、禁猎期或者使用禁用的工具、方法狩猎，具有下列情形之一的，属于非法狩猎'情节严重'：（一）非法狩猎野生动物二十只以上的；（二）违反狩猎法规，在禁猎区或者禁猎期使用禁用的工具、方法狩猎的；（三）具有其他严重情节的。"因此，根据罪刑法定原则，对于发生在非禁猎区、非禁猎期的非法狩猎行为，不宜追究其刑事责任，只能按照《陆生野生动物保护实施条例》第三十三条追究行为人的行政责任。

因此，公安机关在侦查涉嫌非法狩猎罪的案件、法院在审理非法狩猎罪案件时，首先应当查明当事人的非法狩猎行为是否发生在禁猎区、禁猎期内。在汪某平非法狩猎案［（2017）鄂9004刑再5号］中，法院在判决书中载明湖北省林业厅公告的做法，值得推广；相反，那些没有在裁判文书中载明非法狩猎行为是否发生在禁猎期或禁猎区的，是司法裁判实践中需要加以避免的。

（四）非法狩猎情节严重的查明。依照《刑法》追究行为人非法狩猎罪刑事责任，在确定了行为人非法狩猎行为是发生在禁猎区或禁猎期后，还需要查明的问题包括三个：一是行为人是否使用了法律禁止使用的工具或方法；二是非法捕获野生动物的数量是否达到20只或以上；三是是否具有其他严重情节。《野生动物保护法》第二十四条规定：“禁止使用毒药、爆炸物、电击或者电子诱捕装置以及猎套、猎夹、地枪、排铳等工具进行猎捕，禁止使用夜间照明行猎、歼灭性围猎、捣毁巢穴、火攻、烟熏、网捕等方法进行猎捕，但因科学研究确需网捕、电子诱捕的除外。前款规定以外的禁止使用的猎捕工具和方法，由县级以上地方人民政府规定并公布。”此外，法院在审理非法狩猎案件中，尤其在制作判决书时要注意说明涉案野生动物的去向或处理情况，以及对被告人作案工具的处理情况。

（五）侦查和审理非法狩猎犯罪案件中的证据收集与审查。在侦查非法狩猎犯罪案件时需要收集的证据，从证据种类看，通常包括：物种书证、证人证言、犯罪嫌疑人供述或辩解、司法鉴定结论、勘验检查记录等；从证据证明的对象看，通常包括：证明非法狩猎事实存在的证据（勘验检查记录、物证书证、证人证言、犯罪嫌疑人供述等），证明犯罪嫌疑人实施了非法狩猎行为的证据（犯罪嫌疑人供述，证人证言，辨认笔录等），证明犯罪嫌疑人罪责轻重的证据等。法院在审理非法狩猎犯罪案件时，首先要查明是否有非法狩猎事实发生；其次要查明非法狩猎行为是否发生在禁猎区或禁猎期；最后要查明非法狩猎的后果（是否使用了法律禁止使用的工具或方法，是否猎获物数量达到20只以上，是否具有其他严重情节等）。

（六）为了保护非国家重点保护野生动物资源及加强管理非国家重点保护野生动物的经营利用活动，林业、公安、市场监督管理等部门间要加强合作机制建设，尤其是天津等大城市需要加强对非法捕鸟行为的执法监管工作。在保护野生动物资源工作中，还要注意发挥森林社区的作用。首先，要加强公众宣传，帮助森林社区提高野生动物保护的意识；其次，要帮助农民和森林社区改善生计问题；最后，要重视森林社区在野生动物资源保护中的地位和作用，通过政策让他们能够从野生动物资源保护工作中获得收益。

（七）法庭在审理非法狩猎案件中，最好在判决书中写明对涉案野生动物的处理情况。非法狩猎犯罪属于破坏环境资源保护罪的范畴，那么保护环境资源是法院审理这类案件的重心。因此，法庭在审理非法狩猎犯罪案件中要重视对涉案野生动物的处理。在社会实践中，涉案野生动物资源的处理，主要包括：（1）移交给公共动物园或公共植物园、野生动物救援中心；（2）移交给经过批准的私营机构；（3）用于公众教育目的；（4）安全保管、储存；（5）销毁；（6）其他处置。法院判决书最好避免“涉案扣押的野生动物，由扣押机关依法处理”这种简单的处理方式，不但要写明对被告人的处理，也要写明对涉案野生动物的处理，尤其是案件中涉及活体野生动物时。

第六章
其他涉及野生动物的犯罪

本章导言

《野生动物保护法》规定了一整套野生动物经营管理制度，其中涉及对非国家重点保护动物的收购、运输、出售等。违反野生动物经营管理制度，明知非法来源的野生动物及其制品而非法收购、运输、出售，情节严重、需要追究刑事责任的行为（如非法经营，掩饰、隐瞒犯罪所得、犯罪所得收益，伪造、变造、买卖相关许可证件等），妨碍野生动物保护管理秩序。在野生动物保护执法与司法实践中，明知犯罪所得的野生动物及其制品而收购，经营性收购运输出售非国家重点保护野生动物及制品，伪造、变造、买卖涉及野生动物管理的相关许可证件等犯罪时有发生，但这类案件中不属于前面五章的分类，因此归并到本章的其他类范畴。涉及野生动物的非法经营罪，不仅破坏了野生动物资源，还扰乱了市场秩序；涉及野生动物的掩饰、隐瞒犯罪所得、犯罪所得收益罪，不仅破坏了野生动物资源，还妨害了司法；涉及野生动物的伪造、变造、买卖国家机关公文、证件、印章罪，不仅破坏了野生动物资源，还妨碍了正常的社会管理秩序。

在野生动物保护执法与司法实践中，认定非法经营罪的关键在于其行为是否违反法律规定，经营性收购、运输、出售野生动物及其制品，扰乱市场秩序，情节严重。非法经营罪与非法收购、运输出售珍贵动物制品罪的区别，在于前者收购、运输、出售的对象为非国家重点保护动物，后者的对象为国家重点保护动物。非法经营罪与掩饰、隐瞒犯罪所得、犯罪所得收益罪的相同点，在于两者所涉及的对象，都是非国家重点保护动物。两者间的区别之一在于前者是经营性收购、运输、出售没有合法来源的非国家重点保护动物，侵害的法益是市场秩序，后者是明知犯罪所得而收购非国家重点保护动物，妨害司法，侵害的是司法秩序；两者间的区别之二在于：在野生动物保护司法实践中，实施非法经营罪的主要群体是商人群体，而掩饰、隐瞒犯罪所得、犯罪所得收益犯罪的主体主要是农民。伪造、变造、买卖国家机关公文、证件、印章罪主要对野生动物犯罪中起帮助作用的违法者定罪量刑。这一类与野生动物犯罪息息相关的罪名，主要发挥补充作用。

本部分的案件选取主要是从案件审理级别、审理时间、地域分布等角度，对相关案例展开筛选。首先，在审理级别方面，主要对涉及上述三种罪名的一审判决文书进行分析，以增强所遴选案例的代表性；其次，在审理时间方面，选取了从 2010 年到 2017 年的案例展开具体分析体现研究的社会发展性；再次，在地域分布方面，分别选取了甘肃、内蒙古、安徽、河南等地相关的案例展开分析体现研究的地域差异性。在样本数量方面，本部分分别选取了三个非法经营案例，一个掩饰、隐瞒犯罪所得、犯罪所得收益案例，一个伪造、变造、买卖国家机关公文、证件、印章罪与非法猎捕、杀害珍贵、濒危野生动物罪竞合的案例展开分析。本部分的研究目标在于：通过对现实司法案例的分析，讨论司法实践中处理涉及非法经营行为，掩饰、隐瞒犯罪所得、犯罪所得收益行为以及伪造、变造、买卖国家机关公文、证件、印章行为与非法猎捕、杀害珍贵、濒危野生动物行为竞合的法律依据和理论基础；通过对相关案例的分析明确司法机关在对各类违法行为进行定罪量刑过程中的裁判要点，并在此基础上提炼相关司法实践对今后类似案件审理活动的有益参考。在具体研究过程中，本部分主要是从案件主要内容简介、案件裁判结果、案件裁判要点、案件意义以及涉及的法律条款五个方面展开具体研究。

关联规定

<table>
<tr><th>法律名称</th><th>具体条款</th><th>内容摘要</th></tr>
<tr><td>野生动物保护法</td><td>第二十五条</td><td>人工繁育国家重点保护野生动物</td></tr>
<tr><td colspan="3">国家支持有关科学研究机构因物种保护目的人工繁育国家重点保护野生动物。
前款规定以外的人工繁育国家重点保护野生动物实行许可制度。人工繁育国家重点保护野生动物的，应当经省、自治区、直辖市人民政府野生动物保护主管部门批准，取得人工繁育许可证，但国务院对批准机关另有规定的除外。
人工繁育国家重点保护野生动物应当使用人工繁育子代种源，建立物种系谱、繁育档案和个体数据。因物种保护目的确需采用野外种源的，适用本法第二十一条和第二十三条的规定。
本法所称人工繁育子代，是指人工控制条件下繁殖出生的子代个体且其亲本也在人工控制条件下出生。</td></tr>
<tr><td>野生动物保护法</td><td>第二十六条</td><td>人工繁育国家重点保护野生动物的管理</td></tr>
<tr><td colspan="3">人工繁育国家重点保护野生动物应当有利于物种保护及其科学研究，不得破坏野外种群资源，并根据野生动物习性确保其具有必要的活动空间和生息繁衍、卫生健康条件，具备与其繁育目的、种类、发展规模相适应的场所、设施、技术，符合有关技术标准和防疫要求，不得虐待野生动物。
省级以上人民政府野生动物保护主管部门可以根据保护国家重点保护野生动物的需要，组织开展国家重点保护野生动物放归野外环境工作。</td></tr>
<tr><td>野生动物保护法</td><td>第二十七条</td><td>国家重点保护野生动物及其制品的管理</td></tr>
<tr><td colspan="3">禁止出售、购买、利用国家重点保护野生动物及其制品。
因科学研究、人工繁育、公众展示展演、文物保护或者其他特殊情况，需要出售、购买、利用国家重点保护野生动物及其制品的，应当经省、自治区、直辖市人民政府野生动物保护主管部门批准，并按照规定取得和使用专用标识，保证可追溯，但国务院对批准机关另有规定的除外。
实行国家重点保护野生动物及其制品专用标识的范围和管理办法，由国务院野生动物保护主管部门规定。
出售、利用非国家重点保护野生动物的，应当提供狩猎、进出口等合法来源证明。
出售本条第二款、第四款规定的野生动物的，还应当依法附有检疫证明。</td></tr>
</table>

续表

<table>
<tr><th>法律名称</th><th>具体条款</th><th>内容摘要</th></tr>
<tr><td>野生动物保护法</td><td>第二十八条</td><td>人工繁育国家重点保护野生动物名录</td></tr>
<tr><td colspan="3">对人工繁育技术成熟稳定的国家重点保护野生动物，经科学论证，纳入国务院野生动物保护主管部门制定的人工繁育国家重点保护野生动物名录。对列入名录的野生动物及其制品，可以凭人工繁育许可证，按照省、自治区、直辖市人民政府野生动物保护主管部门核验的年度生产数量直接取得专用标识，凭专用标识出售和利用，保证可追溯。
对本法第十条规定的国家重点保护野生动物名录进行调整时，根据有关野外种群保护情况，可以对前款规定的有关人工繁育技术成熟稳定野生动物的人工种群，不再列入国家重点保护野生动物名录，实行与野外种群不同的管理措施，但应当依照本法第二十五条第二款和本条第一款的规定取得人工繁育许可证和专用标识。</td></tr>
<tr><td>野生动物保护法</td><td>第三十条</td><td>禁止使用野生动物</td></tr>
<tr><td colspan="3">禁止生产、经营使用国家重点保护野生动物及其制品制作的食品，或者使用没有合法来源证明的非国家重点保护野生动物及其制品制作的食品。
禁止为食用非法购买国家重点保护的野生动物及其制品。</td></tr>
<tr><td>野生动物保护法</td><td>第三十一条</td><td>禁止为出售、购买、利用野生动物或者禁止使用的猎捕工具发布广告。禁止为违法出售、购买、利用野生动物制品发布广告</td></tr>
<tr><td colspan="3">禁止为出售、购买、利用野生动物或者禁止使用的猎捕工具发布广告。禁止为违法出售、购买、利用野生动物制品发布广告。</td></tr>
<tr><td>野生动物保护法</td><td>第三十二条</td><td>禁止网络交易平台、商品交易市场等交易场所非法出售野生动物及其制品</td></tr>
<tr><td colspan="3">禁止网络交易平台、商品交易市场等交易场所，为违法出售、购买、利用野生动物及其制品或者禁止使用的猎捕工具提供交易服务。</td></tr>
<tr><td>野生动物保护法</td><td>第三十九条</td><td>禁止伪造、变造、买卖国家机关公文、证件</td></tr>
<tr><td colspan="3">禁止伪造、变造、买卖、转让、租借特许猎捕证、狩猎证、人工繁育许可证及专用标识，出售、购买、利用国家重点保护野生动物及其制品的批准文件，或者允许进出口证明书、进出口等批准文件。
前款规定的有关许可证书、专用标识、批准文件的发放情况，应当依法公开。</td></tr>
<tr><td>野生动物保护法</td><td>第四十条</td><td>外国人未经批准不得考察国家重点保护野生动物</td></tr>
<tr><td colspan="3">外国人在我国对国家重点保护野生动物进行野外考察或者在野外拍摄电影、录像，应当经省、自治区、直辖市人民政府野生动物保护主管部门或者其授权的单位批准，并遵守有关法律法规规定。</td></tr>
</table>

续表

<table>
<tr><th>法律名称</th><th>具体条款</th><th>内容摘要</th></tr>
<tr><td>野生动物保护法</td><td>第四十七条</td><td>未取得人工繁育许可证而繁育国家重点保护野生动物的法律责任</td></tr>
<tr><td colspan="3">违反本法第二十五条第二款规定，未取得人工繁育许可证繁育国家重点保护野生动物或者本法第二十八条第二款规定的野生动物的，由县级以上人民政府野生动物保护主管部门没收野生动物及其制品，并处野生动物及其制品价值一倍以上五倍以下的罚款。</td></tr>
<tr><td>野生动物保护法</td><td>第四十八条</td><td>野生动物经营中未取得或不当使用国家机关公文、证件的法律责任</td></tr>
<tr><td colspan="3">违反本法第二十七条第一款和第二款、第二十八条第一款、第三十三条第一款规定，未经批准、未取得或者未按照规定使用专用标识，或者未持有、未附有人工繁育许可证、批准文件的副本或者专用标识出售、购买、利用、运输、携带、寄递国家重点保护野生动物及其制品或者本法第二十八条第二款规定的野生动物及其制品的，由县级以上人民政府野生动物保护主管部门或者市场监督管理部门按照职责分工没收野生动物及其制品和违法所得，并处野生动物及其制品价值二倍以上十倍以下的罚款；情节严重的，吊销人工繁育许可证、撤销批准文件、收回专用标识；构成犯罪的，依法追究刑事责任。
违反本法第二十七条第四款、第三十三条第二款规定，未持有合法来源证明出售、利用、运输非国家重点保护野生动物的，由县级以上地方人民政府野生动物保护主管部门或者市场监督管理部门按照职责分工没收野生动物，并处野生动物价值一倍以上五倍以下的罚款。
违反本法第二十七条第五款、第三十三条规定，出售、运输、携带、寄递有关野生动物及其制品未持有或者未附有检疫证明的，依照《中华人民共和国动物防疫法》的规定处罚。</td></tr>
<tr><td>野生动物保护法</td><td>第四十九条</td><td>以食用为目的而非法经营野生动物的法律责任</td></tr>
<tr><td colspan="3">违反本法第三十条规定，生产、经营使用国家重点保护野生动物及其制品或者没有合法来源证明的非国家重点保护野生动物及其制品制作食品，或者为食用非法购买国家重点保护的野生动物及其制品的，由县级以上人民政府野生动物保护主管部门或者市场监督管理部门按照职责分工责令停止违法行为，没收野生动物及其制品和违法所得，并处野生动物及其制品价值二倍以上十倍以下的罚款；构成犯罪的，依法追究刑事责任。</td></tr>
<tr><td>野生动物保护法</td><td>第五十条</td><td>为出售、购买、利用野生动物及其制品或者禁止使用的猎捕工具发布广告</td></tr>
<tr><td colspan="3">违反本法第三十一条规定，为出售、购买、利用野生动物及其制品或者禁止使用的猎捕工具发布广告的，依照《中华人民共和国广告法》的规定处罚。</td></tr>
</table>

续表

法律名称	具体条款	内容摘要
野生动物保护法	第五十一条	非法经营的法律责任
违反本法第三十二条规定，为违法出售、购买、利用野生动物及其制品或者禁止使用的猎捕工具提供交易服务的，由县级以上人民政府市场监督管理部门责令停止违法行为，限期改正，没收违法所得，并处违法所得二倍以上五倍以下的罚款；没有违法所得的，处一万元以上五万元以下的罚款；构成犯罪的，依法追究刑事责任。		
野生动物保护法	第五十三条	非法引进野生动物物种的法律责任
违反本法第三十七条第一款规定，从境外引进野生动物物种的，由县级以上人民政府野生动物保护主管部门没收所引进的野生动物，并处五万元以上二十五万元以下的罚款；未依法实施进境检疫的，依照《中华人民共和国进出境动植物检疫法》的规定处罚；构成犯罪的，依法追究刑事责任。		
野生动物保护法	第五十五条	伪造、变造、买卖、转让、租借有关证件、专用标识或者有关批准文件的法律责任
违反本法第三十九条第一款规定，伪造、变造、买卖、转让、租借有关证件、专用标识或者有关批准文件的，由县级以上人民政府野生动物保护主管部门没收违法证件、专用标识、有关批准文件和违法所得，并处五万元以上二十五万元以下的罚款；构成违反治安管理行为的，由公安机关依法给予治安管理处罚；构成犯罪的，依法追究刑事责任。		
野生动物保护法	第五十六条	罚没野生动物及其制品的管理
依照本法规定没收的实物，由县级以上人民政府野生动物保护主管部门或者其授权的单位按照规定处理。		
野生动物保护法	第五十七条	涉案野生动物及其制品的价值评估
本法规定的猎获物价值、野生动物及其制品价值的评估标准和方法，由国务院野生动物保护主管部门制定。		
刑法	第二百二十五条	非法经营罪的法律责任
违反国家规定，有下列非法经营行为之一，扰乱市场秩序，情节严重的，处五年以下有期徒刑或者拘役，并处或者单处违法所得一倍以上五倍以下罚金；情节特别严重的，处五年以上有期徒刑，并处违法所得一倍以上五倍以下罚金或者没收财产： （一）未经许可经营法律、行政法规规定的专营、专卖物品或者其他限制买卖的物品的； （二）买卖进出口许可证、进出口原产地证明以及其他法律、行政法规规定的经营许可证或者批准文件的； （三）未经国家有关主管部门批准非法经营证券、期货、保险业务的，或者非法从事资金支付结算业务的； （四）其他严重扰乱市场秩序的非法经营行为。		

续表

法律名称	具体条款	内容摘要
刑法	第二百八十条	涉及野生动物的伪造、变造、买卖国家机关公文、证件罪法律责任
伪造、变造、买卖或者盗窃、抢夺、毁灭国家机关的公文、证件、印章的，处三年以下有期徒刑、拘役、管制或者剥夺政治权利，并处罚金；情节严重的，处三年以上十年以下有期徒刑，并处罚金。 伪造公司、企业、事业单位、人民团体的印章的，处三年以下有期徒刑、拘役、管制或者剥夺政治权利，并处罚金。 伪造、变造、买卖居民身份证、护照、社会保障卡、驾驶证等依法可以用于证明身份的证件的，处三年以下有期徒刑、拘役、管制或者剥夺政治权利，并处罚金；情节严重的，处三年以上七年以下有期徒刑，并处罚金。		
刑法	第三百一十二条	涉及野生动物的掩饰、隐瞒犯罪所得、犯罪所得收益罪法律责任
明知是犯罪所得及其产生的收益而予以窝藏、转移、收购、代为销售或者以其他方法掩饰、隐瞒的，处三年以下有期徒刑、拘役或者管制，并处或者单处罚金；情节严重的，处三年以上七年以下有期徒刑，并处罚金。 单位犯前款罪的，对单位判处罚金，并对其直接负责的主管人员和其他直接责任人员，依照前款的规定处罚。		
最高人民法院关于审理破坏野生动物资源刑事案件具体应用法律若干问题的解释	第九条	伪造、变造、买卖国家机关公文、证件罪，非法经营罪的法律责任
伪造、变造、买卖国家机关颁发的野生动物允许进出口证明书、特许猎捕证、狩猎证、驯养繁殖许可证等公文、证件构成犯罪的，依照刑法第二百八十条第一款的规定以伪造、变造、买卖国家机关公文、证件罪定罪处罚。 实施上述行为构成犯罪，同时构成刑法第二百二十五条第二项规定的非法经营罪的，依照处罚较重的规定定罪处罚。		
全国人民代表大会常务委员会关于《中华人民共和国刑法》第三百四十一条、第三百一十二条的解释		非法收购国家重点保护的珍贵、濒危野生动物及其制品
全国人民代表大会常务委员会根据司法实践中遇到的情况，讨论了刑法第三百四十一条第一款规定的非法收购国家重点保护的珍贵、濒危野生动物及其制品的含义和收购刑法第三百四十一条第二款规定的非法狩猎的野生动物如何适用刑法有关规定的问题，解释如下： 知道或者应当知道是国家重点保护的珍贵、濒危野生动物及其制品，为食用或者其他目的而非法购买的，属于刑法第三百四十一条第一款规定的非法收购国家重点保护的珍贵、濒危野生动物及其制品的行为。		

续表

法律名称	具体条款	内容摘要
知道或者应当知道是刑法第三百四十一条第二款规定的非法狩猎的野生动物而购买的，属于刑法第三百一十二条第一款规定的明知是犯罪所得而收购的行为。 现予公告。		
最高人民法院关于审理掩饰、隐瞒犯罪所得、犯罪所得收益刑事案件适用法律若干问题的解释	第一条	掩饰、隐瞒犯罪所得、犯罪所得收益罪的立案标准
明知是犯罪所得及其产生的收益而予以窝藏、转移、收购、代为销售或者以其他方法掩饰、隐瞒，具有下列情形之一的，应当依照刑法第三百一十二条第一款的规定，以掩饰、隐瞒犯罪所得、犯罪所得收益罪定罪处罚： （一）掩饰、隐瞒犯罪所得及其产生的收益价值三千元至一万元以上的； （二）一年内曾因掩饰、隐瞒犯罪所得及其产生的收益行为受过行政处罚，又实施掩饰、隐瞒犯罪所得及其产生的收益行为的； （三）掩饰、隐瞒的犯罪所得系电力设备、交通设施、广播电视设施、公用电信设施、军事设施或者救灾、抢险、防汛、优抚、扶贫、移民、救济款物的； （四）掩饰、隐瞒行为致使上游犯罪无法及时查处，并造成公私财物损失无法挽回的； （五）实施其他掩饰、隐瞒犯罪所得及其产生的收益行为，妨害司法机关对上游犯罪进行追究的。 各省、自治区、直辖市高级人民法院可以根据本地区经济社会发展状况，并考虑社会治安状况，在本条第一款第（一）项规定的数额幅度内，确定本地执行的具体数额标准，报最高人民法院备案。 司法解释对掩饰、隐瞒涉及计算机信息系统数据、计算机信息系统控制权的犯罪所得及其产生的收益行为构成犯罪已有规定的，审理此类案件依照该规定。 依照全国人民代表大会常务委员会《关于〈中华人民共和国刑法〉第三百四十一条、第三百一十二条的解释》，明知是非法狩猎的野生动物而收购，数量达到五十只以上的，以掩饰、隐瞒犯罪所得罪定罪处罚。		

典型案例

案件1：刘某伍非法经营、非法收购、运输、出售珍贵、濒危野生动物、珍贵、濒危野生动物制品案①

（一）基本案情

2016年6月至8月，被告人刘某伍在蚌埠市淮上区沫河口镇的沫河口农贸市场、二十六村、单塘村等地多次以每斤青蛙8－12元不等的价格向水产经营户大肆非法收购黑斑蛙、金线蛙3万余斤，再以每斤青蛙14－17元不等价格出售，非法收购野生动物交易额达26余万元。

2016年8月30日，刘某伍在进行非法收购野生青蛙的过程中，被蚌埠市森林公安局民警当场抓获，现场查获刘某伍收购的青蛙435斤。经鉴定，查获的435斤青蛙中，部分野生动物为黑斑蛙，现列为安徽省二级重点保护陆生野生动物；部分野生动物为金线蛙，现列为安徽省二级重点保护陆生野生动物；其余5只野生动物为虎纹蛙，现列为国家二级重点保护陆生野生动物。现查获的435斤青蛙已经全部放生。

（二）裁判结果

被告人刘某伍非法收购国家二级保护野生动物虎纹蛙5只，其行为已经构成犯罪；但对于被指控犯非法经营罪，因为经营非国家重点保护野生动物的行为缺乏法律规定，依据“法无明文规定不处罚”的原则，被告人不构成非法经营罪。被告人归案后有如下情节：如实供述自己的罪行、自愿缴纳罚金、查获的青蛙已全部放生等应当或者可以减轻刑罚的量刑情节，法院据此采取从轻处罚。依据《刑法》第三百四十条、第六十七条第三款的规定，判

① 安徽省蚌埠市淮上区人民法院，（2016）皖0311刑初197号，http：//wenshu. court. gov. cn/content/content？DocID＝796dc35e－02c3－45ae－b8b2－a79400c9c0c8&KeyWord＝%EF%BC%882016%EF%BC%89%E7%9A%960311%E5%88%91%E5%88%9D197%E5%8F%B7，2020年3月20日访问。

决被告人刘某伍犯非法收购珍贵、濒危野生动物罪，判处有期徒刑八个月，并处罚金人民币 1 万元。

（三）案件争点

公诉机关认为被告人刘某伍违反国家规定，未经许可经营法律、行政法规限制买卖的物品；非法收购国家二级重点保护珍贵野生动物虎纹蛙，其行为已触犯《刑法》第二百二十五条第一款、第三百四十一条第一款之规定，应当以非法经营罪、非法收购珍贵、濒危野生动物罪追究其刑事责任。被告人身犯两罪，根据《刑法》第六十九条之规定，应当实行数罪并罚。根据公诉机关的起诉意见，人民法院的裁判要点有以下三点：

1. 是否构成非法收购珍贵、濒危野生动物罪

2016 年 8 月 30 日，被告人刘某伍在进行非法收购野生青蛙的过程中，被蚌埠市森林公安当场抓获，在查获的 435 斤青蛙中，有 5 只国家二级重点保护陆生野生动物虎纹蛙。该行为符合非法收购珍贵、濒危野生动物罪的构成要件。

本罪的主体要件是一般主体，即凡是达到刑事责任年龄具有刑事责任能力的人，均可构成本罪，被告人刘某伍具备完全刑事责任能力，符合该罪的主体要件。本罪在主观方面应为故意，在该案中，被告人供述："案发前半个月，森林公安局通过沫河口派出所向其宣传蚌埠周边地区分布有国家二级保护动物虎纹蛙，不能做青蛙买卖交易。"该项供述存在第四项证据相佐证，证实蚌埠市公安局淮上分局沫河口派出所工作人员曾向被告人进行相关法制宣传。因此，可以判断被告人虽然明知买卖的青蛙可能是国家二级保护动物虎纹蛙，但通过之前买卖青蛙的行为，认为有利可图，可以从中赚取差价。所以，尽管意识到买卖的青蛙品种可能包括国家二级重点保护陆生野生动物虎纹蛙而涉嫌犯罪，并且意识到可能造成的危害后果，但仍然出于侥幸、放任的心态，继续从事买卖青蛙的行为。因此，被告人刘某伍具有主观故意。

根据《刑法》第三百四十一条规定，只要满足以下行为之一，都可以构成本罪：（1）非法猎捕、杀害国家重点保护的珍贵、濒危野生动物；（2）非法收购、运输、出售国家重点保护的珍贵、濒危野生动物及其制品。本案中，被告人刘某伍被当场查获收购的435斤青蛙中，经过合法鉴定（第11组证据）证明其中有5只虎纹蛙，现为国家二级重点保护陆生野生动物，其行为已经构成非法收购珍贵、濒危野生动物罪。因此，被告人刘某伍的行为符合非法收购珍贵、濒危野生动物罪的全部构成要件。

2. 是否构成非法经营罪

被告人刘某伍对于法院判处非法收购珍贵、濒危野生动物罪无异议，但不认可其大肆收购、买卖野生动物的行为被认定为非法经营罪，是否构成非法经营罪成为本案的争议焦点。非法经营罪是指未经许可经营专营、专卖物品或其他限制买卖的物品，买卖进出口许可证、进出口原产地证明以及其他法律、行政法规规定的经营许可证或者批准文件，以及从事其他非法经营活动，扰乱市场秩序，情节严重的行为。判断被告人的行为是否构成非法经营罪，宜从犯罪构成四要件进行分析，分为主观和客观两大方面。

非法经营罪的主体不限于自然人还包括单位，随着市场经济的发展，单位以及个人都可能成为实施非法经营罪的主体，被告人刘某伍符合成立非法经营罪的主体要件。非法经营罪的主观方面表示为故意，并且以非法牟利为目的。根据被告人的供述：其于1998年多次收购青蛙、赚取差价。自2000年后，被告人熟悉了销售渠道，从而开始单独、大批量从事青蛙的出售活动。因此，可以认定被告刘某伍主观上存在故意。

非法经营罪的客观方面是判断行为人是否构成非法经营罪这一兜底性罪名的关键。《刑法》第二百二十五条，采用列举式明确了四种情形：1. 未经许可经营法律、行政法规规定的专营、专卖物品或者其他限制买卖的物品的；2. 买卖进出口许可证、进出口原产地证明以及其他法律、行政法规规定的经营许可证或者批准文件的；3. 未经国家有关主管部门批准非法经营证券、期货、保险业务的，或者非法从事资金支付结算业务的；4. 其他严重扰乱市场秩序的非法经营行为。在1997年刑法施行后，全国人大常委会颁布了一系列立法解释或刑法修正案，最高人民法院、最高人民检察院亦颁布了相关的司法解释，对《刑法》第二百二十五条进一步补充，对“非法经营活动”中的经营对象作了进一步明确，并且列举了相关活动，目前包括非法经营文物、外汇、出版物、烟草、买卖国家机关颁发的野生动物允许进出口证明书、特许猎捕证、狩猎证、驯养繁殖许可证等公文、证件等行为。但是对于本案中涉及的经营非国家重点保护的野生动物是否构成非法经营罪，有关立法及司法解释未作明确规定。因此，通过排除法，需要认定：非国家重点保护的野生动物是否属于第一项中的“其他限制买卖的物品”或者第四项中的“其他严重扰乱市场秩序的非法经营行为”。

一方面，“其他限制买卖的物品”是指国家根据经济发展和维护国家、社会和人民群众利益的需要，规定在一定时期实行限制性经营的物品。是否为限制物品，并非一成不变，国家根据实际需要，可以加以调整。根据最新修订并于2016年3月1日实施的《陆生野生动物保护实施条例》第二十五条的规定“经营利用非国家重点保护野生动物或者其产品的，应当向工商行政管理部门申请登记注册”，可以看出，经营非国家重点保护野生动物仅需向工商部门登记注册，并不等同于将其列为“其他限制买卖的物品”。

另一方面，第四项作为兜底性条款，相关行为需有法律、司法解释的明确规定，且要具备与前三项规定行为相当的社会危害性和刑事处罚必要性，严格避免将一般的行政违法行为当作刑事犯罪来处理。结合本案来看，虽然刘某伍收购非国家重点保护野生动物具有一定的社会危害性，但尚没有相关法律、司法解释予以明确，故不能认定为属于“其他严重扰乱市场秩序的非法经营行为”。

另外，2017年1月1日起施行的《野生动物保护法》第四十八条第二款规定：“违反本法第二十七条第四款、第三十三条第二款规定，未持有合法来源证明出售、利用、运输非国家重点保护野生动物的，由县级以上地方人民政府野生动物保护主管部门或者市场监督管理部门按照职责分工没收野生动物，并处野生动物价值一倍以上五倍以下的罚款。”本款有明确的行政处罚规定，但没有刑事处罚规定。最后，根据罪刑法定原则：法无明文规定不处罚，被告人刘某伍经营非国家重点保护野生动物的行为不能归类于非法经营罪的任何一种情形，因此，不能评价为犯罪行为。

3. 关于非法收购珍贵、濒危动物罪的量刑

根据《刑法》第三百四十一条第一款关于非法收购珍贵、濒危野生动物罪的法定量刑标准：一般情形下，处以五年以下有期徒刑或者拘役，并处罚金。被告人刘某伍归案后能如实供述自己的罪行，认罪、悔罪，自愿缴纳罚金，适用第六十七条关于自首情节的规定，依法予以从轻处罚；同时，查获的青蛙现已全部放生，予以酌情从轻处罚。最终，判处有期徒刑八个月，并处罚金人民币 1 万元。

（四）案件评论

本案入选的意义之一也是最重要的原因在于案件本身在法律适用规则方面存在空白。我国对珍贵、濒危野生动物的保护已出台相关法律法规，并且还在进一步地完善修订，但对于非国家重点保护的野生动物的相关法律尚属空白，这不仅使法官在判决时无法可依，而且不利于野生动物的保护。在实践中，类似于该案的情况已经十分多见，运输贩卖大量野生动物实际上也造成了生态系统的损害，大范围的捕杀更可能造成该区域物种的消失。然而目前，对该类行为只规定了行政责任，低廉的违法成本无法有效抑制该类行为的发生。因此，应当意识到非国家重点保护野生动物对于整个生态系统的重要性，不能等到其面临濒危的境地才在立法上予以保护，应当设置相应标准对于伤害一定量的野生动物的行为给予刑法上的规制。

本案入选的意义之二在于法院在定罪时对法律原则的贯彻落实。本案中，

法院充分运用罪刑法定原则以排除认定非法经营罪以及数罪并罚的可能性，最终作出有利于被告的判罚，符合我国刑法谦抑性的主旨。本案中所涉及的野生动物包括国家重点保护的野生动物以及非国家重点保护的野生动物。我国目前针对违反国家重点保护的珍贵、濒危野生动物管理制度的行为构建了相对完善的法律制度，比如《野生动物保护法》、《陆生野生动物保护实施条例》、《水生野生动物保护实施条例》等。但是，对于非国家重点保护的野生动物的法律规定还存在漏洞，本案中，在穷尽已有法律规定的情况下，对认定经营大批量非国家重点保护的野生动物的行为，需要法官发挥其自由裁量权来判定是否可以以非法经营罪入罪。从裁判结果看，法官采取谨慎态度，以法无明文规定不处罚作为依据。

本案入选的意义之三在于裁判说理部分，先致力于找寻最直观的法条规定，在法无明文规定的情况下，以兜底性条款为基础，依据损害相当或者社会危害性等判断标准，最终凭借法官自由裁量权做出最恰当的注解。本案的说理判决部分，由浅入深的论证方式具有典型借鉴意义。首先，利用文义解释将经营非国家重点保护野生动物排除出了非法经营罪已列举的违法对象。其次，结合最新修订并于2016年3月1日实施的《陆生野生动物保护实施条例》的相关规定，明确对“经营利用非国家重点保护野生动物或者其产品”的行为“只需向工商部门登记”的方式，与非法经营罪中“其他限制买卖的物品”的许可方式存在差异性，从而排除认定。最后，虽然《刑法》第二百二十五条第四项之兜底规定正越来越多地被援引，作为对刑法没有明文具体规定的有较大社会危害性的非法经营行为定罪的法律依据，但该案法官还是依据社会危害性和刑事处罚必要性双重原则，最终作出不成立非法经营罪的判决。

案例2：张某民等非法收购、运输、出售珍贵、濒危野生动物、珍贵、濒危野生动物制品案①

（一）基本案情

张某民自2008年自主经营野生动物以来，未到工商行政管理部门注册登记，使用其嫂子袁某某持有的由凤县生态和野生动物保护管理站于2012年10月1日颁发的《陕西省野生动物及其产品经营、加工许可证》（陕动经字006号）经营野生动物。2014年9月20日，张某民未经持证人袁某某同意，擅自到陕西省宝鸡市林业局以袁某某名义换发了《陕西省野生动物及其产品经营、加工许可证》（陕动经宝字2008－08号），6号许可证上交凤县动保站。2015年1月4日，凤县动保站责令张某民经营点于2015年1月5日至6月30日全面停业整顿，收回了张某民持有他人的8号许可证，至案发前未予发还。

2013年，张某民为了扩大经营，计划办理果子狸驯养繁殖场。在经营野生动物中，张某民全面负责收购、加工和销售；其岳父胡某某帮忙协助收购，伺机销售获取暴利。在非法经营中，张某民非法收购国家二级保护野生动物斑羚3只、鬣羚2只；2014年从四川非法收购熊油（带黑熊头3个）400余斤后出售，交易价为13120元。经对扣押的三本记账本出售项目统计，张某民共出售国家保护有益或者有重要经济、科学研究价值的野生动物334只，重25390.7公斤，交易价为239364元；2016年9月，被告人张某民出售给四川省绵阳市青义镇个体户梁某某野猪肉1000多斤，交易价为1.6万元；2016年11月4日，张某民以12.2万元价格出售给被告人杨某野猪及肉块、野兔、赤麂、猪獾、狗獾5种野生动物446（只）块，重4572公斤，被告人张某民三次出售野生动物交易价为377364元。2016年11月5日，甘肃省小陇山林

① 甘肃省舟曲林区基层法院，（2017）甘7503刑初11号，https：//www.jufaanli.com/wenshu/TAd7nL1C/？q＝%EF%BC%882017%EF%BC%89%E7%94%987503%E5%88%91%E5%88%9D11%E5%8F%B7&src＝search，2020年3月20日访问。

区森林公安局依法对张某民非法经营野生动物场所进行了搜查，在冷库和库房冰柜中查获野生动物及制品10.76吨、赤麂皮21张和大量猎捕工具和证据，扣押现金31825元。经委托宁夏绿森源森林资源司法鉴定中心认定：张某民出售给杨某的野生动物4572公斤及冷库和库房中被扣押的野生动物及制品10.76吨、赤麂皮21张，涉案野生动物共14种，合计1004只（其中国家二级保护野生动物斑羚3只、鬣羚2只），“三有”野生动物12种999只。宁夏绿森源森林资源司法鉴定中心对搜查中扣押的疑似野生动物油脂肉体组织11块分别取样鉴定［宁绿森司鉴字〔2017〕035（补）号］，通过DNA序列检验、比对，被检11份肉体组织，其中2份为国家一级重点保护野生动物羚牛，7份为国家二级重点保护野生动物黑熊，1份为毛冠鹿，1份为野猪。宁夏绿森源森林资源司法鉴定中心对6颗疑似野生动物牙齿进行鉴定（宁绿森司鉴字〔2017〕035号），涉案野生动物牙齿为国家二级重点保护野生动物黑熊牙齿。

2014年，被告人杨某未经陕西省野生动物行政主管部门批准，于2014年、2015年下半年两次收购张某民非法经营的野生动物及其制品运到四川省南部县出售。被告人杨某跨境到甘肃省两当县动物卫生监督所违法办理了《动物检疫合格证明》、以司某某名义到陕西省宝鸡市野生动物管理站办理了《陆生野生动物或其产品出省运输证明》，并以5000元价格雇用孙某运往四川省南部县，2016年11月5日，在途经甘肃省徽县时被甘肃省小陇山林区森林公安局查获。经委托宁夏绿森源森林资源司法鉴定中心对杨某收购的野生动物进行鉴定（宁绿森司鉴字〔2016〕083－1号），涉案野生动物5种，全部为“三有”野生动物。

（二）裁判结果

1. 被告人张某民在未经工商行政管理部门注册，无野生动物经营许可证的情况下，其大量收购非法猎捕的野生动物及制品出售的行为符合非法经营罪的犯罪构成，认定被告人张某民犯非法经营罪，判处有期徒刑二年，并处罚金 10 万元；被告人张某民非法收购国家二级保护野生动物斑羚 3 只、鬣羚 2 只，2014 年从四川非法收购熊油（带黑熊头 3 个）400 余斤后出售的行为，构成非法收购、出售珍贵、濒危野生动物、珍贵、濒危野生动物制品罪，判处有期徒刑七年，并处罚金 5 万元。对被告人张某民合并执行有期徒刑八年，并处罚金 15 万元（刑期从判决执行之日起计算，判决执行以前先行羁押的，羁押一日折抵刑期一日，即自 2016 年 11 月 5 日起至 2024 年 11 月 4 日止。罚金限本判决生效后十日内一次性缴纳，扣押的现金 31825 元折抵罚金）。

2. 被告人杨某以获利为目的，在无野生动物经营许可证的情况下，大量收购“三有”野生动物的行为构成非法经营罪，因其自愿认罪，法院予以从轻处罚，判处被告人张某民有期徒刑一年，缓刑二年（缓刑考验期限，从判决确定之日起计算）。

（三）案件争点

1. 关于罪名定性问题

被告人张某民在未经工商行政管理部门注册，无野生动物经营许可证的情况下，大量收购非法猎捕的野生动物及制品出售，交易价为 377364 元，其行为符合《刑法》第二百二十五条规定，构成非法经营罪；同时，《刑法》第三百四十一条规定了非法收购、出售珍贵、濒危野生动物、珍贵、濒危野生动物制品罪，其入罪标准需要双重前提：一方面，当事人从事了对珍贵、濒危野生动物或者珍贵、濒危野生动物制品的收购、出售行为。另一方面，当事人所收购、出售的对象应属于《最高人民法院关于审理破坏野生动物资源刑事案件具体应用法律若干问题的解释》第一条所规定的类别，该案中，被告人张某民非法收购斑羚 3 只、鬣羚 2 只，熊油（带黑熊头 3 个）400 余斤后出售，而斑羚、鬣羚和和黑熊均为国家重点保护野生动物名录的国家二级保护野生动物，符合非法收购、出售珍贵、濒危野生动物、珍贵、濒危野生动物制品罪的对象要求。因此，被告人张某民触犯非法经营罪和非法收购、出售珍贵、濒危野生动物、珍贵、濒危野生动物制品罪两罪。

被告人杨某以获利为目的，违反国家规定，在无野生动物经营许可证的情况下，大量收购“三有”野生动物，其行为构成非法经营罪。

2. 关于野生动物数量鉴定问题

本案中，由宁夏绿森源森林资源司法鉴定中心做出了三份鉴定书，分别对被告人张某民出售给被告人杨某的野生动物及冷库中被扣押的野生动物及制品，野生动物油脂肉体组织以及野生动物牙齿进行鉴定，并根据国家重点保护野生动物名录以及《国家保护的有益的或者有重要经济、科学研究价值的陆生野生动物名录》明确野生动物的品种、数量以及价值，成为法院定罪量刑的重要依据和标准。该案中，被告人张某民认为鉴定意见对涉案野生动物 1025 只的数量鉴定存在重大缺陷，将赤麂皮 21 张换算为 21 只赤麂的计算方式有误，法院在事实认定部分将赤麂皮 21 张从野生动物 1025 只除去，进行了单独表述，并不影响对被告人张某民的定罪量刑。另外，辩护人以 2015 年 1 月 5 日之前，被告人张某民持有的《陕西省野生动物及其产品经营、加工许可证》合法有效为由，主张将该期间内经营的相关野生动物及其制品剔除的辩解不予认可。法院认为许可证具有专属性，被告人张某民并不是合格证的合法持有人，并不能以此作为抗辩理由，减少数量认定从而影响定罪量刑。

3. 关于量刑的问题

根据被告人张某民所犯非法经营罪与非法收购、出售珍贵、濒危野生动物、珍贵、濒危野生动物制品罪两罪，数罪并罚。根据《刑法》第二百二十五条规定，犯非法经营罪需要情节严重，将处五年以下有期徒刑或者拘役，并处或者单处违法所得一倍以上五倍以下罚金。法院认为被告人张某民具有非法经营的故意，谋取大量非法利益，且经营数量巨大在当地甚至更大区域内造成了恶劣影响，属于情节严重，依法在法定刑内，判处犯非法经营罪有期徒刑两年，并处罚金 10 万元。根据被告人张某民所犯非法收购、出售珍贵、濒危野生动物、珍贵、濒危野生动物制品罪，处五年以下有期徒刑或者拘役，并处罚金；情节严重的，处五年以上十年以下有期徒刑，并处罚金；情节特别严重的，处十年以上有期徒刑，并处罚金或者没收财产。本案中涉案物种根据《最高人民法院关于审理破坏野生动物资源刑事案件具体应用法律若干问题的解释》（法释〔2000〕37 号）附表所示，其情节严重和情节特别严重分别是：斑羚 4 只，8 只；鬣羚 3 只，4 只；同时根据该解释第三条关于情节严重的认定，涉案野生动物的数量是：斑羚 3 只、鬣羚 2 只，已经分别达到《解释》第三条第二款规定的标准数量一半以上，应当适用《刑法》第三百四十一条关于情节严重的法定刑，依法判处被告人张某民有期徒刑七年，并处罚金 5 万元。被告人张某民如实交代自己的犯罪行为、认罪态度良好，符合《刑法》第六十七条关于自首的认定，并且依据《刑法》第六十九条关于数罪并罚的规定，予以合并处罚有期徒刑八年，并处罚金 15 万元。

被告人杨某以获利为目的，违反国家规定，在无野生动物经营许可证情况下，大量收购“三有”野生动物 5 种 446（只）块，重 4572 公斤，交易价格 12.2 万元，判处有期徒刑一年。因被告人杨某自愿认罪，符合《刑法》第六十七条关于自首的认定，遂依照《刑法》第七十二条缓刑的规定，对其适用缓刑两年。

（四）案件评论

本案是关于非法经营罪与非罪的认定，其出现分歧的原因在于现行法律规定的空白，这也是该案入选本书的原因。本案与（2016）皖 0311 刑初 197 号被告人刘某伍案存在对照意义。同样是非法买卖野生动物，在刘某伍案中，其大肆收购、买卖野生动物的行为，因收购、买卖的对象不符合非法经营罪所规定的四类情形，而不构成非法经营罪。本案中，认定被告人张某民、杨某构成非法经营罪的判决理由：违反国家规定，无野生动物经营许可证情况下，大量收购野生动物的行为符合非法经营罪构成要件。因此，出现同案不同判的关键在于：非法买卖野生动物是否构成非法经营罪的判定标准？以及野生动物经营许可证是否可以成为免责条款？一方面，目前的法律规定，尚未对出售、买卖国家重点保护野生动物名录、《濒危野生动植物种国际贸易公约》附录Ⅰ、附录Ⅱ之外的野生动物的行为，规定相应的刑事责任。虽然已有对非法大量捕猎野生动物行为判处刑罚的司法判例，但对于买卖行为尚无典型案例。另一方面，野生动物经营许可证不应该成为“一刀切”的免责条款，需要根据行为人具体行为的社会危害性等进行衡量。

本案反映了我国野生动物保护的覆盖范围以及法律规定还不够完善。《野生动物保护法》规定对珍贵、濒危野生动物实行重点保护，其保护对象以国家重点保护野生动物名录为参照，违法行为包括猎捕、杀害、收购、运输和出售等多种方式，都将承担刑事责任。而《国家保护的有益的或者有重要经济、科学研究价值的陆生野生动物名录》中非国家重点保护的野生动物，一般承担刑事责任的违法行为只有捕杀，即非法狩猎罪，对于其他违法行为并没有明确的法律规定。因此，应当对经营“三有”动物的行为进行刑事处罚，而不仅仅限于行政处罚，从而起到法律威慑力。

该案入选是因其社会影响大，涉及跨省作案。其案件主要犯罪发生地即野生动物收购、加工以及买卖等行为大多发生于陕西省，但却跨省至甘肃省两当县动物卫生监督所违法办理《动物检疫合格证明》；在从陕西省至四川省的运输贩卖途中，在途经甘肃省时被小陇山林区森林公安局抓获。该案件总体涉及三省且犯罪数额较大，在一定区域内有较大的影响。

案例3：郭某掩饰、隐瞒犯罪所得、犯罪所得收益案①

（一）基本案情

2014年8月起，被告人郭某明知喜鹊、斑鸠、麻雀等野生动物禁止捕猎，

---

① 河南省濮阳县人民法院，豫0928刑初557号，https：//wenshu. court. gov. cn/website/wenshu/181107ANFZ0BXSK4/index. html? docId=7947cb3b66d6442dbafb67a2e34e70bf，2019年3月19日访问。

仍从欧某等人处多次收购，并分别多次出售给刘某乙等人。2015 年 10 月 1 日，被告人郭某欲将斑鸠 138 只、野鸡 6 只予以贩卖，被当场抓获。后从其住处搜查并扣押冷冻的斑鸠 17 只、野鸡 7 只、喜鹊 6 只、麻雀 420 只，共计 594 只。经鉴定，被查获的鸟类动物分别为：麻雀、山斑鸠、珠颈斑鸠、环颈雉、喜鹊、灰喜鹊，均属于国家保护的有益的或者有重要经济、科学研究价值的陆生野生动物（“三有”动物）。

（二）裁判结果

被告人郭某明知系非法狩猎的野生动物，仍然收购并贩卖给他人，其行为符合掩饰、隐瞒犯罪所得罪特征，濮阳县人民检察院指控被告人郭某犯掩饰、隐瞒犯罪所得罪成立。河南省濮阳县人民法院依照《刑法》第三百一十二条、第五十二条及《最高人民法院关于审理掩饰、隐瞒犯罪所得、犯罪所得收益刑事案件适用法律若干问题的解释》第一条第四款之规定，判决被告人郭某犯掩饰、隐瞒犯罪所得罪，判处有期徒刑六个月，并处罚金 1 万元人民币。

（三）案件争点

本案被告因收购非法狩猎的野生动物触犯了掩饰、隐瞒犯罪所得罪，人民法院对于本案的审理有以下主要裁判要点：

1. 被告行为所触犯的罪名

《刑法》第三百四十一条第一款规定，非法收购、运输、出售国家重点保护的珍贵、濒危野生动物及其制品的行为构成非法收购、运输、出售珍贵、濒危野生动物、珍贵、濒危野生动物制品罪。也就是说，如果被告触犯《刑法》第三百四十一条规定的罪名，前提必须是对国家重点保护的珍贵、濒危野生动物及其制品这一特殊野生动物类别进行收购、出售。根据《最高人民法院关于审理破坏野生动物资源刑事案件具体应用法律若干问题的解释》第一条规定，这一类别必须是包括列入国家重点保护野生动物名录的国家一、二级保护野生动物，列入《濒危野生动植物种国际贸易公约》附录Ⅰ、附录Ⅱ的野生动物以及驯养繁殖的上述物种。根据本案判决书显示，被告所收购、贩卖的鸟类分别为麻雀、山斑鸠、珠颈斑鸠、环颈雉、喜鹊、灰喜鹊，均属于国家保护的有益的或者有重要经济、科学研究价值的陆生野生动物（“三有”动物）。可见，本案涉案野生动物属于我国2000年5月出台，以加强对我国国家和地方重点保护野生动物以外的陆生野生动物资源的保护和管理为主要目的的《国家保护的有益的或者有重要经济、科学研究价值的陆生野生动物名录》，而不属于国家重点保护的珍贵、濒危野生动物，故人民法院结合具体案情，依法判处被告触犯掩饰、隐瞒犯罪所得罪而不是非法收购、运输、出售珍贵、濒危野生动物、珍贵、濒危野生动物制品罪。

2. 野生动物鉴定问题

在司法实践中，一方面，相关鉴定机关针对涉案野生动物做出的鉴定结论往往成为人民法院审理案件的重要依据；另一方面，我国列入国家重点保护野生动物名录、《濒危野生动植物种国际贸易公约》附录Ⅰ、附录Ⅱ以及《国家保护的有益的或者有重要经济、科学研究价值的陆生野生动物名录》也为我国不同种类的野生动物保护提供了直接的依据。本案中，人民法院根据鉴定机关做出的物证鉴定书得出涉案野生动物属于《国家保护的有益的或者有重要经济、科学研究价值的陆生野生动物名录》的结论，并基于此对被告人进行定罪量刑，反映了在野生动物保护的司法实践中，不仅鉴定机关提供的鉴定结论和当前我国有关野生动物保护的相关名录共同在鉴定层面为人民法院相关案件的审理提供了较为充分、有效的审判依据，而且即使所涉案的野生动物包括了常见的麻雀、喜鹊等动物，但被告人因对这些动物进行收购、销售行为而被定罪量刑的事实，也体现出我国现行司法机制对野生动物保护的全面性和广泛性。

3. 被告定罪量刑问题

本案判决被告人郭某犯掩饰、隐瞒犯罪所得罪，判处有期徒刑六个月，并处罚金人民币1万元。本案被告虽然主观上存在收购、出售野生动物的行为，但其先行行为在于明知涉案野生动物是国家所保护的野生动物仍然予以收购、出售，其形式要件满足刑法规定的掩饰、隐瞒犯罪所得罪。本案中，人民法院也是在此罪名下对被告进行具体量刑，即根据《最高人民法院关于审理掩饰、隐瞒犯罪所得、犯罪所得收益刑事案件适用法律若干问题的解释》第一条最后一款“明知是非法狩猎的野生动物而收购，数量达到五十只以上的，以掩饰、隐瞒犯罪所得罪定罪处罚”。而本案被告涉案野生动物数量达594只，满足本罪定罪条件。同时，人民法院根据刑法有关掩饰、隐瞒犯罪所得罪的量刑尺度，即“处三年以下有期徒刑、拘役或者管制，并处或者单处罚金”内进行量刑则反映了人民法院在司法实践中司法能动性的体现。

（四）案件评论

第一，人民法院为涉及多个罪名的案件审判提供了司法实践层面上的参考。被告依法被人民法院判处掩饰、隐瞒犯罪所得罪，体现了我国人民法院在司法实践中对于罪刑法定原则的贯彻。本案中人民法院明确了涉及野生动物的掩饰、隐瞒犯罪的定罪标准，体现了最高人民法院发布的《关于审理掩饰、隐瞒犯罪所得、犯罪所得收益刑事案件适用法律若干问题的解释》等司法解释在当前野生动物保护实践中的重要功能。

第二，本案体现了人民法院在法律规则与保护现状不匹配时，以司法实践促进立法工作的展开。在野生动物保护司法实践中，一方面由于当前我国野生动物保护立法仍不完善，人民法院审理相关案件时可依据的法律规范较少；另一方面现行野生动物保护相关目录仍有待完善，造成人民法院可能会基于对野生动物保护的主观性、片面性而直接把涉及野生动物的犯罪行为以

《刑法》第三百四十一条规定的罪名对犯罪行为人予以定罪。本案中，人民法院依据最高人民法院发布的关于审理掩饰、隐瞒犯罪所得、犯罪所得收益案件的司法解释，对其中规定的涉及野生动物犯罪行为进行合法、合理的审理，在贯彻我国野生动物保护领域的罪刑法定原则的同时，体现了司法解释对于当前我国野生动物保护的积极价值，也为今后我国相关司法解释的立法工作提供了有益的参考。

根据新修改的《野生动物保护法》第十条第二款、第四款规定，国家对珍贵、濒危的野生动物实行重点保护。国家重点保护的野生动物分为一级保护野生动物和二级保护野生动物。国家重点保护野生动物名录，由国务院野生动物保护主管部门组织科学评估后制定，并每五年根据评估情况确定对名录进行调整。国家重点保护野生动物名录报国务院批准公布。有重要生态、科学、社会价值的陆生野生动物名录，由国务院野生动物保护主管部门组织科学评估后制定、调整并公布。所以，为实现对野生动物保护的时效性、全面性，不仅要制定较为全面的野生动物保护目录，而且也应根据新的社会背景，对野生动物保护目录进行及时有效的更新，一方面及时把亟待保护的相关野生动物物种纳入不同的目录当中；另一方面把已经没有保护必要的相关野生动物物种从目录当中予以取消，防止在野生动物保护领域出现明显的法律与社会发展脱节的情形。

案例4：郝某光非法经营案①

（一）基本案情

阿尔山市人民检察院指控被告人郝某光犯非法收购珍贵、濒危野生动物

① 内蒙古自治区阿尔山市人民法院，（2010）阿刑初字第20号之一，http：//wenshu. court. gov. cn/content/content？DocID =93ec3ab2 –47cb –490f – ae9e – d85267df0a0d&KeyWord = % EF% BC% 882010% EF% BC% 89% E9% 98% BF% E5% 88% 91% E5% 88% 9D% E5% AD% 97% E7% AC% AC20% E5% 8F% B7% E4% B9% 8B% E4% B8% 80，2020年3月20日访问。

罪，非法经营罪。指控主要内容如下：2006年，被告人郝某光非法从李某某（已死亡）处收购熊掌29只。2009年初，被告人郝某光非法从胡某甲（另案处理）处收购黑琴鸡（乌鸡）173只。2009年2月，被告人郝某光非法从王某懿处收购雪兔98只。2009年11月，被告人郝某光非法从乌市李二（大名不详）处购买熊皮一张，又转卖给隋某某（另案处理）。2009年9月15日，被告人郝某光以人民币8万元的价格非法从被告人王某才处购买驯养繁殖的梅花鹿和马鹿共89只。2009年春节后，郝某光从辽宁西丰人刘某甲处收购狼6只（死体），每只价格2000元，后卖给五岔沟王某甲一只，价格2600元，剩余5只被公安机关扣押。2009年春节后，被告人郝某光通过五岔沟王某乙（王老大）引领，在五岔沟一牧点妇女处收购野猪（死体）4个，收购几个残的狍子（死体）。

被告人郝某光的辩护人对起诉书指控被告人犯非法经营罪不持异议，但是对指控被告人涉嫌非法收购、出售珍贵、濒危野生动物罪持有异议。因本案的基本事实是无法确认涉案的动物究竟是野生的还是人工养殖的。

（二）裁判结果

被告人郝某光在未取得野生动物及其产品经营加工许可证及经营证照的情况下，以营利为目的，非法买卖国家珍贵野生动物，品种繁多，经营额较大，其行为扰乱市场秩序，属情节严重，应以非法经营罪追究其刑事责任。因涉案野生动物无证据证明属野外自然生长的，公诉机关对被告人郝某光犯非法收购、出售珍贵、濒危野生动物罪的指控，人民法院不予支持。被告人郝某光如实供述犯罪事实，积极配合司法机关工作，具有坦白情节，认罪态度较好，其继续危害社会的可能性较小，可依法从轻处罚并可判处缓刑。人民法院依照《刑法》第二百二十五条第四项，第七十二条第一款、第三款，第七十三条第二款、第三款，第五十二条，第六十四条规定，判决被告人郝某光犯非法经营罪，判处有期徒刑三年，缓刑五年，并处罚金人民币 10000 元；对公安机关扣押被告人郝某光的全部涉案动物及其产品，依法予以没收。

（三）案件争点

1. 被告是否构成非法收购、出售珍贵、濒危野生动物罪

根据判决书显示，虽然国家林业局森林公安局野生动植物刑事物证鉴定中心鉴定出具的物证鉴定书两份及说明一份证实，被告人郝某光涉案的马鹿、梅花鹿、雪兔、黑琴鸡、狼、狍子、野猪等为国家二级保护野生动物及“三有”野生动物物种，但是由于鉴定部门难以区分涉案野生动物是养殖动物还是野生动物，人民法院并未采纳检察机关的起诉建议。根据《野生动物保护法》、《陆生野生动物保护实施条例》等现行法律规定，我国对于野生动物的保护并非一味严格保护，而是注重在法律范围内对野生动物资源进行科学合理利用，对经过科学论证后的相关野生动物物种可通过人工繁殖饲养等方式进行经营利用。与此同时，相关主体在对野生动物进行人工繁殖饲养、经营利用时还应当接受国家野生动物保护行政部门的实时监管，体现了我国现行立法对野生动物保护的科学性和谨慎性。

2. 鉴定意见对被告人定罪量刑的影响

在野生动物保护的司法实践中，相关部门出具的鉴定意见往往成为人民法院对犯罪嫌疑人进行定罪量刑的关键依据。本案中，国家林业局森林公安局野生动植物刑事物证鉴定中心鉴定出具的物证鉴定书虽然证明了涉案野生动物属于国家二级保护野生动物及“三有”野生动物物种，但是仍未能明确区分涉案野生动物属于人工饲养还是野外生长，因此人民法院以证据不足取消了对被告涉嫌非法收购、出售珍贵、濒危野生动物罪的认定。根据《刑事诉讼法》规定，合议庭经过开庭审理，认为案件事实不清、证据不足，不能认定被告人有罪的，应当作出证据不足、指控的犯罪不能成立的无罪判决。虽然人民法院此种判决结果体现了我国刑事诉讼法的“未经法院依法判决，

对任何人不得确定有罪”原则，体现了司法公正性和权威性，但是在鉴定结论难以准确辨别被告人破坏野生动物资源的违法行为的前提下，仍然在一定程度上不利于对我国野生动物资源的保护。

（四）案件评论

第一，本案为今后在野生动物保护司法实践中涉及非法收购、出售珍贵、濒危野生动物罪与其他罪名的案件审理提供了有益借鉴。人民法院在审理涉及野生动物保护案件时严格依据法律规定，准确地适用法律，并且不予采纳检察机关对被告人缺乏足够证据的指控，不仅体现了人民法院审理案件时坚持“以事实为依据”的理念，而且准确地区分了非法经营罪与非法收购、出售珍贵、濒危野生动物罪之间的区别，在体现司法公正性的同时在一定程度上维护了被告人的合法利益。此外，人民法院在对被告人进行量刑时，除考虑到被告人如实供述犯罪事实，积极配合司法机关工作，具有坦白情节，认罪态度较好方面的因素以外，还结合被告人实际身体状况认定其继续危害社会的可能性较小，并综合上述因素依法对被告人从轻处罚并判处缓刑，体现了人民法院审理案件时以司法能动性体现审理野生动物保护案件的专业化审判方式和人性化裁判结果。

第二，本案促进了野生动物保护鉴定机制的完善。根据本案判决书显示，虽然人民法院并未采纳人民检察院对被告非法收购、出售珍贵、濒危野生动物罪的指控，体现了我国司法的公正性与权威性，但是此种判决的前提是人民检察机关在起诉时所提交的证据并未能证明被告涉案的野生动物属于人工饲养还是野生范围，进而不能完全排除被告存在非法收购、出售珍贵、濒危野生动物的行为事实。进一步而言，本案控辩双方争议的焦点以及影响人民法院作出判决结论的重要因素都是鉴定机关所出具的鉴定报告。本案中，作为鉴定机关的国家林业局野生动物刑事物证鉴定中心和国家林业局野生动物植物检测中心分别出具了物证鉴定书、价格鉴定书等鉴定报告，一方面证实了本案涉案野生动物属于国家二级保护野生动物及“三有”野生动物物种；另一方面也指出了目前的技术难以区分同种的养殖动物和野生动物，在保障被告人合法权利的同时也会在一定程度上不利于对野生动物的有限保护。所以，今后在野生动物保护司法实践中，可从统一完善司法鉴定的制度依据、规范司法鉴定机关从事野生动物相关鉴定的法定资质、实现野生动物司法鉴定科学化多元化的鉴定方式等角度完善我国野生动物保护司法鉴定机制，进而发挥司法鉴定机制在野生动物保护司法实践中的应有价值。

案例 5：徐某伪造、变造、买卖国家机关公文、证件、印章案①

（一）基本案情

被告人徐某长期在安徽省合肥市从事“黑水鸡”、“夜鹭”等陆生野生动物繁殖和经营，经常需将野生动物通过航空公司运输到广东、海南等地进行销售。按照国家规定，野生动物经营者需要在省林业主管部门或授权单位办理“陆生野生动物或其产品出省运输证明”（以下简称运输证明）后方可运输。2015 年上半年，徐某在未能办理运输证明的情况下，为能继续销售、运输野生动物，在合肥市周谷堆市场附近以每份 30 元的价格向陈某（另案处理）购买伪造的加盖了安徽省林业厅野生动植物管理专用章的空白运输证明约 100 份。2015 年 4 月 1 日至 7 月 3 日，徐某将上述空白运输证明自行填写申请人、发货单位、原产地、签证人等项目共 59 份，用于办理托运手续，将饲养和购进的野生动物运往广东省等地销售。2015 年 7 月 9 日，徐某得知公安机关在向航空公司调取留存的伪造的运输证明，遂将购买后未及填写的部分假运输证明销毁。2015 年 7 月 28 日，安徽省森林公安局侦查人员在合肥市

---

① 安徽省合肥市庐阳区人民法院，（2016）皖 0103 刑初 112 号，http：//wenshu. court. gov. cn/content/content? DocID = fe346438 - b6f5 - 4d6e - 91cc - faf0b95e6800&KeyWord = % EF% BC% 882016% EF% BC% 89% E7% 9A% 960103% E5% 88% 91% E5% 88% 9D112% E5% 8F% B7，2020 年 3 月 20 日访问。

周谷堆市场将被告人徐某抓获，在徐某租住处查获未及销毁的空白运输证明3份。

（二）裁判结果

人民法院认定被告人徐某明知是伪造的安徽省林业厅野生动植物管理专用章的空白运输证明仍予以购买，其行为已构成伪造、买卖国家机关证件罪，应依法予以惩处。依据《刑法》第二百八十条第一款、第六十七条第三款、第七十二条第一款、第七十三条第二款和第三款规定，人民法院判处被告人徐某犯伪造、买卖国家机关证件罪，判处有期徒刑六个月，缓刑一年。

（三）案件争点

1. 被告是否构成非法收购、运输、出售珍贵、濒危野生动物、珍贵、濒危野生动物制品罪

被告人徐某明知是伪造的安徽省林业厅野生动植物管理专用章的空白运输证明仍予以购买，构成了伪造、买卖国家机关证件罪。本案中，人民法院依据《刑法》相关规定，判处被告人徐某犯伪造、买卖国家机关证件罪。然而，由于被告使用伪造的野生动植物管理专用章从事经营运输黑水鸡、夜鹭等陆生野生动物，而黑水鸡、夜鹭均被列入国家林业局2000年8月1日发布的《国家保护的有益的或者有重要经济、科学研究价值的陆生野生动物名录》，属于国家保护的野生动物范围。所以，本案的焦点在于被告为从事野生动物运输而购买伪造的国家机关证件。

2. 珍贵、濒危野生动物的法定范围

在非法收购、运输、出售珍贵、濒危野生动物、珍贵、濒危野生动物制品罪中，关键在于明确珍贵、濒危野生动物的法定范围。根据新修订的《野生动物保护法》第二条第二款规定，本法规定保护的野生动物，是指珍贵、濒危的陆生、水生野生动物和有重要生态、科学、社会价值的陆生野生动物。同时该法第十条第四款也明确了“有重要生态、科学、社会价值的陆生野生

动物名录，由国务院野生动物保护主管部门组织科学评估后制定、调整并公布”的内容。同时，由国务院野生动物行政主管部门发布的《国家保护的有益的或者有重要经济、科学研究价值的陆生野生动物名录》也明确地把本案涉案的黑水鸡、夜鹭纳入了名录之中。在此情形下，被告人从事的经营运输活动虽然有触犯刑法的非法收购、运输、出售珍贵、濒危野生动物、珍贵、濒危野生动物制品罪，但是被告人却被人民法院判处伪造、买卖国家机关证件罪，不仅是由于其行为满足伪造、买卖国家机关证件罪的各项要件，而且也体现出我国相关立法与司法实践对野生动物保护的灵活性与科学性。

结合《野生动物保护法》第二十八条第一款“对人工繁育技术成熟稳定的国家重点保护野生动物，经科学论证，纳入国务院野生动物保护主管部门制定的人工繁育国家重点保护野生动物名录。对列入名录的野生动物及其制品，可以凭人工繁育许可证，按照省、自治区、直辖市人民政府野生动物保护主管部门核验的年度生产数量直接取得专用标识，凭专用标识出售和利用，保证可追溯”规定可知，我国相关立法对野生动物保护并非单纯地强调保护，同样也注重在科学范围内对野生动物资源进行有效合理的利用。野生动物资源的价值除在于实现自然生态系统的平衡和实现人与自然和谐发展以外，还在于在人类生产生活方面有着重要的经济、科学等价值。所以，为实现对野生动物资源科学合理利用，我国现行立法也把经过科学论证的野生动物纳入人工繁育许可的范围，并且强调了这些人工繁育的野生动物在法律范围内可通过出售、利用等方式发挥其各种价值。根据判决书显示，被告人徐某长期在安徽省合肥市从事“黑水鸡”、“夜鹭”等陆生野生动物繁殖和经营，经常需将野生动物通过航空公司运输到广东、海南等地进行销售。也就是说，被告从事野生动物繁殖和经营的对象不仅是对法律许可范围内的野生动物，而且其繁殖和经营活动也受到法律的许可。

本案被告人虽然从事《国家保护的有益的或者有重要经济、科学研究价值的陆生野生动物名录》范围内野生动物的经营、运输行为，但是根据我国现行法律规定，被告处于从事法律许可范围内的野生动物繁殖和经营，并不会直接触犯刑法的非法收购、运输、出售珍贵、濒危野生动物、珍贵、濒危野生动物制品罪。所以，本案的关键在于对野生动物繁殖和经营中的“法律许可范围”进行准确把握。对本案中的“法律许可范围”进行界定主要可依据《野生动物保护法》、《陆生野生动物保护实施条例》有关野生动物经营利用的相关规定，尤其是《陆生野生动物保护实施条例》第二十五条、第二十六条和第二十九条分别规定了野生动物的驯养繁殖、经营利用、运输国家重点保护野生动物或非重点保护野生动物的法定条件，即接受野生动物保护相关行政部门的监管。也就是说，在法律范围内从事野生动物的经营利用行为，前提必须是依法接受国家野生动物保护相关行政部门的监管。本案中被告人从事野生动物运输经营活动时，未依法从省林业主管部门或授权单位办理“陆生野生动物或其产品出省运输证明”，而选择了购买伪造的相关国家证明文件，所以应直接以伪造、买卖国家机关证件罪进行定罪量刑。

（四）案件评论

本案的典型意义在于是以司法实践明确了非法收购、运输、出售珍贵、濒危野生动物、珍贵、濒危野生动物制品罪与其他犯罪行为的区别。在野生动物保护领域，我国现行立法和司法实践虽然注重对珍贵、濒危的陆生、水生野生动物和有重要生态、科学、社会价值的陆生野生动物进行类别化重点保护，但是现行立法包括野生动物保护的法治实践仍然强调了在法律范围内科学合理地利用野生动物资源，包括对经过科学论证的野生动物进行人工饲养繁殖、经营利用等活动。同时，本案的意义还在于对“在法律范围内”从事野生动物经营利用的前提和范围进行了明确，即必须依法受到国家野生动物保护相关行政机关的监管。本案中被告虽然行为上是为了运输被《国家保护的有益的或者有重要经济、科学研究价值的陆生野生动物名录》纳入其中的黑水鸡、夜鹭等国家保护的野生动物，但是这些野生动物属于国家在法律范围内允许经营利用的野生动物种类。同时，本案被告超出了“法律范围”对这些野生动物进行经营利用，即没有依法向野生动物保护相关行政部门申请相关运输证明，而是购买伪造的相关国家公文，最后被人民法院定罪量刑。

执法指南

虽然《刑法》、《野生动物保护法》等法律以及相关司法解释对损害野生动物资源的行为进行了明确规定，但是由于该行为往往涉及多个违法行为或违法主体，进而形成多种罪名竞合的情形，包括本部分所列举的非法经营罪、掩饰、隐瞒犯罪所得、犯罪所得收益罪以及伪造、变造、买卖国家机关公文、证件、印章罪与非法猎捕、杀害珍贵、濒危野生动物罪的竞合。所以，对于相关罪名与非法猎捕、杀害珍贵、濒危野生动物罪竞合的案例展开研究，不仅有助于明晰我国野生动物保护司法实践处理涉及多个罪名案件的基本逻辑，而且也进一步明确了对涉及杀害珍贵、濒危野生动物行为进行定罪量刑的关键要素。

本部分案例中的违法行为虽然在不同程度上损害了野生动物资源，但是人民法院在保护野生动物的司法实践中，依据现有法律规定准确区分了非法收购、运输、出售珍贵、濒危野生动物、珍贵、濒危野生动物制品罪与其他罪名之间的区别，反映了我国司法审判机制在保护野生动物的实践中，坚持“以事实为依据，以法律为准绳”的办案理念，真正体现了人民法院的“法律最后防线”的功能。同时，在有关野生动物保护的案件中，各类鉴定机构出具的有关野生动物的种类和范围等鉴定意见也为人民法院审理相关案件提供了充分的支持。

在今后野生动物保护的司法实践中，虽然现行关于野生动物保护的立法体系成为人民法院对各类违法行为进行定罪量刑的根本依据，但是由于受到立法的滞后性影响，人民法院在审判活动中经常会遇见无法可依的情形。在此背景下，一方面，各级人民法院需要在法定职权内充分发挥其司法能动性，依据《最高人民法院关于案例指导工作的规定》通过一系列典型的司法案例促进野生动物保护司法实践的开展；另一方面，随着“依法保护、科学利用”开始成为野生动物资源保护的重要理念，现行有关野生动物保护的立法和相关文件也由于逐渐难以实现野生动物资源保护与科学利用之间的协调而亟待更新和完善，而以司法实践促进立法工作的开展也将成为今后的重要任务。除此以外，野生动物资源的司法保护仍然离不开健全、科学的野生动物鉴定机制的支持，在现有野生动物保护鉴定机制的基础上，明确野生动物鉴定机构的法律地位以及相关鉴定意见的法律效力将可为野生动物保护的司法实践提供坚实有效的支撑。

图书在版编目（CIP）数据

野生动物保护执法与司法典型案例／秦天宝，姜南主编．—北京：中国法制出版社，2021.5
ISBN 978－7－5216－1810－5

Ⅰ.①野… Ⅱ.①秦…②姜… Ⅲ.①野生动物－自然资源保护法－行政执法－案例－中国 Ⅳ.①D922.681.5

中国版本图书馆CIP数据核字（2021）第068009号

责任编辑 朱丹颖（投稿联系：ss－nuannuan@hotmail.com） 封面设计 杨泽江

野生动物保护执法与司法典型案例
YESHENG DONGWU BAOHU ZHIFA YU SIFA DIANXING ANLI

主编/秦天宝，姜南
经销/新华书店
印刷/三河市紫恒印装有限公司
开本/730毫米×1030毫米 16开 印张/13.75 字数/159千
版次/2021年5月第1版 2021年5月第1次印刷

中国法制出版社出版
书号 ISBN 978－7－5216－1810－5 定价：70.00元

北京西单横二条2号
邮政编码 100031 传真：010－66031119
网址：http：//www.zgfzs.com **编辑部电话：010－66067369**
市场营销部电话：010－66033393 **邮购部电话：010－66033288**

（如有印装质量问题，请与本社印务部联系调换。电话：010－66032926）